DOCUMENTS

DES

ARCHIVES DE LA CHAMBRE DES COMPTES

DE NAVARRE

(1196-1384)

PUBLIÉS ET ANNOTÉS

PAR

JEAN-AUGUSTE BRUTAILS

ARCHIVISTE DE LA GIRONDE
JUGE AU TRIBUNAL SUPÉRIEUR D'ANDORRE

PARIS

ÉMILE BOUILLON, LIBRAIRE-ÉDITEUR

67, RUE RICHELIEU, 67

(EN FACE DE LA BIBLIOTHÈQUE NATIONALE)

1890

Forme le 81ᵉ fascicule de la Bibliothèque de l'École des Hautes Études.

DOCUMENTS

ARCHIVES DE LA CHAMBRE DES COMPTES

DE NAVARRE

DOCUMENTS

DES

ARCHIVES DE LA CHAMBRE DES COMPTES

DE NAVARRE

(1196-1384)

PUBLIÉS ET ANNOTÉS

PAR

Jean-Auguste BRUTAILS

ARCHIVISTE DE LA GIRONDE

JUGE AU TRIBUNAL SUPÉRIEUR D'ANDORRE

PARIS

EMILE BOUILLON, LIBRAIRE-ÉDITEUR

67, RUE RICHELIEU, 67

(EN FACE DE LA BIBLIOTHÈQUE NATIONALE)

1890

A MONSIEUR ARTHUR GIRY

PROFESSEUR A L'ÉCOLE DES CHARTES

MAITRE DE CONFÉRENCES A L'ÉCOLE DES HAUTES ÉTUDES

EN TÉMOIGNAGE DE GRATITUDE

ET DE RESPECTUEUSE AMITIÉ

INTRODUCTION

CHAPITRE Ier

LES ARCHIVES DE NAVARRE

I. — En 1883, le Conseil de l'Ecole des Hautes Etudes, sur la proposition de M. Giry, voulut bien me charger d'étudier les archives de la Navarre.

L'utilité d'une exploration de ce genre était incontestable. Les rapports de la Navarre avec la France ont été, en effet, plus intimes que ne le sont, en général, les relations d'un peuple avec les peuples voisins : non seulement une portion de notre territoire a fait partie de ce royaume jusqu'au commencement du xvie siècle, mais encore au xiiie siècle et pendant les premières années du xive, quand le comte de Champagne Thibaut eut succédé à Sanche le Fort sur le trône de Pampelune, et surtout lorsque Philippe le Bel épousa l'héritière de ce trône, la Navarre devint presque une province française, et à chaque instant dans son histoire on retrouve les noms de nos compatriotes, que la confiance des souverains plaçait à la tête de l'administration. Quelques années plus tard, on sait quelle part Charles le Mauvais prit à toutes les luttes contre Charles V, et quel contingent ses sujets fournirent aux armées qui désolèrent notre sol.

BRUTAILS. — *Documents.*

a

D'autres causes encore favorisèrent l'extension de l'influence française en Navarre : le passage des pèlerins qui se rendaient à Saint-Jacques de Compostelle, le séjour de nos chevaliers guerroyant contre les Maures, la venue en masse de nos compatriotes attirés par les privilèges des villes et par la richesse du pays.

Ce mouvement d'immigration devait fatalement arriver : lorsque la race espagnole, longtemps contenue par les infidèles au pied de la chaîne des Pyrénées, regagna du terrain et se répandit vers le Sud, il se produisit un phénomène analogue aux courants atmosphériques qui rétablissent l'équilibre entre les masses d'air de densité différente, et une force irrésistible sollicita les populations des provinces françaises vers les régions presque dépeuplées du Nord de la Péninsule. Là est la cause de cette fusion des éléments espagnol et français, qui s'opéra sur les points où les Pyrénées n'opposaient pas aux relations des deux peuples un obstacle infranchissable, en Navarre et en Catalogne.

En Navarre particulièrement, l'immigration acquit une telle importance que l'on donnait à tous les étrangers le nom générique de *Francos*[1].

D'autre part, tel était le renom des artistes de nos pays qu'on leur confia les travaux les plus considérables du royaume : la cathédrale de Pampelune et son cloître admirable, le merveilleux château d'Olite, pour ne parler que de ces édifices, sont des œuvres bien françaises.

Française par l'origine de ses rois et d'une partie notable de sa population, française par les cadres de son administration, par les relations politiques de ses souverains et leurs visées sur la Normandie, française par les arts qui sont la manifestation la plus glorieuse de sa civilisation, la Navarre du moyen âge appartient à la France plus peut-être qu'à l'Espagne.

---

1. Sur cette immigration, voy. Helfferrich et de Clermont, *Les communes françaises en Espagne et en Portugal.* Berlin et Paris, 1860, in-8°.

II. — Les archives de l'ancien royaume de Navarre sont gardées à Pampelune, au second étage du palais de la Députation, dans deux salles assez vastes, bien tenues et parfaitement éclairées.

Dans l'une de ces salles on a placé les archives des Cortès ; l'autre renferme les archives de la Chambre des Comptes.

Les premières n'ont pour nous qu'un faible intérêt ; elles sont d'ailleurs presque entièrement modernes. Je dois y signaler en passant les manuscrits des *Annales* et des *Investigations* du P. Moret, et deux registres de correspondance de l'Ordonnateur en chef des armées françaises en 1812. L'étranger n'est guère attiré dans cette salle que par le musée que l'on y a créé. Les Navarrais, en effet, ont rassemblé là une collection d'objets qui rappellent le passé de leur pays : un fragment des chaînes célèbres qui défendaient l'accès de la tente du chef Maure à la bataille de las Navas de Tolosa, des bannières qui ont aussi leur histoire, des coins de monnaies, la *laya* dont Mina se servait pour défoncer la terre quand il était agriculteur, son moule à balles, sa lunette de campagne, etc.

III. — Les archives de la Chambre des Comptes, ainsi que leur nom l'indique, sont surtout composées des comptes des divers officiers et des pièces produites pour justifier ces comptes ; mais bien d'autres documents ont grossi ce fonds, et ce ne sont pas les moins intéressants parmi les titres innombrables renfermés dans les deux cents tiroirs et les cinq cent cinquante volumes du dépôt. C'est ainsi que sur les rayons de ces archives ont pris place les cartulaires de la Chancellerie de Navarre, un exemplaire du *Fuero General,* du xive siècle, les quarante-cinq volumes in-folio des faveurs royales octroyées aux Navarrais depuis leur réunion à la Castille jusqu'à l'abolition de la Chambre des Comptes, etc. [1].

1. Sur les archives de la Chambre des Comptes de Navarre, voir José Yanguas y Miranda, *Diccionario de las antigüedades de Navarra* (Pam-

Les registres les plus précieux sont enfermés dans une armoire ; les autres sont disposés sur des étagères. Les chartes, isolées ou réunies en dossiers, ne sont pas, comme aux archives des *Cortès,* classées dans des cartons alignés sur les rayons, mais enfermées dans de grands tiroirs *(cajones)* numérotés. Ce système est assez défectueux, tant pour la conservation des documents qu'au point de vue de la facilité des recherches : l'air ne circule pas entre les parchemins et l'on ne peut guère trouver une pièce sans mettre quelque désordre dans le contenu de ces énormes tiroirs.

IV. — Le cartulaire coté n° 1, *Cartulario I⁰,* est un registre en parchemin, relié en bois et veau, de 0,27 de largeur sur 0,37 de hauteur. La couverture est dorée à froid et le style des fers paraît appartenir à l'époque de la Renaissance. Le dos est recouvert d'une peau de veau tachetée. La bibliothèque du chapitre de Pampelune possède un missel dont la reliure est à peu de chose près identique à celle du cartulaire ; à coup sûr elle est du même ouvrier. Le cartulaire compte 294 pages ; il a été folioté, puis paginé en chiffres arabes à une époque assez récente. Il se compose de plusieurs cahiers qui remontent à une même date, mais qui ont été longtemps séparés : en effet, on trouve dans le corps du cartulaire des pièces interrompues au bas d'un verso, des pages blanches en parfait état de conservation après lesquelles viennent des feuillets maculés par l'humidité ; enfin, le caractère de l'écriture varie d'un cahier à l'autre. Cette écriture est une bonne cursive de la fin du xiv° siècle ; elle ne présente pas de particularités intéressantes, sauf peut-être l'emploi d'un *k* de forme singulière, qu'on lirait aisément *le,* et d'un signe spécial, une sorte d'accent circonflexe double qui surmonte presque tou-

pelune, 1840-1843, 3 volumes et un supplément, à l'art. *Archivos*), et surtout le rapport de M. Léon Cadier sur « les archives d'Aragon et de Navarre », publié dans la *Bibliothèque de l'Ecole des Chartes,* année 1888.

jours les groupes de deux *r* [1]. La place réservée à l'initiale au commencement de chaque charte est laissée en blanc. La première ligne des pièces dans certains cahiers, les trois ou quatre premières dans d'autres sont en grosse minuscule. Le cartulaire est assez mal conservé : l'humidité, la chaleur, l'emploi malheureux des réactifs ont rongé, gondolé, noirci un grand nombre de feuillets et rendu illisibles une certaine quantité de documents.

Le cartulaire II (243 pages numérotées) est du même format que le cartulaire I ; comme ce dernier, il est en parchemin ; les reliures sont semblables ou à peu près ; l'écriture est la même dans les deux registres. Cependant, de la page 167 à la page 181, le cartulaire II contient un cahier écrit en cursive carrée, avec ligatures longues et fortes, de la seconde moitié du XIIIe siècle : c'est la transcription des mandements envoyés par Philippe le Hardi au gouverneur de Navarre : le premier est daté de Loches, jeudi après Pâques 1279 ; le dernier, de Paris, mercredi après la saint Mathieu 1282 ; ces actes ne sont pas tous écrits de la même main. On voit que le cartulaire II est, comme le premier, formé de la réunion de cahiers d'abord séparés ; il a été relié à la même époque que le précédent et avec la même négligence ; ainsi nous avons retrouvé à la page 105 du cartulaire II la suite d'une charte d'hommage de du Guesclin, dont la première partie est dans le cartulaire I [2].

Le cartulaire III est le plus ancien des cartulaires

---

1. L'emploi de cet accent était fréquent dans le Sud de la France pendant les XIIe et XIIIe siècles ; les scribes le plaçaient non seulement sur les groupes de deux *r*, mais encore au-dessus de toutes les lettres redoublées : *aa, ee, ii*, etc. On a signalé ce fait dans le cartulaire de Saint-Victor de Marseille (Préface. p. XIX) ; je l'ai moi-même constaté maintes fois dans les documents roussillonnais, notamment dans le cartulaire du Temple, déposé aux archives des Pyrénées-Orientales. On trouve aussi parfois une sorte d'accent aigu sur les *r* simples, dans certaines chartes de l'abbaye Saint-Martin de Canigou.

2. Voy. document n° CXCVI, pp. 163 et suiv.

conservés aux archives de la Chambre des Comptes ;
c'est un volume en beau vélin, de 0,20 de largeur sur
0,31 de hauteur, paginé 1-288 en chiffres arabes ; les pagi-
nations 70 et 71 sont redoublées ; quelques folios sont
laissés en blanc à la fin du volume. La reliure est en
parchemin blanc sans ornement. L'écriture est une belle
minuscule serrée et très régulière. Une particularité ·
paléographique à signaler dans ce registre est l'emploi
très fréquent du *c* cédillé à la place du *z* ou du *c* simple.
Yanguas a lu partout un *z*, mais la distinction est facile
à établir entre les deux caractères. Les chartes sont pré-
cédées, jusqu'à la page 277, de rubriques en vermillon
de la même écriture, qui étaient d'abord rédigées au
bas des pages : on peut le constater dans quelques
feuillets qui n'ont pas été rognés par le relieur. Le
volume est en bon état de conservation, sauf au commencement, où l'humidité a effacé l'écriture et même
attaqué le vélin. Le cartulaire débute par une note que
j'ai relevée avec d'autant plus d'empressement qu'elle
ne sera bientôt plus lisible : *Incipit cartularium illustris
domini Theobaldi, Dei gratia regis Navarre, Campanie et
Brie comitis palatini, de cartis suorum predecessorum et suis,
sicut de castris, villis, hereditatibus, juribus et rebus aliis,
fideliter tra[n]slatatum ac correctum per Petrum Ferrandi,
notarium publici concilii Tutele, anno Domini M° CC° XXX°
VI° et VII°.*

Plus loin, au milieu de la page 168, on lit :

*Incipit registrum de cartis sigillatis tempore illustris Sancii,
quondam regis Navarre, et de foris datis ac de aliis rebus,
juribus et contractibus diversis, translatum per manum
P. Ferrandi, notarii publici concilii Tutele, ac fideliter correctum, anno Domini M° CC° XXX° VI° et VII°.*

Et plus loin encore, page 266 :

*Incipit registrum domini Theobaldi, Dei gratia illustris
regis Navarre, Campanie et Brie comitis palatini, de cartis*

*factis in ejusdem regis curia anno Domini M° CC° XXX° VI°
et VII°, et transllatum per manum Petri Ferrandi, notarii
publici consilii Tutele et fideliter correctum.*

Quoi qu'il en soit, ce registre est le seul que l'on
puisse attribuer au règne de Thibaut Ier, et Yanguas s'est
évidemment mépris quand il parle du « cartulaire de Thibaut Ier, qui se compose de trois volumes ». La première
partie du cartulaire contient en très grand nombre des
actes d'acquisitions faites par les Rois, notamment par
Sanche le Fort[1].

Le « cartulaire de Philippe », *Cartulario de D. Felipe*, est
un registre de parchemin de 0,39 sur 0,28, folioté en
chiffres arabes de 1 à 23. La reliure, en parchemin sans
ornement, peut remonter au xviie siècle, à en juger par
le filigrane des feuillets de garde. Les pages sont divisées en deux colonnes. L'écriture est, jusqu'au folio 15,
une minuscule assez régulière ; le verso du folio 15 est
resté en blanc ; du folio 16 au folio 23, on retrouve cette
cursive à fortes ligatures que nous avons signalée dans
une partie du cartulaire II. La note suivante est placée
en tête de la première colonne : *Liber litterarum que
directe fuerunt domino gubernatori Navarre, videlicet domino
Eustachio de Bellomarchesio, tunc gubernatori, et nobilissimo
viro domino Hymberto de Bellojoco, conestabulario Francie,
anno Domini M° CC° LXX° septimo, videlicet antequam reci-
peretur pro arbitratore dominus Reginaldus, tunc temporis
gubernator, quarum litterarum tenorem idem dominus Reginaldus complevit, prout in litteris mandabatur.* La plupart
de ces mandements sont relatifs aux menus détails de
l'administration de la Navarre.

Ce volume, en effet, n'est pas un cartulaire proprement dit, mais bien un registre destiné à l'enregistre-
ment des lettres royaux. Je n'ai donné aucune de ces
pièces, espérant alors qu'elles feraient l'objet d'une

---

1. Voyez Yanguas, *Diccionario*, art. *Reyes*, t. III, pp. 24-30.

publication spéciale de mon regretté confrère et ami,
Léon Cadier.

Le « cartulaire de Charles le Mauvais », *Cartulario de d.
Carlos Secundo,* est un registre de chancellerie où l'on
transcrivait les actes de l'administration royale. C'est un
beau volume en papier, qui compte 392 pages et mesure
0,29 sur 0,23. La couverture primitive, en parchemin,
aujourd'hui enfermée dans une reliure récente et insuf-
fisante, porte la mention que voici : *Quintus liber de
litteris comunibus solum, M.CCC.LX.V.* Une table fut
placée à la fin du volume quand on le fit relier, c'est-à-
dire, croyons-nous, il y a une trentaine d'années environ ; cette table ne porte malheureusement que sur les
pièces jugées les plus intéressantes.

Les marges contiennent des notes diverses : « çarrada ;
— finca por quitar ; — dada le fue de gracia ; — nichil
pro sigillo, quoniam pro Rege est ; — nichil. » *Çarrada*
désigne les lettres closes, fermées, *cerrada* en castillan
moderne ; *finca por quitar* signifie : reste à payer ; *dadá
le fue de gracia :* délivrée gratis ; *nichil pro sigillo, nichil*
indiquent, on l'a déjà compris, qu'il n'y a pas eu de
droit de sceau à payer. Ces notes devaient servir à
établir la comptabilité du service de la Trésorerie.

V. — Il m'avait été recommandé d'adopter pour mon
travail un plan qui permît de le poursuivre plus tard.
Les cartulaires ont d'abord attiré mon attention : j'ai
pensé que là se trouvaient les actes les plus curieux et
je me suis efforcé de ne rien laisser passer de ce qui
intéressait notre histoire ; après quoi, j'ai abordé le
règne de Charles le Mauvais en prenant pour guide l'inventaire manuscrit très complet des archives, qui a
été dressé vers la fin du siècle dernier par le Bénédictin
Liciniano Saez.

Il résulte de cette méthode que les chartes dont j'ai
rapporté la copie se réfèrent aux sujets les plus divers.
Dans ces conditions je ne pouvais suivre, pour les

publier, que l'ordre chronologique : c'est ce que j'ai fait, entremêlant les transcriptions intégrales des actes les plus importants et les analyses des pièces d'un intérêt secondaire.

Les notes contiennent quelques renseignements sur les personnages nommés dans les chartes, des rapprochements auxquels a donné lieu la lecture de documents déjà publiés, etc. Ces notes sont bien insuffisantes, je ne me le dissimule point ; l'organisation de nos bibliothèques publiques, qui rend le travail si difficile en province, me sera sinon une excuse, du moins une circonstance atténuante.

Il me reste à remplir un devoir en remerciant d'abord M. Giry, à qui appartient la première idée de ce recueil et qui m'a constamment aidé de ses encouragements et ses bienveillants conseils ; — ensuite le Conseil de l'Ecole des Hautes Etudes, à qui je dois d'avoir fait le voyage de Pampelune et de m'être livré à des investigations fort intéressantes ; — enfin M. Olivier, agent consulaire de France à Pampelune, MM. Iturralde y Suit et Campion, membres de l'Ayuntamiento de cette ville, dont j'ai mis l'obligeance à de rudes épreuves pendant mon séjour dans cette province de Navarre, si riche en souvenirs historiques.

CHAPITRE II

LES INSTITUTIONS FINANCIÈRES DE LA NAVARRE

I. Aperçu sur la constitution de l'ancienne société navarraise : elle est plus égalitaire que la société française. Les différentes classes de la société. — II. *Villanos, infanzones de abarca* et *infanzones*. — III. *Pecha*. Modérations accordées aux villages : *fueros*. — IV. Ressources ordinaires du trésor : Impôts directs ; impositions indirectes ; domaines ; aides. — V. Ressources extraordinaires : Subsides. Emprunts forcés et réquisitions ; emprunts sur gages. — VI. Administration financière et comptabilité : Recouvrement direct et bail à ferme des impôts. Collecteurs des subsides. Trésoriers. Paiement des dépenses. Chambre des Comptes. — VII. Monnaies : Monnaies navarraises. Monnaies étrangères et monnaies de compte. Mesures contre les variations.

I. — Il s'en fallait bien que l'organisation des services financiers en Navarre, surtout dans leurs plus anciennes institutions, fût la même qu'en France. Ces différences tiennent à des causes générales qu'il n'est pas inutile de rappeler.

La guerre contre les Maures, qui domine toute l'histoire de la Péninsule au moyen âge, avait rapproché tous les habitants pour la défense des intérêts communs ; l'étendue restreinte des royaumes s'opposait aux usurpations qui furent dans nos pays l'origine des pouvoirs seigneuriaux et au fractionnement des états en fiefs indépendants ; les distinctions caractéristiques des diverses classes de la société étaient bien moins sensibles qu'au Nord des Pyrénées. Ainsi l'article XII des célèbres Usages de Barcelone nous apprend que, dans la Catalogne du xie siècle, était assimilé aux nobles le bayle qui avait un cheval et se nourrissait de pain de froment[1].

---

1. On retrouve des traces de cette curieuse coutume en plein xve siècle dans le Roussillon. Voir à ce sujet Alart, *Notices historiques sur les communes du Roussillon*, 1re série, p. 10.

La société navarraise, telle que nous la dépeignent les plus vieux chapitres du For Général [1], se composait de deux éléments distincts : les hommes qui servaient à cheval et ceux qui faisaient la guerre à pied ; les premiers étaient les *infanzones* proprement dits ; les seconds se divisaient en *infanzones de abarca* et en *villanos*. La noblesse dérivait si bien de cette particularité que, d'après le For de Sobrarve, si un étranger venant s'établir en Navarre désirait être noble, il lui suffisait d'acquérir dans le délai d'un an un cheval et des armes [2].

Les Maures formaient une catégorie à part.

1. *Fuero General de Navarra, edicion...... dirigida y confrontada con el original que existe en el archivo de Comptos,* por d. Pablo Ilarregui y d. Segundo Lapuerta. Pamplona, Imprenta provincial, 1869. — Ainsi que l'indique le titre, cette édition a été donnée d'après l'exemplaire du *Fuero* qui est conservé aux archives de la Chambre des Comptes. Ce registre, relié en veau et bois, mesure 0,25 sur 0,18 ; il compte deux feuillets de garde, huit feuillets de table et cent quatre de texte, en parchemin. L'écriture est une minuscule assez soignée ; les rubriques sont en vermillon ; les initiales, en rouge ou bleu, avec quelques dessins bleus si la lettre est rouge, et réciproquement. Les pages sont divisées en deux colonnes. Ce manuscrit date du XIVᵉ siècle. La Bibliothèque Nationale possède du *Fuero General* deux exemplaires plus anciens ; ils font partie du fonds espagnol et sont reliés en maroquin rouge aux armes de Colbert. Le premier en date, coté nᵒ 65, paraît remonter à la fin du XIIIᵉ siècle ; il est sûrement antérieur à la concession faite par Philippe en 1330, qu'il ne contient pas, tandis qu'elle est transcrite dans le *Fuero* gardé à Pampelune. Le second, coté nᵒ 260, est également antérieur à cette même concession ; mais il paraît un peu postérieur au premier. En ce qui concerne la date de rédaction du *Fuero* on a émis diverses opinions ; l'Académie d'histoire de Madrid s'est prononcée pour l'année 1155. Malgré la haute autorité de cette compagnie, je me permets de penser que le *Fuero* de Navarre est, comme les Fors du versant Nord des Pyrénées, une compilation, un recueil de dispositions de dates différentes. Que ces dispositions aient été réunies en 1155, c'est possible ; mais la plupart d'entre elles doivent être plus anciennes et d'autres ont été ajoutées depuis.

2. Yanguas, *Diccionario......*, t. II, pp. 47-49. — Cette assimilation du cavalier et du noble est plus sensible en Espagne, où elle persiste plus longtemps, mais elle existe ailleurs (Voy. Viollet, *Précis de l'histoire du droit français,* pp. 216-218), et c'est chose fort naturelle : la société avait tout intérêt à compter parmi ses défenseurs le plus de

Il y avait bien, au-dessus de ces individus de conditions différentes, des seigneurs ; mais c'étaient des propriétaires fonciers plutôt que de véritables seigneurs féodaux. Le Roi était à son tour un puissant baron bien plus qu'un souverain, et on me permettra de faire remarquer à ce propos qu'en plein xive siècle, dans les comptes de Climence[1], « le Roi nostre sire » désigne le roi de France, tandis que Charles le Mauvais est appelé simplement « Monseigneur ».

Les *villanos*, de leur côté, n'étaient point de véritables serfs. Le *villano* navarrais, en effet, n'était soumis ni au droit de suite, ni au droit de formariage, puisqu'il pouvait s'allier à une personne de condition *infanzone*, ni au droit de main morte[2]. Les Maures n'étaient pas non plus attachés à la glèbe, en ce sens que leur seigneur et le Roi lui-même ne pouvaient pas les reprendre hors de leurs domaines.

II. — Le *villano* ou *labrador*, laboureur, était soumis au paiement de la *pecha*, dont l'*infanzon*[3] était dispensé.

cavaliers possible ; elle devait donc les encourager par une exemption d'impôts. Ce privilège, qui constituait à l'origine la noblesse, était juste en somme ; car l'entretien d'un cheval était pour le propriétaire une charge réelle.

1. Le *Compte des recettes et dépenses du roi de Navarre en France et en Normandie, de* 1367 *à* 1370, publié par E. Izarn. Paris, 1885.

2. Voir le *Fuero General*, III, v, §§ 3, 5, 13, etc. — Je ne puis voir dans les *pecheros* une classe de paysans, de condition inférieure aux *villanos* (Garsonnet, *Des locations perpétuelles*, p. 475).

3. On a donné diverses étymologies de ce mot *infanzon* ; il est à remarquer que le For Général l'oppose parfois à *caballero*, titre réservé aux nobles d'une classe supérieure. On peut supposer que les infanzons étaient primitivement, à l'époque de la conquête visigothique peut-être, les fantassins, *infantes*, de l'armée conquérante ; comme conquérants ils furent dispensés de payer l'impôt. Or, dans la suite des temps, lorsque les races furent mêlées, cette immunité fut réservée aux Espagnols qui servaient à cheval et le terme d'*infanzones* leur fut appliqué avec une signification tout opposée à celle qu'il avait d'abord. Il arrivait que certaines familles *infanzone*s ne pouvaient plus entretenir une monture ; elle continuaient exceptionnellement à jouir de certaines

Ainsi une rubrique du For annonce que les enfants de l'*infanzon* et de la *villana* sont dispensés de la *pecha* et le texte de l'article exprime la même idée en disant qu'ils sont « yfanzones ». Les *infanzones de abarca* étaient assimilés aux *villanos* quant au paiement de cette contribution roturière. Des villes entières étaient composées d'*infanzones*, comme Tudèle.

Il est intéressant de rapprocher des constatations qui précèdent les chartes dites d'*ingenuatio* qui furent concédées à certaines communautés séculières sur le versant Nord de cette même partie des Pyrénées : on a voulu y voir des chartes de communes ; c'était simplement la dispense de certaines *pechas*. En 1102, Pierre Sanche octroya une charte pareille aux habitants de Caparroso : « Feçit carta de *ingenuationis* ad homines de Caparroso, « que sedeant ingenuos ipse et filios eorum per secula « cuncta » ; et le document ajoute immédiatement : « Que « non pargent galeta neque delgata, neque prinçipes « neque saione non intrent in domos suas, neque nullum « debitum malum non habeant super illos. [1] » — Ainsi donc, les anciens Navarrais, en gens pratiques, se divisaient en deux classes : les *villanos,* qui payaient l'impôt, et les *hidalgos* ou *infanzones,* qui ne le payaient point[2].

prérogatives : c'étaient les *infanzones de abarca* ou *infanzones* à pied : l'*abarca* est une sandale composée d'une simple pièce de cuir enveloppant le pied et retenue par des courroies ; l'*abarca* est encore portée, notamment par les paysans de la vallée de Roncal. Ces explications ne sont pas données comme certaines ; elles ne sont qu'une hypothèse, qui me paraît préférable à bien d'autres.

1. Archives de la Chambre des Comptes de Navarre, tiroir 1, n° 6.

2. « On observe, dit Yanguas, que les privilèges des *infanzones de carta* commençaient par exempter des impôts les concessionnaires, parce que c'était là sans doute l'unique condition requise pour la noblesse. » *(Diccionario,* art. *Hidalguia,* t II, p. 50).

Voici, d'après le même auteur, la proportion entre les *hidalgos* et la population totale dans diverses provinces de l'Espagne, en 1787 :

Aragon,	1/67e	Asturies	1/3
Navarre,	1/17e	Burgos	
Léon,	1/11e	Guipuzcoa	1/2
Alava,	1/5e	Biscaye	

On pouvait être soit *infanzon* de race, soit *infanzon de carta*, c'est-à-dire en vertu d'une concession, d'une charte[1].

III. — Qu'était-ce donc que la *pecha*? Il serait difficile de donner à cette question une réponse précise, attendu que ce mot désigne dans un même document des droits de nature diverse. Nous croyons que la *pecha* était, en général, toute contribution ordinaire en argent ou en nature. Mais ce terme avait aussi un sens plus restreint; dans cette acception, la *pecha* était-elle un impôt réel ou personnel? Voici un passage du For Général relatif à la monstrée de terre : « Si le seigneur foncier dit au *villano* : Montre moi ma terre *pour laquelle* tu me dois la *pecha...*[2] » Il s'agirait donc d'une redevance foncière; mais la quotité de cette contribution n'était point propor-

---

1. On a dit que Philippe d'Evreux s'était, le premier, arrogé le droit de créer des nobles en Navarre. Voici un document de 1188, où il est fait mention expresse des anoblis, « yfanzones de carta ». Je publie d'autant plus volontiers cette charte qu'elle est un intéressant spécimen de la diplomatique navarraise au xiii⁰ siècle.

Iu nomine Domini Nostri Jesu-Christi. Ego, Sançius, per Dei gratiam rex Navarre, conçedo et confirmo vobis, Diago Sancii de Munoztan, quod vestra casa de Monte-Regali, quam ego dono vobis in populatione, sie yfançona cum toto quanto ibi habueritis de jure vestro et conçedo [etiam?] vobis vestram yfançoniam, ut sitis yfauçou et liber ab omni servitute et sicut fuistis in Monoztan et sicut fuerunt parentes vestri usque nunc, ita quod uullus omo demandet a vobis servitutem neque faciat vos yfançou de carta, quoniam ego cognosco et scio quod estis de jenere liberali et volo ut plene habeatis vestram libertatem nunc et per secula cuncta. Hanc igitur cartam ad vestram ynfançoniam testificandam jussi fieri et hoc meo signo confirmo. Facta carta in Monte-Regali, mensse junii sub era Mᵃ CCᵃ XXᵃ VIᵃ. Regnante me, Dei gratia rege, Sançio in Navarra et in Alava, sub meo dominio episcopo Petro dominante in Pampilona, Eneco Almoravit in Aywarr, Petro Latrone in Sangosa, Eneco de Oriz in Arçoroz, Petro Remirii in Victoria, Gomiz... in Portella. Ego Ferrandus, domini Regis viçecançelarius, ejus precepto hanc cartam scripsi et hoc signum feci.

(Vidimé en 1375, par Jean Garcia, notaire à Olite. — Tiroir 1, n⁰ 47.)

2. *Fuero General*, III, iv, 9.

tionnée à l'étendue des propriétés : par exemple, dans
le cas où les fils partagent l'héritage du père, ils doivent
plusieurs *pechas*[1]. Notous encore que le *villano* ne peut.
entrer dans les ordres, parce qu'il frustrerait son seigneur
de ce revenu. Il résulte des recherches de Yanguas que
les *villanos asaderos*, qui n'avaient pour défoncer la terre
qu'une bêche (*azada*) ne payaient que la moitié de la
pecha ; les veuves bénéficiaient d'une réduction pareille
ou même plus considérable. En Navarre, comme dans
les pays de droit féodal, le sort du paysan était si inti-
mement lié à celui de la terre, qu'il est le plus souvent
impossible de distinguer les cens personnels des redevances réelles. La *pecha* était, si je ne me trompe, dans
ce cas ; c'était un droit mi-personnel, mi-réel, que la
famille des Navarrais servant à pied payait au seigneur
pour sa terre[2].

La valeur de la *pecha* variait suivant les communautés ;
un grand nombre de villages avaient obtenu des modérations qui s'appelaient *fueros*.

C'est une fortune singulière que celle de ce mot, en
qui se résument les aspirations patriotiques et la natio-
nalité même de la Navarre, et qui a désigné jadis les
dégrèvements permanents accordés aux localités.

Ces *fueros* locaux furent très nombreux aux environs
de 1200. Bien que l'on doive se garder soigneusement
d'en exagérer la portée, le fait de ces concessions est l'un
des plus considérables de l'histoire de Navarre à cette
époque.

---

1. *Fuero General*, III, v, 16. — Par contre, il est des cas où le pos-
sesseur de deux domaines *pecheros* ne paie qu'une *pecha*. *Fuero*, III,
iv, 11 ; III, v, 11, 12, 14, etc.

2. L'*infanzon* qui acquérait un fonds roturier perdait-il son immunité ? Yanguas pense que oui ; il ajoute que telle était peut-être la
condition de ces individus appelés *infanzones de abarca* ; mais on me
permettra de faire remarquer qu'il est bien improbable que ce soit le
sens de ce terme, tandis que l'on comprend aisément qu'il ait pu dési-
gner des nobles à pied. Au surplus, le For interdit aux *infanzones* proprement dits, aux *cavaylleros*, l'acquisition de fonds soumis à la *pecha*.

Voici le fuero octroyé, en 1192, aux habitants de la vallée d'Odieta [1].

[I]n nomine Domini Nostri Jhesu-Christi. Ego Sancius, per Dei gratiam rex Navarre, facio istam cartam de confirmamento de foro quod dono ad illos de valle Odieta. Notum sit itaque omnibus hominibus, tam presentibus quam futuris, quod placuit mihi et ideo libenti animo et spontanea voluntate concedo et dono ad illos pro foro quod unusquisque illorum de valle de Odieta qui fossaderam [2] habeant ad dare per forum, det pro pecta unoquoque anno quinque solidos et VI arrobos de avena, ad festum sancte Marie de medio Augusto ; et unusquisque illorum de vale de Odieta qui mei villani proprii fuerint, qui cum jugo bestiarum teneat laborantiam, donet pro mea cena II solidos ; assadero det pro mea cena XII denarios ; mulier vidua, sex denarios : de mulieribus autem viduis stabilio quod ista mulier que est villana et tenuerit in sua casa hominem pro quo pectam habeat ad dare per forum, pectet tantum quomodo unus homo de inter illos qui pectam habeat ad dare per forum : de illis autem viduis que non tenuerint in suas casas homines pro quibus habeant ad dare pectam integram per forum, mando quod IIII vidue tales pectent tantum quomodo unus homo de inter illos qui pectam habeat ad dare per forum. Et unusquisque illorum de valle de Odieta qui sunt villanos solariegos [3] qui pectam habeant ad dare per forum donet pro pecta unoquoque anno, ad festum sancte Marie de medio Augusto, II solidos VI denarios et III arrobos de avena. Et unusquisque illorum qui sunt solariegos, qui cum jugo bestiarum teneant laborantiam, pectet unoquoque anno pro mea cena XII denarios; assadero, VI denarios ; mulier vidua, III denarios. Et omnes illi de Odieta, barones et mulieres, pectent unoquoque anno pro assadura XXII solidos, et donent istos denarios et illos quos habent ad dare pro pecta supradicta pro mea cena ad festum sancte Marie de

1. Yanguas a donné une analyse de ce privilège. *Dicc.*, art. *Odieta*, t. II, p. 478.

2. *Fossaderam*, imposition pour l'entretien des remparts.

3. *Villanos solariegos :* ce sont les paysans vassaux des seigneurs, par opposition aux paysans du Roi, « mei villani proprii ». Les *villanos* étaient *realengos, abadengos* ou *solariegos,* suivant qu'ils relevaient du souverain des abbayes ou des seigneurs. Les distinctions que l'on a voulu établir entre les conditions respectives de ces *villanos* me paraissent factices et fantaisistes.

medio Augusto unoquoque anno, et avena similiter. Et unusquisque illorum villanorum qui sunt in villis incartatis qui sint
foras de valle de Odieta et habet hereditatem in valle de Odieta
pectet pectam integram in valle de Odieta, quomodo ille villanus
qui pectam habeat integram in Odieta. Concedo autem ad inffan-
çones qui habent escusatos in Odieta quod emparent et deffendant
suos escusatos quomodo solebant facere antequam ista carta
esset facta, dando tamen integre prescriptam pectam quomodo illos de Odieta que (*sic*) pectam habeat (*sic*) ad dare. Post
hec supradicta, mando quod illi de valle de Odieta non pectent ad
seniorem nec ad merinum nec ad alium hominem ullam aliam
pectam nisi superius nominatam de denariis et de avena, et de
homicidio et de calonias alias, quando evenerint. Istud forum supra-
scriptum dono et concedo ad illos de valle de Odieta et ad totam
posteritatem eorum, salva mea fidelitate et de omni mea posteritate
per secula cuncta. Ad majorem igitur confirmationem hujus pres-
cripti fori presentem cartam meo signo quod subssequitur, mea
propria manu facto, confirmo et corroboro. Signum regis Sancii
Navarre, hec omnia suprascripta confirmantis. Facta carta in
Pampilona, mense octobris, era millesima CC XXX, regnante me
Sancio, rege in Navarra et in Alava ; Petro existente episcopo in
Pampilona ; Ferrando Rodericii tenente Stellam per meam manum;
Almoravit, Ayvar ; Michaele de Lerat, Sangossam ; Martino de
Subiça, Cassedam ; Petro Martini de Leet, Artaxonam ; Enneco
de Oriz, Ergam ; Garcia de Baztan, Deicastello ; Furtunio de
Baztan, Tafalla ; Martino de Rada, Caparroso ; Petro Latron,
Aizlucea ; Petro Remirii, Victoriam ; Garcia Petri de Morieta,
Portello ; Martino Enneconiz, Gardiam ; Furtado de Alava, Çay-
tegui ; Ferrando Archianco, existente cancellario. Dominus Sancii
scripsit istam cartam.   (Cartulaire I, pp. 32-33.)

IV. — En temps ordinaire les principales ressources
du trésor royal de Navarre étaient les *pechas,* les impôts
indirects, les produits du domaine.

Il y avait, nous avons eu l'occasion de le voir, des
pechas de diverses natures ; les comptes des bayles de la
Bastide-Clairence et des châtelains de Saint-Jean en donnent une énumération qui diffère de ce que nous apprend
le For [1] : c'est peut-être que la Basse-Navarre avait subi

---

1. Yanguas (*Diccionario,* t. II, art. *Pechas*), a donné une liste de *pechas.*

plus directement l'influence féodale. On remarquera
néanmoins, à propos des redevances dues par les habitants de la Bastide pour les emplâcements de leurs maisons, que la distinction entre le fief et la censive n'était
pas encore établie, en 1343, dans le pays d'*Ultra-Puertos*.

Les *aljamas* ou communautés de Juifs payaient des
pechas particulières.

Les impositions indirectes frappaient les marchandises
soit au moment de leur transit sur certains points de
l'intérieur, — c'étaient les péages, que l'on exigeait
surtout, semble-t-il, au passage des ports, — soit au
moment de leur sortie du royaume : la *saca* (de *sacar*,
tirer) figure sur le compte des recettes du châtelain de
Saint-Jean en 1356.

Le domaine royal était important ; il était accru de
tous les biens tombés en deshérence, ou qui n'étaient
pas susceptibles d'une appropriation privée, comme
certains cours d'eau. Au domaine nous rattachons les
droits payés par les propriétaires des moulins et des
usines. On voit par le compte du receveur de la châtellenie de Saint-Jean, de 1364, que le Roi avait nommé
« un commissaire pour bailler les terres au nom de la
seigneurie dans les contrées d'Outre-Ports, c'est à savoir
à ceux qui sont laboureurs à cens perpétuel et aux
hidalgos à tribut (*tributo*) perpétuel » : c'étaient des concessions de propriétés domaniales.

Il faut encore citer parmi les ressources du trésor les
dîmes, qui lui appartenaient dans certaines paroisses, à
Ayherre, par exemple, et qui figurent au nombre des
droits inféodés à Jean de Béarn en 1384,— les émoluments
de justice, les amendes, qui étaient partout au moyen
âge une source importante des revenus publics, — les
droits de chancellerie : droits d'expédition, de sceau, etc.

En cas de besoin, le roi de Navarre pouvait encore
lever des aides, *pedidos*. En 1270, les gens d'Iholdy et
d'Armendarits devaient l'aide aux trois cas : pour la croisade, pour la rançon du seigneur et pour le mariage de
sa fille aînée.

V. — Mais tous ces impôts étaient insuffisants le jour
où le Roi avait une guerre à soutenir. Il avait alors
recours aux Etats, qui lui votaient des ressources extraordinaires. Déjà le poids des contributions était bien
lourd : en 1331, Baigorri fut sur le point d'être aban-
donné par les habitants, qui succombaient sous les
pechas ; il fallut consentir en leur faveur à une diminution de taxes.

Vers le milieu du xiv° siècle, les dépenses de la guerre
s'accrurent démesurément : de son côté, l'infant Louis
de Navarre semble avoir profité de la régence, pendant
la captivité de son frère, pour se livrer à un luxe immo-
déré. Charles le Mauvais se trouvait donc, à l'époque où
son Cartulaire nous permet d'étudier les détails de son
administration, en face d'une crise financière, et cela au
moment où il fallait acheter à des prix exorbitants l'alliance des barons, mettre la Navarre en état de résister
à l'invasion des Compagnies, relever les remparts des
forteresses, approvisionner les places et solder une
armée de mercenaires.

Charles se fit d'abord octroyer une contribution par le
clergé et la noblesse ; après quoi il ordonna aux gens
des bonnes villes d'envoyer des députés pour accorder
leur consentement. On voit combien était illusoire la
garantie que devaient trouver les populations dans le
vote préalable des impôts, et que le mot de Quicherat
est bien vrai lorsqu'il dit plaisamment que les Etats
étaient des assemblées payantes plutôt que délibé-
rantes.

Le subside affecta deux formes différentes : c'était
d'abord un droit d'*accise* à lever pendant une durée de
trois ans sur les marchandises vendues en Navarre, à
raison de six deniers par livre (1/40°) si le vendeur était
Navarrais, et neuf deniers par livre (3/80°°), quand le
vendeur était étranger ; c'était ensuite un impôt direct
réparti entre les localités suivant un rôle qui était adressé
aux collecteurs ; les laboureurs du royaume payaient de
ce chef six mille florins par an, et chaque feu de la terre

de Cise, en 1367, deux florins et demi. Les ecclésiastiques étaient soumis aux charges communes, auxquelles
les clercs des diocèses de Bayonne et de Dax essayaient
de se dérober.

Les avantages du système de l'emprunt forcé ne pouvaient échapper à l'esprit peu scrupuleux de Charles le
Mauvais. Il s'adressa d'abord aux Juifs; il fallait bien
leur faire payer la protection spéciale dont ils avaient
été l'objet à l'approche des Grandes Compagnies, et les
malheureux durent s'apercevoir que, si leur souverain
les défendait, c'était pur calcul de sa part, à la façon
d'un berger qui défend et soigne son troupeau, dans le
but de le trouver un jour plus gras. Le Roi faisait connaître à chaque *aljama* la somme qu'il désirait lui em-
prunter; il faisait tenir, en outre, à ses receveurs une
liste des individus auxquels ils devaient s'adresser
pour des emprunts particuliers. Il est entendu qu'il
pratiqua sur une grande échelle les emprunts en nature
ou réquisitions : réquisitions pour nourrir les compagnies à sa solde, réquisitions pour approvisionner les
villes, etc.

Enfin Charles le Mauvais engagea ses joyaux et vendit
ses terres ; on trouve de fréquentes mentions de ses
bijoux laissés aux mains des créanciers.

Telles étaient les ressources du trésor de Navarre. Il
reste à voir comment elles entraient dans ce trésor et
comment elles en sortaient.

VI. — Les impositions directes ordinaires étaient
perçues par les différents officiers administratifs : le
bayle à la Bastide, le châtelain à Saint-Jean, etc. Ces
officiers étaient assistés de *porteros*, sorte d'huissiers
chargés d'exécuter les volontés souveraines ou les déci-
sions judiciaires. Les receveurs recueillaient aussi les
redevances; il y avait un receveur par *merindad,* qui était
la circonscription administrative, le bailliage de la

Navarre[1]. Le receveur d'Olite était spécialement chargé du recouvrement des *pechas* des Juifs.

Les impôts étaient parfois baillés à ferme, comme, par exemple, les droits de justice à la Bastide en 1367, les péages d'Ostabat, Saint-Palais et Garris en 1357, qui rapportèrent deux mille écus vieux, etc. On remarquera dans le bail de ces péages que les envoyés des souverains étaient, dès cette époque, exemptés des droits de ce genre. Si le Roi faisait remise de ces mêmes droits à un personnage de marque, il lui délivrait une lettre de franchise, que celui-ci laissait entre les mains des péagers avec l'attestation de son passage et la déclaration des objets qu'il avait avec lui, pour leur servir de décharge auprès du trésorier.

Les collecteurs des subsides extraordinaires n'étaient pas désignés, comme en France, par les Etats, mais par le Roi. Ainsi, le 10 juin 1366, Charles le Mauvais donna commission à un bourgeois de Saint-Jean pour recueillir le double florin et demi dû par les gens d'Outre-Ports. De même, il confia le recouvrement de l'impôt sur les marchandises à des banquiers juifs de Tudèle.

Le trésorier, assisté d'un certain nombre de clercs, centralisait les recettes. Une partie passait du coffre des receveurs dans la *Chambre aux deniers* pour les dépenses de la maison royale ; mais le maître de la Chambre aux deniers était comptable de cet argent au trésorier.

Tous ces receveurs étaient en même temps payeurs. Le souverain, son lieutenant ou le trésorier leur adressaient des mandats qu'ils devaient acquitter sur les fonds de leur caisse. Si le paiement devait être fait par le tré-

1. La Navarre se divisait en *merindades*, administrées par un *merino*, sorte de bailli ou sénéchal. Dans l'*Ultra-Puertos*, qui comprenait la partie du royaume sise au Nord des Pyrénées, les attributions du *merino* étaient dévolues au châtelain de Saint-Jean-Pied-de-Port.

sorier, le Roi mandait à cet officier de remettre une
somme déterminée à tel individu qu'il lui désignait ; la
lettre fait le plus ordinairement connaître le motif de la
dépense ; elle enjoint aux gens des comptes de déduire
des recettes, de recevoir en compte, c'est-à-dire de porter
au crédit du trésorier la somme y indiquée. Dans le cas
où le paiement était effectué par un receveur, un bayle
ou tout autre agent secondaire du trésor, c'est à lui que
le mandement était adressé ; ce mandement, qui servait
ensuite d'acquit auprès du trésorier et à celui-ci auprès
de la Chambre des Comptes, était libellé en conséquence.
Les officiers payaient quelquefois sur l'ordre oral du
prince, qui leur délivrait ensuite une lettre confirmant
cet ordre et destinée à justifier leur déboursé. Si le
trésorier, au reçu d'un mandat, n'avait pas de fonds en
caisse, il le passait directement à un agent secondaire
avec ordre de l'acquitter.

Les bayles, receveurs, etc., rendaient leurs comptes
au trésorier, qui à son tour les soumettait avec les siens
à la Chambre des Comptes.

La Chambre des Comptes de Navarre fut, non pas
créée, comme on l'a dit souvent, mais réorganisée par
lettres de Charles le Mauvais en date du 18 février 1365
(n. s.), par lesquelles ce prince institua quatre auditeurs
des Comptes.

Dans le cas où les agents comptables n'avaient pas pu
recouvrer la totalité des impôts, ils fournissaient la
preuve qu'ils avaient fait les diligences nécessaires. A
l'appui de leurs comptes de dépenses, ils remettaient
deux sortes de pièces : les mandements qui ordonnan-
çaient les dépenses et les reçus des parties pre-
nantes. Si les calculs n'étaient pas exacts, les auditeurs
formulaient en note leurs observations.

Dans son compte de l'exercice 1343, le bayle de la
Bastide s'était trompé au préjudice du Trésor ; les auditeurs rectifièrent le total du chapitre où l'erreur avait été
commise, le total général des recettes et enfin le chiffre
de la somme qui restait due par le bayle.

Il paraît par le même document que le bayle avait un compte ouvert à la Trésorerie et qu'il ne versait pas intégralement à la fin de l'année les sommes dont il était débiteur ; le reste était probablement destiné à former un fonds de caisse.

VII. — Les archives de la Navarre mentionnent des monnaies différentes suivant les époques. Ce sont d'abord les *sanchets,* ainsi dénommés des rois Sanche ; en 1343, les sanchets sont assimilés aux tournois[1]. Cette même année, et toujours dans le compte du bayle de la Bastide, il est question de la *monnaie bordelaise,* dont la valeur était à celle des sanchets comme 17 à 60. Les sanchets semblent disparaître de la circulation après le milieu du xıvᵉ siècle. Les *carlins* étaient encore une monnaie navarraise ; il y avait des carlins noirs (*prietos*), et des carlins blancs : en 1356, vingt-deux carlins noirs valaient onze morlans et environ douze carlins blancs. On retrouve les carlins dans le compte des dépenses de Sanche Lopez, envoyé en mission à Bordeaux en 1361 : d'après ce compte, douze sous carlins valent un florin[2].

Les monnaies étrangères avaient cours également en Navarre ; elles sont même plus fréquemment citées, au xıvᵉ siècle, que celles du pays : les *florins d'Aragon* sont surtout en usage, de même que les *florins de Florence,* sans oublier les *sterlings.* Le nom des monnaies françaises revient très fréquemment dans les comptes de cette époque ; notons que la dot d'Agnès de Navarre fut payée, au moins en partie, en vieux deniers d'or à l'écu,

---

1. Les tournois ayant une valeur moindre que les sanchets, ce ne fut pas sans peine qu'on réussit à leur donner un cours égal. Voir à ce sujet une note de M. Francisque Michel, à la suite de la *Guerre de Navarre,* p. 528.

2. Ce document renferme sur la valeur comparative des monnaies une note à relever : « Nota : I florin de pois *valet* XXII gr. de Flandre et non plus, et *valet* XXVIII vielz esterlings et non plus. »

à raison de six écus pour cinq livres tournois, soit un écu pour seize sous huit deniers.

On remarquera que les concessions de rentes, *mesnadas,* etc., sont indiquées en monnaies de compte, en livres, tandis que la quotité des dons *en une fois* est généralement énoncée en monnaies réelles, le plus souvent en florins.

Les Navarrais, pour mettre un obstacle aux variations des monnaies, exigeaient du souverain, à son avènement, l'engagement de ne pas baisser le cours de douze ans et de ne frapper monnaie qu'une fois pendant la durée du règne [1].

1. Sur les monnaies ayant eu cours en Navarre, on peut consulter Yanguas, *Diccionario*, art. *Monedas.*

CHAPITRE III

INSTITUTIONS MILITAIRES DE LA NAVARRE

I. Le service militaire d'après le *Fuero General*. Féodalisation de la Navarre. — II. Concessions de fiefs; restitution, à titre de fief, de biens confisqués. — III. Concessions de rentes : *mesnadas* et *caverias*. Conventions spéciales avec les chefs de bandes. — IV. Caractère militaire de cette féodalité fiscale ; réserve de ligece. — V. Recrutement des troupes, cavaliers maures. Mobilisation à l'arrivée des Compagnies. — VI. Soldes et indemnités d'entrée en campagne. Effectif de quelques bandes. — VII. Défense territoriale : réparation des places. *Capitan, alcaïd*. Fonctions administratives de l'*alcaïd*. Garnisons.

I. — On connaît à peine les institutions militaires de la Navarre ; c'est une lacune regrettable, car l'exposé de ces institutions, du XIIe au XIVe siècle, serait des plus intéressants.

Le *Fuero*, dans ses plus anciens chapitres du moins, ne semble avoir prévu, en fait de guerre offensive, que les escarmouches et les razzias. Les Navarrais se réunissaient secrètement, traversaient soudain l'Ebre ou la rivière d'Aragon, poussaient une pointe sur le territoire ennemi et se retiraient, chassant devant eux les troupeaux enlevés et emportant à l'arçon de leur selle le butin qu'ils avaient conquis : là se bornaient leurs faits d'armes. Dans le cas d'une campagne de ce genre, le Roi ne pouvait retenir les *infanzones* que pendant douze jours ; pendant les trois premiers jours ils devaient se nourrir ; durant les neuf jours suivants leur entretien et celui des montures étaient à la charge du monarque. Si l'armée ennemie, pénétrant en Navarre, assiégeait une ville ou un château, la gravité de la situation imposait aux sujets des devoirs plus étendus : ils restaient avec le souverain jusqu'après la délivrance de la place attaquée.

Le service militaire avait un tout autre caractère qu'en

France : il n'était pas la conséquence d'un contrat de vasselage ; il n'était pas payé par une concession, par un fief. Si les Navarrais prenaient les armes, c'était pour la défense de leurs intérêts communs, c'était comme citoyens et non comme vassaux.

Lorsque les monarques de Pampelune connurent l'organisation de la féodalité, ils furent portés à modifier dans ce sens les institutions de leur pays ; ces changements s'imposèrent quand la Navarre aspira à prendre part aux luttes de l'Europe continentale. Pour arriver à la féodalisation de la Navarre, les Sanches, les Thibauts, ne pouvaient songer à recourir à la violence, à exiger de leurs sujets qu'ils prêtassent hommage pour leurs terres : c'eut été enfreindre ouvertement les fors, que de nos jours encore on ne viole pas impunément. Il fallait donc créer de toutes pièces une vassalité, un système féodal, au moyen de concessions dont l'objet fut une terre, plus souvent une rente.

II. — Il est remarquable que le premier exemple d'hommage connu en Navarre est l'hommage d'un seigneur gascon ; il remonte à 1196. Cette année-là, Arnaud-Raymond, vicomte de Tartas, avoua Sanche comme son seigneur : *recipit Sancium, regem Navarre, in dominum super omnes homines,* et se déclara son vassal ; en retour, Sanche devait donner à Arnaud-Raymond un fief quelconque, *benefacturam,* au sujet duquel le vicomte de Tartas s'en remettait à son suzerain : *de benefactura ponit se in miseratione et causimento Sancii, regis Navarre, Arnaldus Raymundi, vicecomes Tartaxensis* [1]. On comprend aisément que dans un pays depuis longtemps conquis, depuis longtemps partagé, il était difficile de créer un grand nombre de fiefs territoriaux. On peut voir, par les docu-

1. Voir ci-après, document I, et aux documents LXXXV et CXCVI l'hommage du captal de Buch, pour les possessions des anciens vicomtes de Tartas en Mixe, juillet 1362, et celui de du Guesclin pour le château de Tinchebray, le 4 février 1369.

ments que nous donnons, que les concessions de ce genre eurent le plus souvent pour objet des terres confisquées : les rois de Navarre, en rendant ces terres à leurs anciens possesseurs ou en les attribuant à de nouveaux tenanciers, mettaient cette occasion à profit pour exiger le serment d'hommage. C'est ainsi qu'en 1342, Arnaud-Guillaume de Gramont, en recevant du Roi son château de Bidache, que ce souverain avait pris en sa main, promit d'y laisser les panonceaux aux armes de Navarre, en signe de vasselage.

III. — Il arrivait beaucoup plus fréquemment que l'objet de la concession était une rente annuelle. L'usage de ces rentes était fort ancien ; les rois avaient dû de tout temps solder une garde, qui était peut-être composée de ces *vasayllos de soldada, vasayllos de cosiment* dont parle le *Fuero*. Yanguas cite des exemples de *caverias* dès 1162, 1193[1]. Les *mesnaderos* étaient engagés par une convention de ce genre : ils recevaient annuellement une ou plusieurs *mesnadas ;* ils devaient, en retour, entretenir un cheval et des armes et marcher au premier appel.

M. Francisque Michel pense, d'après Yanguas, que, vers 1276, les *caverias* furent remplacées par les *mesnadas ;* mais, d'une part, cet auteur reconnaît lui-même qu'on continua à employer le terme de *caverias,* et, d'autre part, il est à remarquer que les rentes servies sous ce dernier nom sont de beaucoup plus importantes que les *mesnadas ;* ainsi, en 1266, Thibaut II donna en fief à Arnaud-Guillaume de Gramont et, après lui, à son fils dix *caverias* et six à leurs successeurs ; en 1277, Jean Corbaran recevait 1500 livres tournois et Nuño Gonsalvez, 8000, *por complimiento de cavaillerias ;* en 1354, le fameux alferez de Navarre, Martin Enriquez, était inscrit au compte des dépenses de la Trésorerie pour 620 livres au chapitre des *cavayllerias* et pour 300 seule-

____

1. *Diccionario...,* t. I. p. 20.

ment au chapitre des *mesnadas ;* encore convient-il
d'ajouter qu'après lui les *mesnaderos* les mieux partagés
ne recevaient que quarante livres, et la plupart, vingt.
Il semble que la *mesnada* était la solde des vassaux du
Roi ; le sens étymologique de ce mot, qui signifie la
suite, la maison d'un seigneur, s'accommode parfaitement
de cette explication. Mais les plus puissants d'entre les
vassaux, les barons, comme les appelle un rôle de
1354 déjà cité, entretenaient à leur tour des féaux
et les *cavayllerias* que les barons recevaient du Roi
étaient destinées sans doute à payer la fidélité de
ces vavassaux. On comprend ainsi que les mêmes noms
figurent sur les rôles à la fois au chapitre des *cavaylle-*
rias et à celui des *mesnadas*. Que si certaines *mesnadas*
sont plus élevées que d'autres, c'est qu'étant le prix des
services personnels du concessionnaire, elles devaient
être mesurées à l'importance et aux prétentions du personnage.

Cette distinction se retrouve d'ailleurs en Aragon,
autant qu'on peut le comprendre par deux anciennes
dissertations sur la constitution militaire de cet Etat,
publiées dans le tome III de la *Biblioteca de escritores*
aragones (seccion hist.-doctrinal) [1]. En résumé, *mesnada* et
cavaylleria ou *caveria* désignent des institutions dis-
tinctes, dont la première n'apparaît, sous ce nom du
moins, que vers la fin du XIIIe siècle.

Le chiffre de la rente servie aux titulaires des *mesna-*
das et des *cavayllerias* n'était pas laissé à l'arbitraire du
Roi : il semble, par les exemples que Yanguas donne
pour le XIIe siècle et auxquels il est fait allusion ci-
dessus, que l'unité de la *caveria* était quinze livres. En

---

1. Après la conquête de Majorque, en 1230, le roi d'Aragon distribua
entre ses soldats de vastes domaines : le seigneur de Roussillon,
Nunyo-Sanche, eut pour sa part huit cent soixante-quatorze *cavallerias*.
« La *cavalleria*, dit à ce sujet Alart, était la part du moindre chevalier
et les chefs en obtenaient plusieurs, *selon le nombre de combattants*
qui les avaient suivis. » (Alart, *Privilèges et titres de Roussillon et de*
Cerdagne, p. 129, note 3.)

1276, Pero Velaz de Guevara reçut deux cents livres tournois *por diez cavaillerias d'este present anno* : vingt livres par *cavaylleria* ou par *mesnada* simple, ce fut le taux pendant le XIVe siècle.

En dehors de ces contrats habituels, les rois de Navarre achetaient encore les services des chefs de bandes au moyen de conventions spéciales qui avaient pour base une concession pécuniaire : un grand nombre de capitaines de routiers, Espiote, Hanesorgues, Petit Machin, etc., se vendirent ainsi à Charles le Mauvais, pour 100, 200 livres par an. Ces rentes pouvaient d'ailleurs être accordées à des Navarrais qui recevaient déjà des *mesnadas* ou des *cavayllerias :* tel était, par exemple, le cas d'Arnaud-Loup de Luxe en 1354. Le captal de Buch faisait hommage au roi de Navarre pour une pension de mille écus d'or. On disait d'un personnage qui contractait un engagement de ce genre que le Roi le retenait, qu'il était de la retenue du Roi. Ces retenues coûtaient fort cher au trésor de Navarre ; car il s'agissait de s'attacher le plus souvent des gens sans honneur, toujours disposés, suivant la remarque qui en a été faite, à trahir au plus offrant et dernier enchérisseur.

Cette féodalité fiscale, ce trafic des épées les plus glorieuses du siècle, ce commerce des fidélités et des consciences se retrouvent assurément au Nord des Pyrénées, et le captal de Buch, en sortant de prison après Cocherel, s'était fait, à prix d'argent, l'homme de Charles V ; mais ces expédients ne devinrent jamais en France de véritables institutions et l'on ne rencontre pas, dans les concessions faites par nos rois de cette époque, ces calculs étrangement odieux, qui sont hautement avoués dans les chartes des rois de Navarre et que Quicherat trouvait, à juste titre, plus dignes d'un chef de parti que d'un souverain [1].

---

1. *Rodrigue de Villandrando*, p. 68.

IV. — Quel que fût l'objet de la concession, terre ou rente, les obligations qu'elle entraînait étaient de même nature ; dans les serments d'hommages pour les fiefs territoriaux, pour les châteaux, il n'est fait aucune mention du paiement des droits de mutation, du service de cour, etc. Le but exclusif poursuivi par les rois de Navarre en créant cette féodalité était d'accroître leur puissance militaire. Le baron qui faisait hommage pour une place forte promettait de la rendre au suzerain ou à son envoyé dès la première sommation[1]. Le vassal s'engageait dans tous les cas à défendre le Roi envers et contre tous. Il pouvait toutefois formuler à ce sujet des réserves ; il exceptait du nombre des personnes contre lesquelles il aurait à porter les armes ses suzerains liges, et quelquefois ses compagnons. Lorsque le sire d'Albret, en février 1365, fait hommage pour la terre de Mixe, qui vient de lui être rendue, il promet appui à Charles le Mauvais « contre le roi de France et contre tous les autres de la maison de France, excepté le duc de Berri, duquel il est compagnon. »

V. — Nous venons de voir comment les rois de Navarre du xive siècle s'attachaient les chefs de guerre, comment ils composaient les cadres de leurs troupes. Il leur fallait aussi des soldats.

Les cavaliers et les fantassins dont les barons amenaient le plus grand nombre possible, les Navarrais que les officiers royaux enrôlaient et conduisaient eux-mêmes, les routiers étrangers, enfin, formaient le gros de l'armée. Les compatriotes du Cid ne dédaignaient pas de recourir aux *genetes* ou cavaliers maures. On comprend de quelle utilité était, dans un pays montagneux comme

---

1. C'était là d'ailleurs, avec l'obligation de l'hommage, la seule charge qu'entraînât pour le vassal le contrat féodal si commun à l'autre extrémité des Pyrénées sous le nom de fief honoré, *feu honrat*. En Catalogne, de même qu'en Navarre, la féodalité était surtout militaire et les services de cour ne figurent généralement pas au nombre des charges du vassal.

l'Espagne septentrionale, un corps de cavalerie légère :
à Montiel, don Pedro avait à son service quinze cents
cavaliers que lui avait fournis le roi de Grenade[1] ;
c'étaient encore six cents cavaliers maures qui composaient la garde du Castillan au moment où il quitta pré-
cipitamment Burgos, le 28 mars 1366[2]. Il ne faut donc
pas s'étonner de rencontrer sur les montres des armées
navarraises des noms arabes, comme celui d'Amet Ahudali, qui figure sur un compte de 1354.

Lorsque, dans les derniers mois de 1365, Charles le
Mauvais fut menacé par les Compagnies, il prévint
d'abord tous ceux qui tenaient de lui grâce ou bienfait,
merce o bienfecho, d'avoir à se tenir prêts avec leurs
hommes pour le 15 décembre ; on était au 21 novembre.
Le 28 janvier, convocation de l'host, qui doit se rassem-
bler à Olite, le 2 février. Cette convocation est adressée
à trente-six personnages, parmi lesquels se trouvent le
prieur de Saint-Jean, le trésorier, l'archidiacre de la
mense de la cathédrale, le justicier, le châtelain de
Saint-Jean, les quatre sergents du Roi. Des lettres
analogues avaient été envoyées à d'autres, par exemple
à Jean de Rovray, qui était *merino* de Sangüesa. Il con-
vient d'ajouter qu'il y eut un nombre considérable de
retardataires, qui n'avaient pas encore, à la date du 16
et du 23 avril, répondu à des appels réitérés. Quand le
danger fut plus pressant, le 3 avril, le lieutenant du
gouverneur et d'autres officiers, dont la liste s'est égarée,
reçurent l'ordre de rejoindre le Rói avec un nombre
déterminé de soldats ; le lieutenant du gouverneur
devait en amener cinq pour sa part, bien armés, solide-
ment montés et aussi convenablement équipés que possible.

— VI. Tous ces gens de guerre recevaient une solde,

1. Lafuente, *Historia general de España*, t. VII, p. 302.
2. Siméon Luce, *Froissart*, t. VI, p. LXXXV, note 4.

plus ou moins élevée suivant les circonstances. Le 4
février 1366, Charles le Mauvais n'avait pas encore fixé
quelle serait la quotité de cette solde pour la campagne
qui allait s'ouvrir ; mais, si le chiffre variait, le principe
était constant.

Dans le compte des dépenses faites pour l'embarquement des compagnies de renfort envoyées en Normandie
après Cocherel, en juillet 1364, nous constatons qu'il était
alloué d'abord à chaque chef des frais d'entrée en campagne pour équiper sa troupe, à raison de cinq florins
par homme ; on lui remettait ensuite par intervalle la
paye de sa bande : un florin pour cinq jours par fantassin, le double par cavalier ; les chefs étaient traités
à ce point de vue sur le même pied que leurs hommes.
Ils étaient à peu près les seuls montés. La montre de
1357 et celle du 20 février 1364 donnent, au point de
vue de l'armement, une fort triste idée de ces bandes :
l'équipement était des plus disparates. La montre de
1357 signale treize bandes : la plus considérable, celle
de Martin Enriquez, compte cinq cent soixante-un
hommes ; un nommé Guillemin Cove de la Lande n'a
que deux hommes sous ses ordres, et ils sont à pied ;
en somme, on compte, d'après ce document, deux cent
trente-quatre cavaliers, qualifiés hommes d'armes, et
onze cent trente-cinq fantassins, plus six charpentiers,
deux moines, deux trompettes, quatre maures, deux
selliers et un chirurgien. En 1364, sur sept bandes une
seule a des cavaliers, au nombre de dix-sept, et soixante-
quatre fantassins ; les six autres bandes se composent
de vingt-six arbalétriers et cent trois *lanceros,* probablement des pavoisiers armés d'une lance de jet. Cette
même année, en juillet, c'est-à-dire après la bataille de
Cocherel, on constate encore le départ pour la Normandie de quarante-trois cavaliers et trois cent trente
fantassins.

VII. — Si les archives de la Chambre des Comptes

permettent d'étudier le système de recrutement des troupes navarraises sous Charles le Mauvais, elles ne fournissent pas de renseignements sur leur discipline intérieure.

Mais on peut voir, par les documents que renferme ce dépôt, comment, en présence d'une invasion, était organisée la défense. En dehors de la convocation du ban et de l'arrière-ban de son armée, Charles le Mauvais prit encore des mesures énergiques pour résister aux Grandes Compagnies, qu'il redoutait à son tour après en avoir fait le cruel instrument de son ambition et de ses vengeances. Il fit reconnaître les places en état de tenir contre l'ennemi et ordonna d'urgence des réparations : il nomma à cet effet des commissaires. A l'approche des routiers, les habitants des villages devaient se réfugier dans la ville forte voisine, avec leurs meubles et leurs provisions. La frontière du Nord, les ports ou passages des montagnes étaient surveillés. Des règlements sur la fermeture des portes, sur l'entrée des étrangers, etc., mirent les places à l'abri des coups de main.

Parmi ces places de guerre, celles qui avaient quelque importance se composaient de deux parties : la ville, le château. L'enceinte de la ville, destinée à protéger la population tout entière, était réparée par cette population et à ses frais ; c'était là primitivement et pour toute l'Espagne une obligation essentielle : le célèbre concile de Léon l'imposait aux habitants de cette ville en 1020[1], et le for de Cuenca, qui abolissait tous les impôts, maintenait celui qui était levé pour l'entretien des murs[2]. Le château était réservé à la garnison ; si les gens des environs y travaillaient, c'était *a pan d'almut*, aux frais du Roi.

Le chef militaire de la ville était plutôt appelé *capitan* et *caudillo ;* celui du château, *alcaïd.* Le premier com-

---

1. Lafuente, *op. cit.*, t. **IV**, p. 231.
2. *Ibidem*, t. **V**, p. 277.

mandait assez souvent toute une contrée : Martin Enriquez fut nommé, à l'époque de l'invasion des Compagnies, capitaine de la *merindad* de la Rivière. Il est à
peine besoin de dire que tous les officiers administratifs
concouraient à la défense : l'alcalde et les jurés dans
certaines localités, le bayle dans d'autres, les *merinos*
dans toute la Navarre.

Ils étaient tous d'ailleurs plus ou moins soldats : le
10 mai 1361, Charles le Mauvais récompensa Arnaud-
Raymond de Gramont, *merino* d'Estella, qui avait conduit
des gens d'armes au secours du comte de Foix. Rodrigue
d'Uriz, qui était également, en 1366, *merino* d'Estella,
mena des troupes au siège de Jaca[1].

Le châtelain, *alcaïd*, a dû exister en Navarre dès les
premiers temps : il fallait bien que le Roi confiât à quel-
qu'un la garde des châteaux et des fortins de ses frontières.

D'après le For Général[2], le souverain seul et les seigneurs locaux pouvaient construire des forteresses ; à
tout autre il était interdit, à moins d'autorisation préalable, d'élever une tour dont le couronnement fût hors
d'atteinte de la lance d'un cavalier assis sur son cheval
sellé, ce qui correspond à une hauteur de cinq mètres
environ.

Les puissants seigneurs, les *richombres* instituaient
aussi des *alcaïds* : le for nous l'apprend dans un chapitre
très curieux : « Si un noble tient un château pour le Roi
ou pour un *richombre* et s'il veut rendre le château au
bout de l'année pour laquelle il avait reçu la nourriture,
sans que le seigneur veuille le recevoir, il doit le garder
encore pendant neuf jours, après lesquels il pourra
fermer la porte du château, y attacher un chien avec sa
chaine et aller son chemin sans être inquiété.[3] »

---

1. Zurita, *Annales de la corona de Aragon* (6 vol. et 1 vol. de tables,
Saragosse, 1610-1621), t. II, p. 346.

2. I, III, 3.

3. I, IV, 3.

. L'alcaïd avait la charge des armes et des munitions du château : le 6 février 1366, à l'occasion du changement de châtelain à Murillo, on envoya un *portero* prendre possession de la forteresse au nom du Roi, la remettre au nouveau titulaire et procéder au récolement de l'inventaire des engins de guerre ; l'ancien inventaire et le nouveau devaient être adressés à la Trésorerie.

L'alcaïd avait souvent des fonctions administratives : à Saint-Jean-Pied-de-Port, le châtelain s'occupait de la justice aussi bien que de la perception des impôts ; il avait le titre de « châtelain de Saint-Jean, garde de la terre d'Outre-Ports. » L'alcaïd du château sur l'emplacement duquel fut élevée la Bastide-Clairence représentait le Domaine royal; il recevait des gages, dit l'enquête de 1347, pour garder le château et les vacants qui l'entouraient ; il condamnait à l'amende les gens qui coupaient du bois sans permission dans les forêts du Roi. M. Francisque Michel donne un certain nombre de quittances délivrées, en février et mars 1276, par des châtelains pour leur *mesnada* et pour la *retenencia* de leur château[1], ce qui prouve, soit dit en passant, que l'alcaïd pouvait en même temps être *mesnaderò*, quoi qu'en ait dit ailleurs ce même auteur.

Lorsque la garnison ne suffisait pas pour le service de la place, les habitants de la localité ou des environs pouvaient être requis. Le capitaine d'Arguedas, Jean de San-Martin, reçut, le 4 mars 1366, l'ordre de forcer les nobles et les clercs à « veiller, faire le guet, les rondes dans ladite ville, nuit et jour... comme ils le font dans les autres localités du royaume. » Il avait été enjoint, un mois avant, à l'alcaïd, à l'alcalde et aux jurés de Valtierra de passer outre à la supplique adressée au Roi par les Juifs et les Maures pour se soustraire à cette obligation. Par contre, le châtelain de Saint-Jean-Pied-de-Port, dont la troupe avait été renforcée de huit

---

1. Notes de l'*Histoire de la Guerre de Navarre*, pp. 443 et suiv.

soldats, se vit défendre, le 26 novembre 1365, de tracasser les laboureurs du pays d'Ossès et autres, qu'il voulait contraindre. à envoyer journellement quatre hommes pour faire le guet à Saint-Jean.

DOCUMENTS

DES ARCHIVES DE NAVARRE

I

1196, mars. — Olite.

*Arnaud-Raymond, vicomte de Tartas[1], fait hommage à Sanche
le Fort, roi de Navarre.*

(Cartulaire III, p. 22. — Yanguas a analysé ce document, *Dicc.*, art.
Tartax, t. III, p. 368. — Moret l'a traduit, t. III, pp. 12-3.)

De dominio Sancii, regis Navarre, super [Arnaldum] Raymundi, vicecomite[m] de Tartayss.

In nomine Domini nostri Jhesu-Christi. Hec est carta facta
in memoriam conventionum quas Arnaldus Raymundi, vicecomes de Tartais, facit Sancio, illustri regi Navarre. Notum
sit itaque universis hominibus tam presentibus quam futuris
quod Arnaldus Raymundi, vicecomes de Tartais, recipit
Sancium, regem Navarre, in dominum super omnes homines
et sit vasallus ipsius, et facit eidem regi hominium quod
semper ad voluntatem et mandatum ipsius faciat guerram vel
faciat pacem cum omnibus hominibus, quandocumque ipse
mandaverit. De rege autem Anglie istud nominatim convenit
Sancio, regi Navarre, Arnaldus Raymundi, vicecomes de Tar-

1. « La série des vicomtes de Tartas débute (960) par Tortus, que
des chartes qualifient de *rex*. » (Dompnier de Sauviac, *Chroniques de
la cité et du diocèse d'Acqs*, Dax, 1869, t. I, p. 116). Arnaud-Raymond
de Tartas, deuxième du nom, combattit les Anglais sous les murs de
Dax, et prit part aux batailles que Philippe-Auguste leur livra. C'est
son fils Raymond-Arnaud qui, par son mariage avec Navarra, vicom-
tesse de Dax, réunit les deux vicomtés de Dax et de Tartas. (*Ibidem*,
p. 175.)

tais, quod si forte rex Anglie vellet ei emendare injurias quas rex Anglie intulit illi, et conponeret cum eodem rege Anglie propter emendationes illarum injuriarum vel propter alia, semper tamen pro velle ac mandato Sancii, regis Navarre, faciat guerram contra regem Anglie, quandocumque idem rex Navarre mandaverit, vel faciat pacem cum rege Anglie. De Gastone, Bearnensi vicecomite, nominatim istam facit convenientiam Sancio, regi Navarre, Arnaldus Raimundi, vicecomes de Tartais, quod quandocumque Sancius, rex Navarre, mandaverit eidem vicecomiti de Tartais quod reddat Gastoni de Bearn benefacturam quam tenet et tenuerit de illo, sive terra[m], sive aliud, reddat eam Gastoni, et, ad mandatum ejusdem regis, faciat guerram Gastoni vel faciat pacem cum eo, quandocumque mandaverit idem rex Navarre. De benefactura ponit se in miseratione et causimento Sancii, regis Navarre, Arnaldus Raymundi, vicecomes Tartaxensis, quod idem rex Navarre, sicut eidem regi placuerit, faciat erga illum. Sancius autem, rex Navarre, recipit Arnaldum Raymundi, vicecomitem Tartaxensem, in vassallum suum, quod valeat ei et adjuvet illum contra omnes homines. Et Arnaldus Raymundi, vicecomes Tartaxensis, concedit et affirmat quod si non tenuerit et attenderit supradictas convenientias prenominato regi Sancio Navarre, sit traditor inde vicecomes Tartaxensis, Arnaldus Raymundi. Facta carta era Mª CCª XXXª IIIIª, mense martii, quando Gasto Bearnensis venit ad curiam supranominati regis Navarre, apud Olit[1], pro causa quam habebat contra Raymundum Guillelmi, vicecomitem de Sola, et idem rex Navarre et rex Castelle et rex Aragonie habuerunt colloquium inter Agredam et Tirasonam, cui colloquio interfuit Gasto Bearnensis et predictus vicecomes Tartaxensis. Testes hujus facti Rodricus de Baztan, Ispaniolus de Dome-

---

1. *Olite*, ville de la Navarre, partido judicial de Tafalla. — Les rois de Navarre ont possédé très anciennement à Olite une résidence; Charles le Noble y construisit vers 1410 un magnifique palais que Mina brûla en 1813, pour empêcher l'armée française d'y trouver un abri; par bonheur le feu fut impuissant à consumer entièrement ces constructions massives, et l'on admire encore à l'entrée de la ville les ruines grandioses du palais, qui est sans contredit l'un des plus beaux monuments de l'architecture civile et militaire du moyen âge. On peut lire sur Olite et son château : « *Memoria sobre las ruinas del palacio real de Olite,* » par l'éminent directeur de la *Revista Euskara*, M. Juan Iturralde y Suit. Pamplona, 1870.

dan, Lupus de Valterra ; Fortone, cantore Tutelane ecclesie, existente cancellario. Istam cartam scripsit Furtunius Urrocensis.

II

1202 ou 1203[1], 17 décembre. — Gramont.

Vivian de Gramont[2] fait hommage au roi Sanche pour son château de Gramont. Il s'engage à défendre son suzerain contre tous ses ennemis et à répondre devant lui de tous les torts qu'il pourrait causer aux vassaux de la couronne de Navarre. Le Roi lui promet en retour aide et protection. Aux termes de la charte, en témoignage de cet hommage Vivian de Gramont avait posé sur son château la bannière du roi de Navarre. Il prête serment avec vingt-sept chevaliers, parmi lesquels figurent Bernard de Gramont et Bernard de Montcuq, le même peut-être qui était en 1230 chambellan de Thibaut[3].

(Cartul. I, p. 279. — Traduction dans Moret, t. III, pp. 62-63. — Résumé dans Yanguas, *Dicc.*, art. *Agramont*, t. I, pp. 15, 16.)

III

1204, août. — Pampelune.

Accord entre la ville de Bayonne et Sanche le Fort.

(Cartulaire III, p. 239. — Analyse dans Moret, t. III, p. 365. — Publ. par A. Giry, *Les établissements de Rouen*, t. II, p. 76.)

De compositione facta inter Sancium, regem Navarre, et burgenses de Bayona.

1. La date de 1202 est donnée par la copie du Cartul. I; celle de 1203, par la copie du Cartul. III.

2. *Vivian II de Gramont*, 1200-1205. La famille de Gramont se rattachait à la race royale de Navarre; son nom latin était *de Agramonte*, que l'on a eu le tort de traduire parfois d'Aigremont. Sur le passé de cette puissante famille, voir de Jaurgain, *Les châtelains de Mauléon*, dans la *Revue de Béarn, Navarre et Lannes*, t. II, p. 288 et suiv.

3. Voy. d'Arbois de Jubainville, *Histoire des ducs et des comtes de Champagne*, catalogue des actes, n° 2055.

Hec est carta compositionis facte inter dominum Sancium, regem Navarre, et burgensses de Baiona. Notum sit itaque omnibus hominibus quod ego, Sancius, per Dei gratiam rex Navarre, recipio sub mea protectione et defensione homines de Baiona et omnes res ipsorum, tam mobiles quam immobiles, volens et mandans ut veniant, eant et redeant per totum meum regnum ab orta[1] Baione salvi et securi cum omnibus rebus suis, persolvendo michi mea pedagia in locis consuetis et pedagia consueta, et sint salvi et securi in eundo et redeundo tam de me quam de omnibus hominibus regni et de aliis pro posse meo, et quod predicta securitate maneant quantum mihi placuerit, ita tamen quod, quandocumque mihi placuerit datam eis securitatem infringere, faciam hoc scire ante concilium[2] Baione per III menses, et homines de Baiona, qui tunc fuerint in regno meo et habuerint ibi res suas, habeant securitatem unius anni circa personas suas et ad recuperandas interim res quas habuerint in regno meo; et si infra annum non possent eas re[cu]perare, sint etiam amplius securi donec eas recuperarent, nisi illud tantum quod propter defectum justicie fuerit a partibus nomine pignoris retentum. Adicio etiam predictis quod, si homines de Baiona fecerint recuperare meis hominibus, faciam ego similiter recuperare res suas infra annum vel post annum et conducere personas et res earum usque ad Baionam. Et sciendum quod omnia malefacta et querimonie hinc et inde debent emendari per homines juratos ex utraque parte infra spacium VIIII dierum per inquisitione[m] veritatis vel per forum terre. Preterea, homines de Baiona debent custodire caminum et defendere ad totum posse suum et debent se catare[3] de toto dampno regis Navarre et regni sui per mare et per terram et quod non adjuvent inimicos regis Navarre contra ipsum nec valeant eis

---

1. *Orta,* la banlieue; c'est, à proprement parler, la partie de la banlieue où se trouvent les jardins de la ville. On dit ainsi la *huerta* de Valence, de Murcie, l'*horta* de Perpignan. Guillaume Anelier s'est servi de ce terme dans son poème sur la guerre de Navarre, vers 3729 et 4804.

2. *Concilium;* c'était peut-être le conseil de ville de Bayonne, qui existait déjà à cette époque. (Voy. Giry, *Etablissements de Rouen,* t. I, pp. 106-107.)

3. *Catare,* garder; c'est le synonyme de *servare;* dans l'hommage de Vivian de Gramont précédemment analysé on trouve *caten dominium* pour *servent dominium.*

auxilio neque consilio, salva tamen in omnibus fidelitate regis Anglie. Hec omnia supradicta debent intelligi et observari per bonam fidem et sine enganno ex utraque parte. Dant (*sic*) apud Pampilonam, mense augusti, sub era M^a CC^a XL^a II^a. Ad majorem confirmationem hujus facti presentem cartam hoc meo sigillo corroboro et confirmo.

IV

1228, juillet.

P. Arnaud de Luxe[1] *fait hommage à Sanche le Fort pour sa terre d'Ostabat.*

(Cartulaire III, p. 24.)

De conditione facta a rege Sancio cum P. Arnalt de Luxa super Ostavals.

In Dei nomine. Notum sit cunctis hominibus tam presentibus quam futuris, quod ego don P. Arnalt de Luxa feci aveniença con vos don Sancho, por la gracia de Dios rei de Navarra, quando me tornastes esta villa d'Ostavals, atal aviniença fiz con vos que io non faga fortaleza ninguna en Ostavals, si non foz con vuestra amor et quanto vos me mendaredes ; et demas, que aiades en Ostavals todo aquel sennorio que nunque i oviestes ni avedes ni devedes aver. Demas, io deviengo vuestro vassaillo, e que vos ajude contra todos los omes del segle. Et de todo esto vos juro sobre libro et cruz, et fiz vos en pleit et omenage que vos atienda todas estas sobreditas cosas, assi como estas cartas dizen. Et si por aventura esto fallia, vos don Sancho, rei de Navarra, que vos tornedes a quanto io aia, et io ni nul omme del segle non aia clamos de vos et io que finque[2] por malo. Sunt testes hujus

---

1. La maison de Luxe avait la même origine que la maison de Gramont, sa voisine ; toutes deux appartenaient à la Basse-Navarre et comptaient parmi les plus illustres familles du royaume. (Voy. de Jaurgain, *Les châtelains de Mauléon*, dans la *Revue de Béarn, Navarre et Lannes*, t. II, p. 289.)

2. *Finque por malo*, mot à mot : que je demeure pour mauvais, que je sois réputé mauvais ; *fincar* signifie rester ; en marge de certains documents dans le cartulaire de Charles le Mauvais, les scribes ont écrit cette note : *finca por quitar*, c'est-à-dire reste à payer.

rei don Lop Arretz de Arci, et don Arnalt Sanz d'Assa, et
don Guillem Baldouïn, et don Guillem de Peronaz, justicia
de Tudela, et don Arnalt, alcalde de Sanguessa, et don Cal-
bet, su ermano, et P. Gassias, et Arnalt Sanz d'Armedariz, et
Guillem de Faet (?), et Costanç, et Arnalt d'Ostaval. Actum est
hoc in era Mᵃ CCᵃ LXᵃ VIᵃ, mense julii; et ego, Dominicus,
qui hanc cartam scripsit.

V

1234, 18 juillet. — Estella.

*Thibaut Iᵉʳ, roi de Navarre, confirme les privilèges octroyés par
ses prédécesseurs aux habitants de Baigorri.*

(Cartulaire I, pp. 275-276. — Analysé dans Yanguas, *Dicc.*, art.
Baigorri, t. I, pp. 79-80 et dans Moret, t. III, pp. 161.)

[C]onoscida causa sia a todos aqueillos que son et qui seran
que nos Thibalt, por la gracia de Dios rey de Navarra et
comde palazino de Campaynnia et de Bria, per riesgos et per
servicios que los hombres de Baygorry que nos fizieron,
les otroyamos et les mandamos aqueillos fueros que nuestros
antecessors les otreyaron et les dieron, et demas mandamos
et otreamos que nos nin aqueillos qui regnaran empues nos
non podamos nin puedan la villa de Baygorry empeynnar nin
vender nin camiar nin aillenar a omme ninguno d'esti mundo
per secula cuncta ; sino tan solamientre que la comendemos
a quien quisieremos por honor, quando sabor ovieremos. Et
mayor vallimiento et mayor firmeça que este donacio aya me-
temos y nuestro sieillo peudient. Et qui contra este nuestro
feycto quisies contrariar nin maldizir con Judas el traydor
entro en los infiernos parçonero pueda ser. Factum est apud
Stellam, anno Domini millesimo ducentesimo XXXIIIIᵒ, die
martis ante festum beate Marie Magdalene. Nobis Theobaldus
in Navarra regnantibus ; P. Remigii [1], episcopo Pampilo-

---

1. Remi, évêque de Pampelune, fils naturel de Sanche le Fort (Voy.
d'Arbois, *Hist. des ducs et des comtes de Champagne*, t. IV, p. 527.)
La plupart des noms qui suivent se retrouvent dans l'ouvrage auquel
nous venons de renvoyer le lecteur, notamment celui de Robert de
Sézanne, qui était français ; un Jean de Bidaurre joua un rôle important
dans la guerre civile de 1276. (Voy. Francisque Michel, à la table des
matières qui suit l'*Hist. de la guerre de Navarre.*)

nensi; et ejus fratre, Johanne Petri de Baztan, alferiz in
Navarra et per manum meam regis tenente La Gardia ;
et Johanne de Vidaurre, Vianam ; et Ruberto de Sizania,
castellum d'Estella ; et R. Theobaudi, prevost d'Esteylla ; et
Johanne Petri, alcalde ; et J. Petri de Lodosa Dia Castieillo;
et B. de Rada, castellum de Lerin ; et G. Luppi, seynnor de
Alfaro, tenente castellum Sancti-Johannis sub pede portus; et S. Ferdinandi de Montagut, tene[nte] castellum de
Lignius (?).

VI

1234, octobre.

*Hommage de Raymond-Guillaume, vicomte de Soule, « qui
devenit vasallus Theobaldi, regis Navarre », pour une rente
annuelle de soixante livres, transmissible à celui de ses héritiers qui possédera le château de Mauléon et payable à Olite
pour les fêtes de Noël. Raymond-Guillaume réserve la ligesse
du roi d'Angleterre.*

(Cartulaire III, pp. 164-165. — Analysé dans Yanguas, *Dicc.*, art.
Sola (Soule), t. III, p. 329.)

VII

1236, 19 septembre. — Olite.

*Thibaut Ier vidime et confirme un privilége accordé le 4 novembre
1220 aux gens d'Ostabat allant faire moudre aux moulins
royaux de Saint-Jean-Pied-de-Port.*

(Cartulaire III, p. 266.)

Nos Theobaldus, Dei gratia rex Navarre, Campanie et Brie
comes palatinus, notum facimus omnibus presentes litteras
inspecturis quod nos vidimus et inspeximus diligenter cartam
quam inclite recordationis Sancius, Dei gratia rex Navarre,
omnibus hominibus regni[1] meo (*sic*), salutem. Sciatis quod
ego mando firmiter quod ullus homo de regno meo non

---

1. Il est à peine utile de faire observer qu'une lacune existe à cet
endroit, où les formules du vidimus se mêlent au document vidimé.

pignoret, non marquet, nec ullum disturbium faciat ad homines de Ostevals nec de Ostevals venientes molere ad meos
molendinos de Sancto-Johanne vel inde redeuntes, si non
esset sua fidancia vel suus debitor. Et quicumque contra istud
meum mandatum fecerit, sciat certissime quod dampnum
quod fecerit dupliciter emendabit, et mihi etiam pectabit duo
milia solidorum de Morlans, et insuper incurret iram meam.
Datum Tutele, pridie nonas novembris sub era Mᵃ CCᵃ Lᵃ VIIIᵃ.

Nos vero dictam cartam et ea que in ipsa continentur dictis
hominibus de Ostevals confirmamus, et sigilli nostri munimine roboramus. Datum apud Olitum, anno Domini Mᵒ CCᵒ
tricesimo VIᵒ, mense septembris, die veneris ante festum
sancti Mathei apostoli.

VIII

1244, 11 juin. — Olite.

*Raymond-Guillaume de Soule fait hommage au roi Thibaut Iᵉʳ
pour une rente annuelle de soixante livres de sanchets, payable
à la saint Michel; Raymond-Guillaume s'engage à aider le roi
de Navarre contre tous ses ennemis,* « nompnadament contra
Bearn, contra Agramont et contra todos los ommes del mundo,
salvo contra aquella terra que el rei d'Anglaterra tiene qui-
tament en so mano et en so dominio. » *Mais si le roi d'Angleterre ou le sénéchal de Gascoyne envahissent la Navarre,
Raymond-Guillaume prendra les armes contre eux :* « Demas
prometo, que si el rey d'Anglaterra o el senescal de Gascoyna o
qui quiere que viniesse sobre vuestra terra, a vos ajude a
defender, como leal vassaillo es tenido a senior. » *De son côté
Thibaut promet de comprendre son vassal dans tous les traités
de paix ou de trève qu'il pourra conclure.*

(Cartulaire III, pp. 123-124. — Publ. par Yanguas, *Dicc.*, art. *Sola*,
t. III, pp. 329-330; mais son édition est inexacte. Il en est de même
du texte donné par Moret d'une partie de ce document, t. III,
p. 195.)

IX

1244, juin.

*Garsende de Béarn et son fils Gaston se portent garants, pour
Fortaner de Lascun, de l'exécution des conventions intervenues*

*entre ce baron et Thibaut Ier; Thibaut donnait le château de
Sadava et ses dépendances, habitées ou non, « yermo e poblado », à Fortaner, qui devenait l'homme et le vassal du roi
de Navarre; Fortaner jurait de défendre son suzerain, lui troisième, et de le recevoir dans le château déjà nommé, en temps
de paix comme en temps de guerre. Si le vassal viole ce contrat,
Thibaut préviendra les cautions, et si celles-ci ne font pas
réparer le dommage dans le délai d'un mois, il sera en droit de
saisir sur elles un gage, qu'il détiendra jusqu'à ce que le tort
soit redressé.*

(Cartulaire III, pp. 122-123. — Édition partielle dans Moret, t. III,
pp. 193-194.)

X

1244, 21 septembre.

Roger de Comminges se reconnaît l'homme lige de Thibaut Ier.

(Cartulaire I, pp. 292-293, et III, p. 127. — Édition défectueuse dans
Yanguas, *Dicc.*, art. *Comminges*, t. I, p. 243[1]. — Analyse dans Moret,
t. III, pp. 195-196.)

In Dei nomine, ego Rogerius[2], filius domini Rogerii, Pale-
riensis[3] comitis, notum facio universis presentem paginam
inspecturis quod ego feci excellenti viro domino Theobaldo,
Dei gratia regi Navarre, Campanie et Brie comiti palacino
illustri, homagium legium[4], hunde teneor ipsum contra omnes
homines juvare fideliter et servire. In cujus rei noticiam
sigillum meum duxi presentibus apponendum. Actum die
mercurii post festum exaltationis Sancte Crucis, anno Domini
millesimo ducentesimo quadragesimo quarto.

1. Yanguas s'est trompé de deux ans au sujet de la date, qui est 1244
et non 1242.
2. Ce Roger est le comte de Pailhas dont le nom revient à plusieurs
reprises dans l'*Histoire de Languedoc*, et non pas, comme l'a cru Moret,
un comte de Pardiac. — Le cartulaire I débute ainsi : « Ego Cogo-
rius, etc. »
3. *Parelensis.* (Cartulaire III.)
4. *Homagii ligium. (Ibid.)*

XI

1244, septembre.

*Eudes de Broyes[1] reconnaît tenir en pur don de Thibaut Ier vingt
sous de gages pour chaque jour qu'il passera à l'armée du roi
de Navarre.*

(Cartulaire III, pp. 280-281.)

Ge, Odes de Braye, faz asavoir a touz ces qui ces présentes lestres verront, que con ge deisse que ge ausse an
l'ostel mon chier seigneur Thiebaut, par la grace de Dieu roi
de Navarre, de Champagne, et de Brie, conde palazin, vint
solz de gages, et il deist que non, il fu esgardé par les barons
de Champaigne que ge n'i avoie nul droit; et il, por le bon
servise que ge li ai fait, de sa propre volanté, m'a otroié tant
comme ge vivré, et quant ge serai an ost ou an chevauchiée
auvec lui, chascun jour vint solz de gages, sauf ce que ge n'i
ausse nul droit ne mi oir n'i puissent rien demander. An quel
tesmoignance j'ai fait sceller ces présentes lestres de mon
seel, an l'an de l'Incarnation Nostre-Seigneur mil et deux
cenz et quarante et quatre, au mois de septambre.

XII

1247, 22 novembre. — Olite.

*Raymond-Arnaud de Tartas fait hommage au roi de Navarre
pour Viellenave et les terres de Mixe et d'Ostabarets.*

(Cartulaire III, 124-126. — Analysé dans Moret, t. III, pp. 204-205.)

De convenientia et retinentiaque (*sic*) Villenove quam fecit
Raymundus Arnaldi, vicecomes de Tartayss, cum Theobaldo
rege Navarre.

---

1. Eudes de Broyes était seigneur de Soisy-aux-Bois et de Châtillon :
son nom apparaît à plusieurs reprises dans le catalogue des actes des
comtes de Champagne dressé par M. d'Arbois de Jubainville.

In Dei nomine. Conoçuda cosa sea a todos los qui son e son avenir, que io, Remon Arnald, biçcuende de Tartays, viengo de conoscido que he recebido e tiengo de vos, don Thibalt, por la gracia de Dios rei de Navarra et de Campainna et de Brie cuende palaçin, de mi buena voluntat sen fuerça et sen ningun constreinnimiento que me sea feito, Villanueva con toda la tierra de Micxa et d'Ostevales[1] et deviengo vuestro omme lige de vos et de vuestros heres et de vuestros successores qui Navarra heredaran, contra todos los ommes del mundo qui pueden vivir et morir, por mi e por mios herederos et por mios successores qui heredaran enpues mi en la devandita tierra de Villanueva et de Micxa et d'Ostavales, et devo vos façer, io et aquellos qui verran enpues mi, a vos et ad aquellos qui verran enpues vos, assi como dito es desuso, guerra et paç et hommage, assi como io he feito, de la devandita tierra de Villanueva et de Micxa et d'Ostavales, contra todos los ommes del mundo, con mio cuerpo et con todos los ommes de la devandita tierra de Villanueva et de Micxa et d'Ostavales; et devo vos render el castiello et la tierra devandita, irado et pagado, todas las vegadas que vos querredes[2]; et si vos me embiades vuestras letras pendientes

1. *Mixe et Ostabat.* Les vicomtes de Béarn s'en étaient emparés au xie siècle sur les vicomtes de Dax ; la maison de Dax-Tartas leur reprit ces deux terres ; en 1244, elle fit, avec le secours des Anglais, une expédition qui paraît avoir été couronnée de succès : c'est vraisemblablement dans le but d'assurer ses conquêtes que Raymond-Arnaud fit hommage à la couronne de Navarre. (Voy. Dompnier de Sauviac, *Chroniques de la cité et du diocèse d'Acqs*, I, pp. 156, 191-192). La terre de Mixe et celle d'Ostabarets sont deux des sept cantons que comptait la Navarre française : Arberoue, Cise et châtellenie de Saint-Jean, Mixe, Ostabarets, Baigorri, Irissary et Osses. (Voy. le *Dictionnaire* d'Expilly, à l'art. *Navarre*.)

2. *Irado et pagado.* En temps de paix la reddition du château était une cérémonie symbolique par laquelle le vassal reconnaissait le droit du suzerain. Livrer le château se disait en Catalogne *dare potestatem;* cette cérémonie était réglée dans tous ses détails. Voici, par exemple, comment les choses se passaient dans la région orientale des Pyrénées : il s'agit, dans l'acte qui suit, du château de Quérigut (Ariège, ch.-l. de canton, arr. de Foix) :

« Pateat universis quod cum venerabilis Raimundus de Durbanno, domicellus, dominus de Monte-Acuto, procurator constitutus a nobili Gastone, comite Fuxi et vicecomite Bearni ac etiam Castriboni, ad tradendum nomine dicti comitis illustrissimo domino Jacobo, Dei gratia regi Majoricarum, comiti Rossilionis et Ceritanie et domino Montis-

que vos rendiesse el castiello et la devandita tierra, que yo,
tro a xv dias despues que recibies vuestras letras, vaya a vos
por render vos el castiello et la devandita tierra ; et si io non
podies ir, que vos embie tal omme qui vos rienda el castiello
et la devandita tierra en logar de mi ; et devo vos render el
castiello con todo el conduito et con todas las armaduras que
seran en el castiello al dia que io recibre vuestras letras por
render el castiello ; e vos me devedes render el castiello, con
tanto de conduito et con tantas armaduras como vos lo reci-
biestes, de dentro xl. dias que fuere finada la vuestra guerra.
Et io aytorgo vos que vos retoviestes pora vos todos los
dreitos et los francages que vuestros antecessores avian en
la devandita tierra de Miexa et d'Ostavales. Et si por aventura
aviniesse que vos, rei de Navarra, oviessedes guerra con el
rei d'Anglaterra, de qui io so omme lige por raçon d'otra
tierra, que io con mi cuerpo seria con el rei d'Anglaterra, et

pessulani, potestates castrorum de Sono et de Quero-Acuto, que
castra prefatus comes tenet pro dicto domino Rege in feudum,
tradidisset potestatem castri de Quero-Accuto nomine dicti comitis
venerabili Poncio de Caramanno, militi, vicario Ceritanie, recipienti
vice et nomine preffati domini Regis nostri procuratorique ab
eodem domino Rege ad recipiendum potestates dictorum castrorum
cum instrumento publico legitime constituto, et dictus Raimundus de
Durbanno tradidisset dicto Poncio de Caramanno duas claves dicti castri
et introduxisset eundem per manum intus dictum castrum in signum
vere et ligitime tradite potestatis, et idem R. de Durbanno de dicto
castro velociter exivisset preffatus Poncius de Caramanno imisit et
introduxit in dictum castrum familiam illustrissimi prefati domini
Regis nostri et fecit ascendere in turrim dicti castri Petrum de Dua-
Castella, sagionem curie Podii-Ceritani, cum pluribus aliis clientibus
ac etiam domicellis, qui exclamaverunt et vociferaverunt : *Mayl-
lorcha ! Maillorcha !* semel, secundo, tercio et multociens atque plu-
ries et etiam posuerunt in eadem turri vexillum illustrissimi domini
Regis Majoricarum, in signum veri et superni domini et de dictis castris
recepte libere et legitime potestatis. Et ut de omnibus et singulis antedictis hanc cartam legentibus et audientibus plenaria memoria perhem-
niter habeatur, sepedictus Poncius de Caramanno, procurator, de
omnibus et singulis antedictis jussit fieri publicum instrumentum. Acta
fuerunt predicta in dicto castro de Queragut, die lune quo legebatur
quinto idus Madii, anno Domini millesimo CCC° quarto. In presencia
et testimonio Maymoni de Josa, militis, etc. » (Extrait d'un vidimus du
16 novembre 1306. — Archives des Pyrénées-Orientales, B. 88.)

Le 21 mai le procureur du roi de Majorque rendit au procureur du
comte de Foix les clefs du château de Quérigut et se fit payer la nourriture du châtelain et de la garnison pendant les dix jours de l'occupa-
tion du château. Procès-verbal de ces faits fut dressé. (*Ibid.*)

vos daria en logar de mi un cavero que terria Villanova et
vos serviria con el castiello de Villanueva et con toda la tierra
de Miexa et d'Ostavales et con todas las gientes qu'i son qui
servir me deven, et cada uno como deve servir, assi como es
devisado de suso. Et todas las convenenças que son de suso
escriptas, io las he juradas sobre el libro e la cruç, de mi
bona voluntad, sen fuerça et sen constrennimiento que feito
me sea, et que non pueda decir que fu engannado nin
deçebido nin forçado en aquestas convenienças; et Pedro
d'Ax et Remon Robert, mios fillos, han jurado, en aquella
misma forma que io jure, de tenir et complir todas las convenienças que son de suso ditas. Et si io nin mios herederos
nin mios successores, qui verran enpues mi venieremos contra
las ditas convenienças o contra alguna d'ellas, que seamos
traidores e non nos podamos salvar por nuestras armas nin
por aillenas en ninguna cort del mundo. Et porque todas
estas convenenças sean tenidas mas firmament, do por fiadores, debdores e pagadores, don Remon Guillem, biçcuenda
de Sola et don Pere Arnalt de Luxa, por mil marquos, cada
uno por çinquocientos marquos de fin argient; en tal manera
que si io o alguno de mis herederos o de mis successores
venieremos cuentra estas convenienças o alguna d'eillas, que
los devanditos fiadores sean tenidos de dar a vos, rei de
Navarra, o a vuestros successores cada uno çinquocientos
marquos de fin argent sen ninguno contradimiento. En testimonio de la qual cosa, io devandito Remon Arnalt, biçconde
de Tartays, pongo mi seyello en las presentes letras. Facta
carta en Olit, en el palacio del rey de Navarra, en la vigilia
de sant Climent, en el anno de la Incarnation de·Dios de
M. CC. XL. VII. Presentes testimonios et ad esto clamados
et por mano reçebidos, don Saucho Ferrandes de Montagut,
senescal de Navarra, et don Remon Guillem, biçconde de
Sola, et don Pedro Arnalt, seinnor de Luxa, don Leoyna de
Sezana, don Gilon de Velonessa, don Hugon de Corneillon,
don Robert de Mesclinges, don Pedro Garceiz de Uarriz, don
Açnar de Caparroso, don Martin Garçeiz de Eusa, et muitos
otros [1].

1. Sur ces personnages on peut consulter l'*Histoire des ducs et des
comtes de Champagne* et l'*Histoire de la guerre de Navarre*, que nous
avons déjà citées plusieurs fois.

XIII

1247, 22 novembre. — Olite.

*Pierre-Arnaud de Luxe se porte garant, jusqu'à concurrence de
cinq cents marcs, de l'exécution du serment prêté au roi de
Navarre par Raymond-Arnaud de Tartas[1].*

(Cartulaire III, pp. 141-143. — Analysé dans Moret, t. III, p. 204.)

De manifestatione fidejussorie cautionis quam fecit Petrus
Arnaldi de Luxa domino Theobaldo, regi Navarre, super
marchis.

In Dei nomine. Conosçuda cosa·sea a todos los qui son et
qui son avenir que io don Pere Arnalt de Luxa recognosco
que so fiador et depdor et pagador de cinquocientos marquos
de fin argent a vos don Thibalt, por la gracia de Dios rei
de Navarra, de Campannia et de Bria cuemde palaçino, [e] a
vuestros successores, por nuestro amado amigo don Remon
Arnalt, bizcuemde de Tartaiss, e por sus herederos e por sus
successores, en tal manera que, si el dito bizcuemde de Tartaiss o alguno de sus herederos viniesse cuentra las convenienças o alguna d'eillas que vos avedes con eill sobre Villanueva et la tierra de Miexa et d'Ostavales, que io sea tenido
seu ningun contradiment, dentro xl dias que vos me le
demandassedes por vos o por vuestro message o a vuestros
successores o a lur message, de dar vos los cinquocientos
marquos, a vos o a qui vos mandardes ; et si tro a xl dias non
vos pagas los devanditos cinquocientos marquos, que vos ho
vuestros successores podiessedes tornar et pendrar a nos o a
nuestros successores o a todas nuestras cosas, mueble et
heredat, que nos o nuestros successores avemos agora o avre-
mos d'aqui adelant, si el bizcuemde de Tartaiss o sus herederos o sus successores vinieren contra los ditas convenienças
o alguna d'eillas qui son escriptas en las letras del bizcuemde

---

1. Mêmes lettres de Gaston, vicomte de Béarn (*Ibid.*, pp. 144-6) et de
Raymond-Guillaume, vicomte de Soule (*Ibid.*, p. 146-8) ; ces trois documents contiennent la copie intégrale de la charte d'hommage du vicomte
de Tartas jusqu'à l'annonce du sceau exclusivement. Cette même charte
d'hommage est encore transcrite aux pages 148-50, sous la rubrique :
« De receptione Villenove quam recepit Raymundus Arnaldi, vicecomes
de Tartays, a Theobaldo, rege Navarre. »

de Tartaiss que vos avedes, las quales convienenças son tales : Conosçuda, etc.....

En testimonio della qual cosa, io, devant dito Pere Arnalt de Luxa, pongo mio seillo en las presentes letras. Facta carta aput Oletum en el palacio del rei de Navarra, en la vigilia de sant Climent, en el anno de la Incarnation de Dios de mil CC° XL° VII°. Presentes testimonios et ad esto clamados et por mano recebidos : don Sancho Ferrandeç de Montagut, senescal de Navarra, et don syre Leones, et don Gil de Villanasse, don Hugas de Corneillon, et don Robert de Meclinges, don Açnar Lopeç de Caparros, don Martin Garçeiz de Ussa, don Pero Garçeiz d'Oarriç et muichos otros.

XIV

1247. — Sangüesa.

Raymond-Arnaud de Tartas engage entre les mains de Thibaut Ier les péages de Garris et de Malburget jusqu'à ce que Gaston de Béarn ait garanti l'exécution du contrat précédent.

(Cartulaire III, p. 227.)

De convenientia facta inter Teobaldum, regem Navarre, et Raymundum Arnaldi, vicecomitem de Tartays.

Ego Raimundus Arnaldi, vicecomes de Tartaiss, notum facio universis presentes litteras inspecturis quod ego in pedagiis de Garriz et de Malburget nichil possum vel debeo clamare, neque aliquid exinde levare quousque excellenti domino meo, Theobaldo, Dei gratia regi Navarre, Campanie et Brie comiti palatino, litteras viri nobilis domini [1] Gastonis de Beiart dederim vel dare fecerim de plegiatione quingentarum marcharum argenti quas ei domino dare teneor pro convencionibus inter nos initis melius et rectiuus *(sic)* observandis ; quibus litteris datis, ego plenarie gaudebo de pedagiis nominatis. In cujus [2] rei testimonium presentibus [3] litteris sigillum meum duxi apponendum. Dant *(sic)* apud Sangovee [4], anno Domini M° CC° XL° VII°, in crastino beati Racher (?).

1. Le cartulaire porte : *nobilibus domino.*
2. *quibus. (Ibid.)* — 3. *presentis. (Ibid.)*
4. Il faut très probablement corriger « Sangosse », *Sangüesa.*

XV

1248, 29 octobre. — Ainhoa.

*Simon de Montfort fait savoir que tous les différends existant
entre les rois de Navarre et d'Angleterre sont remis à la décision d'arbitres.*

(Cartulaire III, pp. 281-282.)

Nos, Simons de Montfort, chevaliers, cuens de Lyncester,
ffaisons savoir a touz ces qui verront ces lettres que de touz
les contans et de touz les descorz et de toutes les demandes
faites ou que l'an porroit faire antre nostre chier seignor
Hanri, par la grace de Dieu roi de Angleterre, seigneur de
Illande, duc de Normandie et d'Aquitcinne et conte de Anjou,
d'une part, et lo noble baron Thibaut, par cele meime grace
roi de Navarre, de Champaigne et de Brie conte palazin,
d'autre part, qui sont sourt et meu puis que cist devant diz
Thibaut fu rois de Navarre, ou pourront estre meu antre les
devant diz rois et leur genz, d'une part et d'autre, de muebles,
de héritaiges et de morz, fu mise faite, c'est asavoir de part
le roi de Navarre, seur Sanche Ferrant, seneschal de Navarre, et seur mon seignor Leoyne de Sezanne, chevalier, et
de part nostre chier seignor le roi de Angleterre, seur Rai-
mont, l'avesque de Besaz, et seur Guilliaume, le prieus de
Mais [1] ; an tele manière que cil quatre devant dit jurront seur
seynz que il a bone foi à leur esciant garderont la droiture
au devant nommez rois d'Angleterre et de Navarre, ès querelles desus nommées, et dourent à chascun sa droiture de

---

1. Il s'agit de Raymond III, évêque de Bazas, et très probablement
du prieur du Mas d'Aire : « Willelmus, prior de Manso », dit la charte
de confirmation de l'accord conclu ultérieurement. (Rymer, *Fœdera*,
3ᵉ édition, t. I, part. I, p. 157). Rymer a complètement défiguré le nom de
Lionel de Sezanne : « Leolinus de *Metzanner*, miles » ; c'était un Français,
qui fut receveur de Champagne et bailli de Sezanne. (Voy. d'Arbois de
Jubainville, *Op. cit.*, à la table.) On constate avant 1248, notamment
en 1244, des négociations, qui ne paraissent pas avoir abouti. (Voy.
d'Arbois de J., *Op. cit.*, t. V. p. 402, actes 2681 et 2684 du catalogue.)
Le 6 février 1250 (n. s.), le roi d'Angleterre approuva le traité intervenu
entre Thibaut et Simon de Montfort, comte de Leicester, gouverneur
de Gascogne. (Rymer, *loc. cit.*)

ce que il troveront de toutes ces chouses. Et se cil quatre ne
se podient acorder, il apporteroient le descort devant le roi
de Navarre et devant nos, qui pour le roi d'Angleterre fumes
a ceste mise faire ; et nos dui amfereiens ce que nos cuide-
reiens que biens fust. Et s'il avenoit que li uns des deux que
li rois de Navarre a nommez defausist, li devanz diz rois a
nommé et esleu an leu de celui qui defauroit mon seignor
Huon de Corneillon, chevalier ; et se li uns des noz defailoit,
nos abons nommé et esleu an leu de celui qui deffauroit
Pierre Chaylout, de Bordiaus, et cil dui feroient lou sarre-
mant ausuie com li autre. Et dedanz la Chandeleuse qui
vient doit nostre sires li rois d'Angleterre faire savoir audit
roi de Navarre se il tanra ceste mise ou non ; et cist quatre
diseour doivent dire leur dit dedanz la feste saint Johan-
Baptiste qui sera an l'an mil et deux cenz et XL et IX ; et se
il n'ovoient dedanz ledit terme dit leur dit, la mise seroit
nule, for que ce que il auroent dit et desclairié. Et se li rois
d'Angleterre ne voloit tenir ceste mise, ce que li quatre di-
scour aurient fait randre seroit tout randu et raporté arriers,
muebles et héritaiges, d'une part et d'autre. Actum anno Domini M° CC° XL° VIII°, apud Aignoé, die veneris proxima
ante festum Omnium Sanctorum.

XVI

1253, 1ᵉʳ août. — Tudèle.

*L'infant D. Alfonse d'Aragon acquiesce à toute alliance intervenue
entre son père et Marguerite, reine de Navarre.*

(Cartulaire III, p. 287. — Analysé dans Moret, t. III, p. 258.)

Conosçuda cosa seya a quantos esta carta vieren como yo,
don Alfonso, yffante primero fijo del rey d'Aragon et heredero, de grado et de volontat, otorgo et loo aqueyllas conve-
nençias que mio padre don Jagme, por la gracia de Dios
rey d'Aragon, a convusco, dona Margarita, por la gracia de
Dios reyna de Navarra [1], de Campayna et de Bria condessa
palazina, et con vuestro fijo, don Thibalt, rey de Navarra, o

_____
1. Thibaut Iᵉʳ était mort le 14 juillet.

BRUTAILS. *Documents.*   2

con qualquier otro fiio vuestro qui sera rey de Navarra. Et
todo assi como el a prometudo a vos et al dicho fiio vuestro
rey de Navarra de seer vuestro amigo et amigo de vuestros
amigos et enemigo de vuestros enemigos et de ajudar vos con
todo son poder a deffender el regno et toda la seynoria de
Navarra cuentra qui rey sea, o aya poder de rey, qui tuerto ni
mal ninguno y quisiesse fazer, lo prometo yo et generalmente
todas las otras convenencias que el convusco a, assi et en
aquella forma misma como son escritas en las cartas que vos
con el avedes et el convusco. Et por todas estas convenencias tener et complir, assi como dicho es, juro sobre los
sanctos evangelios et fago end a vos homenaje por vos et por
vuestro fijo el rey de Navarra. E por tal que esta carta mas
creyda seya et mas firme, mande la firmar con mio siellò.
Dada en Tudela, infante exp[rimente?], el primero dia de
agosto en el ayno de la Incarnation de Nuestro Seynor Jesu-
Christo de mil et CC et L et tres.

XVII

1253, 1ᵉʳ août. — Tudèle.

*Marguerite de Navarre renouvelle avec l'infant d'Aragon,
Alphonse, les traités qu'elle a déjà conclus avec le père de
celui-ci [1].*

(Cartulaire III, p. 287. — Publié dans Moret, t. III, p. 257.)

Sepan quantos esta carta vieren como nos, dona Margarita, por la gracia de Dios reyna de Navarra, de Campayna
et de Bria condessa palazina, otorgamos a vos, don Alfonso,
fillo mayor et heredero del rey d'Aragon, todas aqueyllas convinienças que nos, por nos et por nuestro fillo, don Thibalt,
rey de Navarra, o por qualquier otro nuestro fillo qui sera
rey de Navarra, avemos con vuestro padre, por aqueylla
misma gracia rey d'Aragon : que seremos d'aqui adelant por
todos tiempos amigos vuestros et amigos de todos vuestros
amigos et enemigos de vuestros enemigos, et que vos ajuda-

1. Sur cette alliance de la Navarre avec Jacques Iᵉʳ d'Aragon, voir
d'Arbois de Jubainville, *op. cit.*, t. IV, 350-351 et 430. Zurita n'en parle
pas ; mais il fait connaître un autre traité, conclu à Montagudo au commencement d'avril 1254.

remos con todo nuestro poder a deffender vos et toda vuestra
seynoria contra quiquier qui rey sea, o aya poder de rey, qui
tuerto nin mal ninguno vos quisiesse fazer, sacado contra el
rey de França et contra el emperador d'Alamaynna et contra
las personas de França a qui nos somos tenidos por seynorio;
et prometemos vos generalment todas las otras convinienças
que vuestro padre, el rey d'Aragon, a con nos et nos con eyl,
assi et en aqueilla forma misma como son escriptas en las
cartas que nos avemos con eyl et eyl con nos. Et por todas
estas convinienzas tener et complir, assi como dicho es,
juramos sobre la cruz et los sanctos evangelios et fazemos vos
homenage por nos et por nuestro fillo. En testimonio de la
qual cosa fiziemos seellar esta carta con nuestro seyello pendient. Et fue feyta en Tudela, en el primero dia de agosto, en
el ayno de mil et dozientos et cinquanta et tres.

XVIII

1263-1264. — Baigorri.

*Les bourgeois de Baigorri renoncent en faveur de la couronne
de Navarre au droit de présenter les abbés de Baigorri.*

(Original en parchemin avec sceau pendant sur cordelettes de chanvre,
tiroir 1, n° 114. Cartulaire II, p. 211. — Analysé dans Yanguas,
Dicc., art. *Baigorri*, t. I, p. 80, et dans Moret, t. III, p. 279.)

[N][1] os, el conceio de Baigorri, todos conceial[ment] [faze]-
mos saber a todos quantos esta present carta verran et orran
que [nos, veyendo et] conosciendo que muchas de vegadas
siquiere entre nos, siquiere entr[e otros conce]ios o los vezinos an juspatronado et presentacion de abbades en las sus
iglesias [cada que] abat y muere, et sobre la presentacion que
quiere cada uno el que li plaze [murtes de] hombres solgan
por eso acaescer, daynno del spiritual et perdimiento de los
biens [tempo]rales sobre esta disension : por esquivar todos
estos males que entre nos mas [non sean], de nuestra plana
voluntat, sen fuerça ninguna que fecha nos seya, facemos
cesion del [dicho] juspatronado et otorgamos la presentacion
de abbat por todos tiempos al honrrado et amado [sey]nnor

1. Les passages placés entre crochets manquent dans le cartulaire II.

et vezino, don Thibalt, por la gracia de Dios rey de Navarra, de Campaynna et de Bria conde pallacin, et a todos sus successores qui empues eill verran como a nuestro compatrono. [Et] queremos que el o eillos seynneros qui por tiempo seran, cada que abbat fine en la nuestra iglesia, presenten al obispo por abbat aquel que cill o eillos por bien tovieren et demanden institucion alli o demandar se deve, senneros sen nos, non attendiendo mas licencia nuestra, et a nos que plegua con aquel qui el presentara o avra presentado. Et por qu'esta nuestra cession aya vallor por todos tiempos, damos a el nuestra present carta scyllada con nuestro sieyllo de conceio, que fue fecha et dada en Baygorry, anno Domini M° CC° LX° tercio. Et yo Semen Periz, por rogaria de don Pero Ortiz, scrivano de conceio publico, escrivi esta carta. Et yo, don Pero Ortiz, escrivano publico del conceio de Baigorry, fu present quando esto el conceio mando, et rogue a Semen Periz que scriviesse esta present carta.

XIX

1265, novembre. — Toulouse.

Thibaut II reçoit, à Toulouse, l'hommage de Bernard, comte de Conserans, pour une rente de cent marcs sterlings, valant trois mille sous de Morlàas. Cette rente, payable à la saint Michel, au couvent des Frères Prêcheurs de Toulouse, devait s'éteindre le jour où l'abbé de Belle-Perche, Geoffroi, et Raymond-Guillaume de Campène, chevalier, auraient assigné au comte de Conserans une terre sise en Bigorre et d'un revenu équivalent. Bernard réservait expressément la ligesse du comte de Toulouse ; le roi de Navarre devait l'entretenir en cas de chevauchée.

(Cartulaire I, p. 293. — Analysé dans Yanguas, *Dicc.*, art. *Comminges*, t. I, pp. 243-244, et dans Moret, t. III, p. 285.)

XX

1265, 27 novembre. — Pointis de Rivière.

Arnaud d'Espagne vend ses services à Thibaut II, pour une

rente de cent livres tournois, qu'il doit percevoir aux foires de saint Ayoulphe à Provins.

(Cartulaire I, p. 283. — Analysé dans Yanguas, *Dicc.*, art. *España* (*Arnaldo de*), t. I, pp. 243-244, et dans Moret, t. III, p. 285.)

XXI

1266, 18 septembre.

Arnaud-Guillaume de Gramont fait hommage à Thibaut pour son château de Gramont.

(Cartulaire I, p. 283, dans un vidimus du 10 juillet 1343. Analysé dans la *Généalogie de la maison de Gramont*, pp. 98-99.)

XXII

1266, 20 septembre. — Saint-Jean-Pied-de-Port.

Thibaut II donne à Arnaud-Guillaume de Gramont et à son fils dix « caverias » et six à leurs descendants.

(Cartulaire I, p. 281-283. — Analysé dans Yanguas, *Dicc.*, art. *Agramont*, t. I, p. 19, dans Moret, t. III, p. 288. et dans la *Généalogie de la maison de Gramont*, pp. 99-100. Un double de ce document existe dans les archives de cette famille.)

[I]n Dei nomine. Sepan quoantos esta present carta veran et hodran, que nos, don Thibalt, por la gracia de Dios rey de Navarra, de Campaynna et de Bria comde palacin, damos a nuestro amado richombre, don Arnalt Guillem, seynnor d'Agramont[1], diez cavaill[er]ias para en todos sus dias que non li podamos toiller nin mengoar, nos nin otro rey ninguno de nuestro linage qui regnas empues nos en Navarra; eill teniendo nos los paramientos que ha con nos, de que nos tenemos la so carta abierta seillada con su sieillo pendient et con los sieillos de sus fios, Arnalt Guillem et Auger de Soraburu, et faciendo nos servicio asi con los otros ricos ommes de Navarra quoando nos lo oviessemos menester. Et estas

1. Arnaud-Guillaume Ier de Gramont, 1205-1279. Voir la *Généalogie de la maison de Gramont* (pp. 89 à 101); les restes de ce seigneur auraient été retrouvés en 1860, dans l'église de Villenave-la-Moulari.

devanditas diez caverias li assignamos en Roncasvaylles en
nuestro peage et en la villa qui andan siempre por diez caverias. Et si d'eill devienesse, damos estas diez caverias ad
Arnalt Guillem, su fiio, que las tenga en su vida, compliendo
nos et serviendo como su padre deve complir et servir. Et a
tot otro seynnor de Agramont d'aqui adellant, damos seis
caverias que las tengan de nos, compliendo et serviendo
como dicho es de suso. Et todo rey de Navarra, si de nos
deviniesse, que sea tenido de dar al seynnor d'Agramont
antedito et a sso fillo, Arnalt Guillem antedito, estas diez
caverias en Roncasvailles o en otro logar bien parargelas et
a so natura, estas seis caverias, eillos compliendo et serviendo
como dito es de suso. Ont, en testimonio d'esto, damos
li esta nuestra carta abierta sieillada con el nuestro sieillo
pendient, et rogamos al honrado padre en Jhesu-Christo don
Pedro, por la gracia de Dios obispo de Pomplona, et al
inffant don Enrric, nuestro hermano, a don Gonçalvo Yvaynnes de Baztan, alfferiz nuestro en Navarra, a don Pero Sanchez, seynnor de Cascant, a don Garcia Almoravit, a don
Furtun Almoravit, a don Climent de Launay, senescal en
Navarra, que posiessen sus sieillos en esta carta. Et nos, don
Pedro, por la gracia de Dios obispo de Pomplona; et non
(*sic*) inffant, don Enrric, don Gonçalo Yvaynnes de Baztan,
don Pero Sanchez, seynnor de Cascant, don Garcia Almoravit, don Furtun Almoravit, et don Climent de Launay,
senescal de Navarra, antedictos, a rogarias del noble et
honrrado seynnor don Thibalt, por la gracia de Dios rey de
Navarra sobredicto, pusiemos nuestros sieillos pendientes en
esta present carta. De todo esto que sobre dicto es, fueron
testigos qui esto vieron et oyeron don Martin Garceiz d'Eussa,
don Semen de Sotes, don Bernart d'Aacssa, seynnor de Salt,
cavaylleros. Data en Sant-Johan del Pie del Puerto por mandamiento del Rey, lunes vigilia de sant Matheo apostol, del
mes de septiembre, anno Domini M° CC° LX° sexto. Nota D.
Garssie, abbatis de Legarda[1].

---

1. Ces personnages sont cités dans la *Guerre de Navarre* d'Anelier et
dans les notes que M. Francisque Michel a ajoutées à ce poème. Voir
aussi l'ouvrage de M. d'Arbois de Jubainville; notamment, à propos de
Clément de Launay, t. IV, p. 378.

XXIII

1270, 7 juin. — Aix en Provence.

*Thibaut II détermine les charges des habitants d'Iholdy
et d'Armendarits.*

(Cartulaire II, p. 95. — Analysé dans Yanguas, *Dicc.*, art. *Armendariz*,
t. I, p. 60, et dans Moret, t. III, p. 297.)

[N]os, don Thibalt, por la gracia de Dios rey de Navarra,
de Campaynna et de Bria cuende palazin, fazemos saber a
todos quantos que esta nuestra present carta veran et oyran,
que como contienda fuesse entre nuestros baylles de la una
part et los nuestros hombres de Yhoc et de Armendariz de la
otra part, sobre lo que nuestros baylles dizian que los de
Yhoc et de Armendariz eran tenidos a todo pidido que nos et
nuestros successores fiziessemos en aqueillos logares, et los
dichos ommes de Hihoc et de Armendariz dixiessen que
non eran tenidos assi como eillos dizian, sino solament a
especiales pididos, es assaber como yda de oltramar de todo
rey de Navarra, o a casamiento de la primera fiia de todo
rey de Navarra, et a rredemption del cuerpo de todo rey de
Navarra, lo que Dios non quiera que en eillo aya de venir.
Et nos por toller esta dubda, et por tallant que avemos de
dar a cada uno su drecho, demandamos una verdat en buenos
hombres et creederos ; et faillamos por verdat que los d'Ihoc
et de Armendariz non eran tenidos a pedido otro ninguno,
salvo a las tres cosas que dichas son de suso et salvo que den
francage cad' aynno de como acostumbrado an. Porque nos
queremos et mandamos que los nuestros dichos hombres de
Hihoc et de Armendariz non sean tenidos a nos nin a ninguno de nuestros successores de dar pidido ninguno que
demandado les sea sino por las tres cosas que dichas son de
suso et son francage cad' aynno, de como an acostumbrado et
es dicho de suso. Et en testimonio de todo esto les diemos
esta nuestra carta abierta siellada con nuestro sieillo pendient.
Datum en Acx en Parvença¹, vii dias andados del mes de

1. Thibaut allait s'embarquer pour la croisade d'où il ne devait pas
revenir.

junio, anno Domini millesimo ducentesimo septuagesimo.
Nota Martini Sthelle (?).

XXIV

1307, 24 octobre. — Estella.

*Louis, roi de Navarre, ordonne de respecter les privilèges
d'Iholdy et d'Armendarits.*

(Cartulaire II, pp. 95-96. — Analysé dans Moret, t. III, p. 514.)

[L]udovicus, regis Francie primogenitus, Dei gratia rex
Navarre, Campanie Brieque comes palatinus, ballivo nostro
de Ultra-Portus et aliis nostris officialibus terrarum nostrarum de Sihoine et de Ermendariz, salutem. Mandamus vobis
quatinus homines et habitatores predictarum terrarum nostrarum in suis foris[1] et consuetudinibus manutenere et deffendere curetis, non permittentes eisdem contra hujusmodi
foros et consuetudines suos aliquas fieri vel inferri indebitas
novitates. Quod si forte reperitur contra hujusmodi foros et
consuetudines esse factas, eas ad statum debitum, mediante
justicia, reducatis, ipsos nichilominus ab omnibus injuriis,
violentiis deffendentes, prout rationis fuerit et ad vos nove-
ritis pertinere. Datum apud Stellam, XXIIII die octobris, anno
Domini millesimo CCC septimo.

XXV

1312, juillet. — Vincennes.

Charte de coutumes de La Bastide-Clairence.

(Cartulaire II, p. 151.—Analysé dans Yanguas, *Dicc.*, art. *Labastida de
Clarenza*[2], t. II. p. 151, et mentionné dans Moret, t. III, p. 537.)

[L]udovicus, regis Francie primogenitus, Dei gratia rex

---

1. *Foris.* J'ai traduit ce mot par privilège : c'est qu'en effet *fuero*
désigne souvent, dans les vieux documents navarrais, une modération
d'impôts accordée à une ville, comme celle qui fut octroyée le 1er mai
1331 à Baigorri. (Voy. plus loin.) Les *fueros* de ce genre sont très nombreux dans les cartulaires I et II.

2. Yanguas a cru que cette charte était le rappel d'une concession
précédemment faite à cette même commune de la Bastide. On peut

Navarre, Campanie Brieque comes palatinus. Notum facimus universis tam presentibus quam futuris quod nos prefati domini genitoris nostri in hac parte vestigiis inherendo, libertates, franchisias et consuetudines aut eisdem similes quas idem dominus et genitor noster dum comitatum Vigorre tenebat nove bastide de Dabastenchis (*sic*) in Bigorra concessit, bastide nostre de Clarença in regno nostro Navarre predicto de novo constituende, concedimus et donamus, que quidem libertates, franchesie et consuetudines secuntur in hunc modum :

I. — Primo videlicet quod per nos et successores nostros non fiet in dicta villa talia, albergata, questa, nec recipiemus ibi mutuum nisi gratis nobis mutuare voluerint habitantes dicte ville, nisi generaliter. in aliis villis meis eidem faceremus.

II. — Item, quod habitantes dicte ville de Clarencia et districtus et in posterun habitaturi possint vendere, dare, alienare omnia bona sua, mobilia et inmobilia, cui voluerint, excepto quod inmobilia non possint alienare ecclesie, personis religionis, militibus, nisi salvo jure nostro et aliorum dominorum a quibus res in feodum tenebantur.

III. — Item, quod habitantes ejusdem ville possint filias suas maritare libere et ubi voluerint et filios suos ad clericatus ordinem[1] facere promoveri.

IV. — Item, quod nos vel bajulus noster non capiemus aliquem habitantem dicte ville vel vim inferemus vel saidiemus bona sua, dum tamen velit et fidejubeat stare juri, nisi pro

---

s'assurer, par la lecture du préambule, que c'est là une erreur. Il est regrettable que le texte du document ait été défiguré par un copiste maladroit au point d'être en plus d'un endroit absolument inintelligible ; j'ai rétabli le texte et rejeté en note les principales fautes du cartulaire. Il est inutile de faire remarquer ce qu'il y a de singulier dans le fait de cette concession à une bastide navarraise de coutumes entièrement françaises. — La charte de coutumes de Rabastens paraît avoir été concédée en août 1288 (Dom Vaissette, *Hist. de Languedoc*, nouv. éd., t. IV, p. 508). Elle fut confirmée en 1326, et on en trouve le texte aux Archives nationales (JJ 65b, pièce 281). On sait que ces coutumes étaient imitées les unes des autres : celles de La Bastide-Clairence appartiennent, dans leur ensemble, au même type que les chartes de Marciac (*Ordonnances des Rois de France*, t. XII, p. 340), Solomiac (*ibid.*, p. 500), Tournay (*ibid.*, p. 368), Trie (*ibid.*, p. 487), Sainte-Gemme (Monlezun, *Hist. de Gascogne*, t. VI, p. 269), Barran (*ibid.*, p. 110), etc.

1. eidem.

murtro vel morte hominis vel plaga mortiffera vel alio cri-
mine quo corpus suum vel bona sua nobis debeant esse
incursa, vel nisi pro forefactis in nos vel in gentes nostras
commissis.

V. — Item, quod ad questionem seu clamorem alterius
non mandabitur vel citabitur aliquis habitator dicte ville per
gentes nostras, nisi pro facto proprio nostro vel querella,
extra honorem dicte ville super hiis que facta fuerint in dicta
villa et honore et pertinentiis dicte ville et super possessio-
nibus dicte ville et honore ejusdem.

VI. — Item, quod nullus habitator dicte ville solvat clamorem extra dictam bastidam nec etiam contumaciam nisi
[parti], set super hec clamore non solvendo, in hoc casu ser-
vetur usus vicinarum bastidarum.

VII. — Item, si aliquis homo vel femina de die intraverit
ortos, vineas aut prata alterius sine mandato vel voluntate
illius cujus fuerint, postquam de mandato nostro vel bajulli
nostri quolibet anno defensum fuerit, solvet xii denarios tholosanos consulibus dicte ville, si habeat unde solvat ; aliter ad
arbitrium bajuli et consulum ponantur; et quelibet bestia
grosa que ibi inventa fuerint, duos denarios cur. consulibus
supradictis.

VIII. — Item, pro porco et sue, si intraverint, unum denarium turonensem; et pro ove, capra, yrco, vel quolibet alio
peccore, solvat dominus bestie unum obulum turonensem.

IX. — Item, si ancer vel alia avis consimilis fuerit, obulum turonensem. Et nichilominus dominus cujus fuerit bestia
vel avis dampnum tenebitur emendare. Denarios vero quos
pro hujusmodi emendatis consules habuerint mittent in [1]
utilitatem dicte ville utfore in reparationem itinerum, pon-
tium et viarum. Alien[i]gene transeuntes qui dictum deffensum ignoraverint penas non subjiciant[2] antedictas, sed aliter
ad cognitionem bajuli et consulum puniantur.

X. — Item, quicumque de nocte intraverit ortos, vineas
aut prata alterius sine mandato aut voluntate illius cujus fuerint, et cum panerio aut saco vel caputio vel alio explecto
fructus axtraxerit, nobis in viginti solidis tholosanorum sit
incursus, postquam de mandato nostro fuerit quolibet anno
deffensum; et si tantummodo manibus et sine alio explecto

1. mittens tamen.
2. subitraut.

extraxerit, pro justicia in duobus solidis tholosanorum nobis sit incursus et damnum insuper emendabit.

XI. — Item, quod per consules dicte bastide instituentur sufficientes messagerii, homines bone fame, qui in manibus bajulli et consulum predictorum jurent suum officium fideliter exercere et quathenus nobis et ipsis consulibus pertinet talam facientes relevare et nemini parcere[1] prece, amore vel timore.

XII. — Item, quod consules dicte bastide una cum gentibus seu officialibus nostris dicte bastide possint custodire villam cum armis de die ac de nocte et facere capi et arrestari delinquentes et malefactores et eos reponere in carcere dicte bastide nostro pro meritis puniendos.

XIII. — Item, quod quicumque in villa tenuerint falsum pondus, falsam mensuram, falsam canam vel alnam falsam, nobis in sexaginta solidis tholosanorum puniantur.

XIV. — Item, carnifices qui carnem vendiderint in dicta villa bonas carnes et sanas vendant; que si bone vel sane non fuerint carnes, pauperibus per bajulum et consules erogentur et illis qui emerint precium effundatur. Et lucrentur carnifices in unoquoque solido unum denarium currentis monete; et quicumque carnifex qui in hoc mandatum predictum extiterit, in duobus solidis et uno denariorum (*sic*) tholosanorum nobis sit incursus.

XV. — Item, quilibet pistor seu pistorisa vel quicumque alius panem faciens ad vendendum in villa predicta lucretur in unoquoque sextario frumenti quatuor denarios tholosanorum et furfur tantummodo[2], sed hoc secundum magis et minus; et si lucratus fuerit amplius, totus panis capiatur et pauperibus tribuatur.

XVI. — Item, omnes res comestibiles, ex quo ad dictam villam fuerint deportate ad vendendum, non vendantur revenditoribus donec ad placeam fuerint asportate, dum tamen hoc prius ex parte nostra deffensum fuerit et clamatum, aliis vero possint impune; et hoc deffensum duret a festo beati Johannis Babtiste usque ad festum beati Michaelis; et qui contravenerit, in quatuor denariis tholosanorum condenpnetur. Perdis vero, lepus et cuniculus vendentur ad precium quod in foro ex parte nostra fuerit proclamatum.

XVII. — Item quicumque res comestibiles ad dictam villam

1. partem.
2. termino.

exportavorit, volatilia, sylvestrem, bestia, poma [pira et] consimilia·non det leudam.

XVIII. — Item, nullus habitans in dicta bastida det leudam de re quam vendat vel emat in villa prodicta ad usus suos in die fori vel in alio, in foro vel extra.

XIX. — Sane[1] consules dicte ville jurabunt se fideliter deffendere et servare corpus nostrum et membra et etiam jura nostra, et officium[2] consulatus, quamdiu in officio erunt, fideliter exequentur, nec munus nec servitium ratione officii ab aliquo capiant per se [nec] per alium, nisi id quod de jure est concessum cuilibet in officio existenti.

XX. — Item, communitas siquidem dicte ville in presencia consulum jurabit nobis vel nostro mandato bonum consilium et fidele prestare pro posse suo, dum tamen requisita fuerit; salvo etiam in omnibus jure nostro.

XXI. — Item, instrumenta facta a publicis notariis a nobis vel assuccessoribus nostris vel a gubernatoribus nostris creatis et creandis, habeant firmitatem illam quam habent instrumenta publica.

XXII. — Item, testamenta facta ab habitatoribus dicte ville in presentia testium fidedignorum valeant, licet non fuerint facta secundum solemnitatem legum, dumtamen liberi non fraudentur legitima portione.

XXIII. — Item, si quis decesserit sine herede legitimo et testamentum non fecerit, consules dicte ville, de mandato gentium nostrarum, bona ejus per annum et diem custodiant, descriptis autem per bajulum nostrum bonis hominis predicti. Et si interim non venerint homines qui hereditare debeant [nobis redeant bona ad voluntatem faciendam.

XXIV. — Item omne debitum cognitum, si clamor factus fuerit, nisi infra quatuordecim dies persolvatur, debitor solvat] nobis vel nostro mandato duos solidos turonensium pro clamore. Si vero negetur debitum, qui victus fuerit in duobus solidis turonensium puniatur.

XXV. — Item, si aliquis alicui verba contumeliosa et grossa dixerit, nisi super hoc fiat questio nobis, non tenetur ad emendam; si vero facta fuerit questio, tenetur nobis

1. Sime.
2. effectum.

in duodecim denariis tholosanorum pro clamore, et pro estimatione injuriarum nobis nichil solvat.

XXVI. — Item, si aliquis aliquam ducat in uxorem et cum ea mille solidos acceperit pro dote[1], ipse det uxori sue propter nuptias quingentos solidos, et hoc secundum majus et minus, nisi aliud pactum intervenerit inter eos ; et si maritus supravixerit nec de uxore inffantem habeat, tota vita sua[2] tenebit totam dotem, et post mortem suam parentes uxoris vel heredes dotem illam recuperabunt, nisi in perpetuum dederit marito suo ; et si inffantem habeat illa mulier et supravixerit marito suo, ipsa recuperabit dotem suam et donationem propter nuptias ; qua mortua, inffantes quos a marito habuerit donationes propter nuptias rehabebunt vel ille quem maritus in testamento suo duxerit ordinandum.

XXVII. — Item, si quis gladium extraxerit contra aliquem, licet non percutiat, nobis in viginti solidis tholosanorum condempnetur. Si vero percuserit ita quod sanguis exeat, in triginta solidis tholosanorum puniatur, et emendet vulnerato. Et si mutilatio membri intervenerit, in sexaginta solidis tholosanorum vel amplius, si nobis vel nostro bajulo vel judici placuerit, condempnatur, et nichilominus satisfaciat vulnerato. Si autem percussus ictu moriatur, qui ictum[3] fecerit, ad voluntatem nostram vel nostri mandati puniatur et bona sua ad manum nostram capiantur.

XXVIII. — Item, si bona alicujus habitantis dicte ville venerint in comissum, de bonis predictis, si sufficiant, ejus creditoribus satisfaciat et nobis residuum applicetur.

XXIX. — Item, latrones et homicide ad cognicionem bajuli et consulum dicte bastide puniantur.

XXX. — Item, si quis in adulterio deprehensus fuerit [currat villam ut in aliis nostris villis fieri] consuevit, aut solvat nobis vel nostro man[dato viginti solidos tholosanorum, quod voluerit optionem habeat] eligendi ; ita videlicet quod capiatur nudus [cum nuda, aut vestitus, brachis depositis] cum vestita, per aliquem de curialibus nostris, pre[sentibus cum eo duobus consulibus] vel aliis duobus probis hominibus dicte ville et aliis [duobus vel pluribus], undecumque sint, fidedignis.

1. dare.
2. dicta summa.
3. in ictum vero.

XXXI. — Item, si aliquis pro aliquo fidejusserit, si principalis debitor solvendo non fuerit, idem qui fidejusserit satisfaciat, si bona habent unde solvat.

XXXII. — Item, quicumque in dicta villa venire voluerit seu habitare et mansionem facere, sit liber sicut et alii habitantes si sine prejudicio nostro fieri possit. Preterea in domo qualibet [seu ayrale] dicte ville longo de sexaginta rasis et amplo de viginti rasis, debemus nos [habere in] festo omnium Sanctorum tres denarios tholosanos censuales annuatim et hoc secundum magis et minus.

XXXIII. — Item, quod quilibet habitator seu juratus dicte bastide possit habere furnum pro pane proprio coquendo, sine fraude et quod ipsum teneat expensis suis propriis, et pro fornagii jure nobis anno quolibet in festo omnium Sanctorum sex denarios turonenses solvere teneatur ; alii vero qui non habebunt furnum, panem suum in fornis nostris propriis qui ibi erunt decoqui tenentur, panem vicessimum prosoluturi.

XXXIV. — Item, mercatum fiet die lune in dicta villa de Clarentia qualibet septimana.

XXXV. — Item, de quolibet bove vendito ab extraneo habebimus nos ab illo qui emerit unum denarium turonensem ; item, pro porco unum denarium turonensem ; item, pro asino ; item, pro pelle vulpis[1], de una libra cere, de una salmata ollarum ; de una fiola, unum denarium turonensem de quolibet predictorum.

XXXVI. — Item, de medietate porci [recentis] vel [salsi] que vendita fuerit in foro propinquiori [ante Nativitatem Domini], semel in anno, unum denarium turonensem.

XXXVII. — Item, homines predicte ville sint liberi a dictis leudis de hiis que ad proprios usus emerint in villa vel foro. Quicumque extraneus in die fori tentorium tenuerit quarumcumque mercium dabit pro leuda unum denarium turonensem.

XXXVIII. — Item, salmata ferri de foris asportata det pro leuda unum denarium tholosanum. Item, una salmata salis det unam palmatam salis et unum denarium turonensem. Quicumque extraneus voluerit extrahere a dicta villa bladum, vinum, vel sal, pro salmata vini unum denarium turonensem et hoc secundum magis et minus ; pro onere[2] unius hominis de sale, unum obolum turonensem ; de uno onere

1. duplis.
2. emere.

ciphorum vitreorum, unum denarium turonensem ab extraneo. Item de uno oncre scutellarum et grazallarum unum denarium turonensem.

XXXIX. — Item, si quis leudam debens a villa vel a foro exiverit et leudam non solverit, paget duos solidos et obolum tholosanos pro emenda. Qui in foro aliquem percusserit, ad arbitrium judicis pro qualitate delicti puniatur.

XL. — Item, si bajulus pignoret aliquem post quindecim dies assignandos debitori ad solvendum, ille cujus erit debitum per alios quindecim dies custodiat pignora; quibus elapsis, vendat si voluerit. Et, si pretium pignoris venditi excedat debitum suum, residuum habitum a dicto pignore teneatur reddere debitori.

XLI. — Item, bajulus dicte bastide jurabit in presencia consulum quod[1] suum officium faciet et munus vel servitium pro suo officio sive[2] ratione officii non capiet et unicuique jus suum pro posse reddet, et usus bonos et consuetudines ville scriptas et aprobatas, salvo jure nostro, custodiet [et defendet.

XLII. — Item, quod in villa predicta] consules creabuntur annuatim in crastino [Nativitatis Domini; et si tunc instituti non] fuerint vel creati[3], duret potestas consulum qui immediate exierint [donec alii per nos vel] nostrum mandatum ibidem fuerint instituti; ita tamen quod nomina consulum [incipiendorum in] duplo reddantur curie in scriptis per consules veteres, tot quot curia possit eligere [magis] ydoneos usque ad numerum in consulatu consuetum.

XLIII. — Item, consules qui pro tempore fuerint habeant potestatem vias publicas et mala passagia reparandi. Si quis in dicta villa fetentia vel aliqua nocentia jactaverit, per bajulum et consules puniatur.

XLIV. — Item, nundine sint in villa predicta, terminis assignatis, scilicet in festo beati Michaelis [maii et in] festo beati Martini hyemalis annuatim. Et quilibet[4] mercator extraneus habens trossellum vel plures trossellos in dictis nundinis pro introitu, exitu et taulagio et pro leuda det iiii^er denarios tholosanos. Et de onere hominis, quicquid asportet, unum denarium tholosanum; et de rebus emptis ad usum domus alicujus habitatoris dicte ville nichil dabitur ab emptore pro leuda.

1. pro.
2. siue.
3. curati.
4. quibus.

XLV. — Item, habebimus nos ibidem exercitum et caval-
gatam ut in aliis nostris villis.

XLVI. — Item, quod nullus qui in. carcere dicte bastide
fuerit detentus et per sententiam fuerit absolutus nichil dare
pro prisonagio teneatur. Si vero ante tempus sentencie libe-
ratus fuerit prestet cautiones si eas habuerit; vel si non
habeat, juratoriam cautionem de presonagio solvendo si per
sententiam fuerit condempnatus. Si quis vero in hoc casu
solvere prisonagium teneatur et fuerit nobilis, solvat duodecim denarios tholosanos pro prisonagio; si vero homo alterius conditionis sit, [pro] prisonagio solvat sex denarios
tholosanos.

XLVII. — Item, quod homines dicte bastide possint emere
et vendere sal prout in aliis bastidis est fieri consuetum.

Nos autem omnia premissa et singula prout plenius sunt
expressa, rata et grata habentes, ea volumus, laudamus et
perpetuo confirmamus, excepto quod sal vendere vel emere
non possint in dicta bastida nisi quod admodum ceteri
faciunt seu utuntur communiter in aliis villis senescallie Vigorre, salvo in aliis jure nostro et in omnibus quolibet alieno.

Quod ut firmum et stabile perseveret, presentes fecimus
litteras nostri sigilli munimine roborari. Actum apud Vicen-
nas, mense jullii, anno Domini millesimo trecentessimo duodecimo.

XXVI

29 novembre 1313.

Par acte passé à Garris en présence de Pierre-Arnaud, « public
notario de tota la terre de Navarre deça ports », *Pierre Arre-
mes, bayle de la Bastide-Clairence, concède à deux bourgeois
de la nouvelle ville le droit d'y établir un moulin,* « ab totz sons
gorres et ab totes sas nasses et ab totes sons entrans et yxirs et
ab totz sas tasques et tasquers de lonc et de lat, et ab totes
causes menudes et groses que a moliars partienen o apartier
deveu[1]. »

(Cartulaire II, pp. 96-97. — Le texte du document a été altéré par le
copiste, qui ne l'a point compris.)

---

1. On sait que les moulins du moyen âge étaient des moulins *à pratiques;* le blé appartenait au client et le meunier se payait en retenant
sur chaque sac une certaine quantité de grain, une « punyera ». Les

XXVII

Vers 1320.

Organisation de l'hôtel du comte d'Evreux [1].

(Tiroir 41, n° 37. Parchemin écrit sur deux colonnes.)

C'est la manière comment l'ostel monseigneur le conte d'Evreus est gouverné et les nons de ceux qui le gouvernent.

Guillaume Chenu et Pierre de Fresnoi, escuiers, sont chargiez des offices de panesterie, de bouteillerie, de cuisine et de fruiterie quant l'un est a la cour et l'autre deffaut, et quant il y sont touz, Pierre de Fresnoi s'entremet de la panesterie, de la bouteillerie et de la fruiterie, et a aveques soi en ces offices Bricet, des robes de mestier, et Simonet qui fet toutes les torches et les chandelles et n'a for une cote hardie par an ; et Guillaume Chenu s'entremet de la cuisine et achate les viandes et a aveques soi Guéraut le quen, des robes d'escuiers, Hervoet le Breton, des robes de mestier, Jehannot, de la cuisine, qui n'a for une cote hardie l'an et fait les sausses, et aucune foiz li aide ı autre breton, qui n'a robes ne gaiges. Et pour touz les offices dessus diz n'a que ıı sommiers, dont Bricet mène l'un et Jehannot de la cuisine, l'autre. Jacquet de Courcelles s'entremetra avec les diz escuiers de tous les offices dessus diz aussi comme eus.

Enguerran, qui est des robes de mestier, s'entremet des offices d'escuerie et de four[rerie] tout ensemble, et a aveques soi Pomaide Lévesque, qui garde la porte et n'a for une cote hardie par an ; et en ces offices n'a nul sommier.

concessionnaires de la Bastide s'engagent à verser au trésor la moitié du grain, « menut et gros », qu'ils percevront ainsi, afin d'avoir le droit de garder l'autre moitié ; ils doivent, en outre, payer douze deniers de petits tournois de cens tous les ans et autant d'*acapte* en cas de changement de seigneur.

1. Il s'agit, croyons-nous, dans ce document, de Louis, comte d'Evreux de 1282 à 1319, de Charles, comte de Valois *(Charles, monseigneur de Valois)*, et de Robert d'Artois, comte de Beaumont *(monseigneur de Biaumont)* de 1309 à 1332. Tous trois, ou le sait, étaient fils de Philippe-le-Hardi.

Bernart, qui est des robes de mestier, est mareschal.

Mons. Phelipe de Pressi, chevaler, est mestre de l'ostel ; Mons. de Biaumont parlera a lui afin que il se tiegne plus près de son hostel et qu'il y soit plus souvent qu'il n'a esté.

Jehan de Fresnoi est chambellan monseigneur d'Evreus.

Hammier est chambellan Charles.

Jehan Bombon, qui est fauconnier, et Jehan Seimel trancheront devant monseigneur.

Simon Dufay tranche devant Charles.

Jehan de Sommereux, de robes d'escuier, est barbier.

Phelipe de Cruilli, de robes d'escuier, garde les armeures, les garnisons de l'ostel de Paris ; il vendra demourer céans, et aura la ferme que Coet avoit et en sera dès ores en possession.

Monseigneur d'Evreus a ii sommiers pour sa chambre, et les mènent ii vallés de chambre, c'est assavoir Perrot, de la garde-robe, et Perrot le barbier, et sont touz ii des robes de mestier.

Charles a aussi ii sommiers, dont Guillemin son valet menne l'un, et est des robes de mestier, et l'autre est mené d'un valet qui le garde.

Monseigneur d'Evreus a ii vallez de petites robes, c'est assavoir Beauclerc et Micaut qui gardent ses palefroiz et ses coursiers qui sont avec lui. Charles a un valet de petites robes, c'est assavoir Jehannot, qui garde ses chevaus.

Trois valez gardent touz les six sommiers dessus diz, c'est assavoir Mahier et Philipot des sommiers, qui sont de petites robes, et Martin, qui n'a for une cote hardie pour tout l'an.

Pour tout l'ostel n'a for un prestre et i clerc, c'est assavoir Mons. Philippe de Largni, qui chante la messe et fait les despens et s'entremet de l'aumosne ; et Jehannot le clerc, qui fait les lettres et toutes les autres escriptures de l'ostel.

Il y a un valet de l'aumosne, c'est assavoir Colin, qui n'a for robes de grace.

(Suit la liste des bannerets, chevaliers, écuyers, clercs, valets à qui Mgr d'Evreus donne des robes.)

En l'ostel dudit seigneur a aucuns autres valez qui meninent a co....., et n'ont ne cotes hardies ne autres robes de grace ne de livrée, c'est assavoir :

Jehannotin, qui garde ii coursiers ; il aura des petites robes ;

Le Breton Alamain   } qui servirent longuement Monseigneur, que Diex absoille.
Jehannot le Messagier   }

Juderon) qui gardent les chiens Monseigneur et
Cul oint) Charles.

Il a esté ordené que nul des genz Monseigneur, chevaliers,
escuiers, ne autres ne veignent a l'ostel se il ne sont mandez
et se il y vienent senz mander il ne prendront riens a court.

Item, il est ordené que quant Monseigneur mandera i de
ses bannerez il aura oveques lui ii escuiers et iiii valez et
prendra pour v chevaux.

Et quant il mandera un bacheler, il aura oveques lui son
escuier, son sommetier, i guarçon a pié et prendra pour iii
chevaux.

Item, il est ordené que nul escuier de l'ostel Monseigneur
n'aura que un chèval et un valet.

Item, Monseigneur ne donrra a Panthecoste for seurcoz,
sengles senz houses, et a Noël donrra robes fourrées d'aignaux
aus bannerez tant seulement.

Item, il a esté parlé que il seroit bon que Monseigneur
eust i homme souffisant qui veist sur to[uz] les officiaus de
sa terre et fust au Parlement et sceust comment ses causes
seroient devi[sées] par le conseil, tel comme Monseigneur l'a,
et que a Monseigneur et a son conseil parlast avant le Parlement de tout ce qui seroit a faire et que il fust curieus et
diligent de poursuir les dites besoingnes, et que il raportast
après le Parlement a Monseigneur et a son conseil ce qui
aura esté fait d'icelles ; et aveques ce, qu'il veist sur le receveur, comment les deniers de recepte de sa terre et des arré-
rages seroient receuz et ou il seroient baillez et de[ver?]sez,
et qu'il sceust qu'il fussent mis ou proufit de Monseigneur, et
que il fust bien souvent par la terre Monseigneur pour faire
les choses dessus dites.

L'en parlera de ces choses a Monseigneur de Valloys et en
sera fait ce qui li emplaira a ordener.

Item, il fut parlé que Monseigneur n'auroit que ii baillis,
c'est assavoir i a Evreus, qui gouverneroit Evreus, Nonen-
court, Paci, Esy et toute la terre que Monseigneur a en
Caulz.

Item, fu ordené que il aura i bailli a Mente, qui gouver-
nera a Mente, Bréval, Monchauvet, Ennet, Nogent, Estampes,
Dourdan, Braye et Meullent.

Item, fu ordené que il y aura une autre personne qui gou-
vernera Aubigny, Gyen et Oroue...

Item, l'en doit ordener genz preudes hommes qui yront

par toute la terre faire enqueste sur touz les officiaus de la dite terre et pour punir ceux qui trouveront coulpables, sero[n] la teneur et poouir de la commission qu'il auront.

Item, il a esté parlé que il seroit bon que Monseigneur eust son grant conseil par trois fo[iz], c'est assavoir l'endemain de la saint Michel, aus Brandons et a la saint Johan, ausqueles journées fust raporté a Monseigneur et a son grant conseil de ceus qui s'entremetront de ses besoignes, soit de celles de parlement, de ses comptes, et du gouvernement de sa terre et de son hostel et de quiconques de ses autres besoignes, le point et l'estat ou elles seront, comment l'en seroit alé avant et ce qui en aura esté fait.

XXVIII

1329 (n. s.), 6 mars. — Pampelune.

Guillaume-Loup de Til[1], écuyer, renouvelle l'hommage-lige dû au roi de Navarre pour la moitié de la vicomté de Baigorri et la maison d'Oucoz, que Philippe le Bel avait restituées à don Brun, père dudit Guillaume-Loup : il s'engage à observer « todas las cosas et clausullas en las capitullas del sagrament del homage lige contenidas, las quoales vasaillo lige a su seynnor de drecho et de razon es tenido et deve jurar et goardar. »

(Cartulaire I, pp. 291-292. — Analysé dans Moret, t. III, p. 614.)

XXIX

1329, 10 mai. — Olite.

Le roi Philippe confirme les habitants de Saint-Jean-Pied-de-Port dans la jouissance des coutumes de Bayonne.

(Cartulaire II, p. 104. — Analysé dans Yanguas, *Dicc.*, art. *San-Juan del Pie del Puerto*, t. III, p. 299.)

[P]hilippus, Dei gratia rex Navarre, Ebroycensis, Engolismensis, Moritonie Longuevilleque comes, universis presentes

---

1. Guillaume-Loup était le fils et l'héritier de don Brun, seigneur de Til et de Navarre, elle-même fille de Raymond-Guillaume, seigneur de Caupène.

litteras inspecturis, salutem. Noverint universi quod cum
habitatores ville nostre Sancti (*sic*) Johannis de Pede Portus
ab antiquis temporibus usque nunc et per privilegium usi,
gubernati justiciatique fuerint secundum forum civitatis
Baione, et adhuc secundum dictum forum justitiam (*sic*) fiat
inter habitatores dicte ville, dictumque privilegium, non est
diu, quando dicta nostra villa pro majori parte extitit [1] cre-
mata, fuerit concrematum, prout ex rellacione fidedignorum nobis constat, ad suplicacionem habitatorum dicte ville,
eis ipsorumque successoribus concedimus de gratia speciali
quod quatenus rite et juste fuerit, utantur, dicto [2] foro,
quodque inter predictos habitatores secundum forum fuerit,
justicie complementum, prout est hactenus observatum. Quod
ut perpetue firmitatis robur obtineat, presentibus litteris nostrum fecimus apponi sigillum. Datum apud Orlitum [3], X° die
maii, anno Domini millesimo trescentesimo vicesimo nono. —
De mandato domini Regis, per me Philippum de Meleduno,
cancellarium, in deffectu notarii.

XXX

1331 (n. s.), 28 janvier. — Viana.

*Compromis intervenu par devant Pierre d'Arçanegui , notaire
de la cour de Navarre, entre Pierre Sanchez d'Uncastillo, procureur du Roi, et le curé de la Bastide, qui réclamaient
l'un et l'autre les dîmes de cette paroisse* [4]. *L'affaire est confiée
à des arbitres : Arnaud* [5], *évéque de Pampelune, et Philippe de
Melun, archidiacre de Reims et chancelier du royaume.*

(Cartulaire II, p. 101.)

1. *Extititus, Cartul.*
2. *Dicte*, Ibid.
3. Olite ; Philippe y était le lendemain 11 mai. (Moret, t. III, p. 615.)
4. La Bastide avait été construite sur le territoire de l'église Saint-
Pierre d'Ayherre (auj. canton de la Bastide); les dîmes de cette église
appartenaient au Roi, qui prétendait percevoir à ce titre celles de la
nouvelle paroisse. De son côté le curé de la Bastide les réclamait, « specialiter ratione novalium ». Le 19 mars 1347, Ferrant Henriquez, châtelain de Saint-Jean, bailla à ferme pour 4 ans à Sanchez de Lizarazu,
sergent d'armes de la Reine, les dîmes de Saint-Pierre d'Ayherre et de
Sainte-Eulalie d'Isturitz. (Tiroir 9, n° 107.)
5. *Arnaud de Barbazan* appartenait à une famille de la Bigorre dont
les membres jouèrent un rôle important dans l'histoire du sud-ouest.

XXXI

1331 (n. s.), 31 janvier. — La Guardia.

*Sentence prononcée par les arbitres dans l'église Saint-Jean de
la Guardia, au sujet de l'affaire précédente : Jean Sanchez de
Sara, curé de la Bastide, percevra sa vie durant, les deux tiers
des dîmes ; le reste reviendra au Roi.*

(Cartulaire II, à la suite de l'acte précédent. — Analysé dans Yanguas,
Dicc., art. *Labastida de Clarenza*, t. II, pp. 152-153, et dans Moret,
t. III, p. 618.)

XXXII

1331, 1ᵉʳ mai. — Olite.

*Philippe accorde aux habitants de Baigorri une modération de
« pecha ».*

(Cartulaire I, pp. 276-277. — Analysé dans Yanguas, *Dicc.*, art. *Baigorri*, t. I, p. 80.)

[T]hibalt [1], por la gracia de Dios rey de Navarra, compte
d'Evreus, d'Angolesme, de Mortayn et de Longavilla, et
Johanna, por essa misma gracia reyna del dicto reyno et
comptessa de los dictos contados, fazemos saber a todos los
que agora son et a los qui son porvenir que como los mayorales, los jurados et el conceio de los labradores de la villa
nuestra de Baygorry devan a nos de pecha cada aynno

Arnaud, dont la mémoire est encore l'objet d'une profonde vénération
dans son diocèse, est l'un des prélats qui jetèrent le plus vif éclat sur
le siège épiscopal de Pampelune. Il est inhumé dans la *capilla Barba-
zana*, qu'il fit édifier, dit-on, pour servir de sépulture aux évêques et
aux chanoines de son église ; il y a vingt ans, cinq siècles après sa
mort, le cercueil fut ouvert et on retrouva le corps du prélat dans l'atti-
tude que lui a donnée le tailleur d'images qui l'a représenté couché sur
son tombeau ; on retira de ses vêtements le col brodé de l'amict, qui se
voit aujourd'hui dans un cadre appendu à l'un des murs de la chapelle.
On attribue encore à Arnaud une partie du cloître ; mais ces galeries
portent, précisément, du côté du préau, des écussons bien différents de
celui des Barbazans, qui est, d'après Ménestrier, d'azur à la croix d'or.
    1. *Corrigez :* Felipe, por la gracia, etc.

IIᶜ kaffices de trigo et IIᶜ kaffices de ordio, todo mesura de
Pomplona, et quoaranta libras de sanchetes; et por la grant
carga de la dicta pecha sea despoblada la dicta villa et non
pueden lavrar los heredaments de lur termino; nos, a requi-
sicion de los dictos nuestros lavradores, de nuestra gracia
special, de la dicta pecha remetemos lis et quitamos cient
kaffices de ordio de la dicta mesura de Pomplona et quinze
libras de sanchetes. Et en tal manera que nos nin nuestros
successores non podamos demandar a los dichos lavradores
qui agora son et qui por tiempo seran de la dicta nuestra
villa de Baygorry los dichos cient kaffizes de ordio et quinze
libras de sanchetes en ningun tiempo del mundo, nin les
fagamos embargo nin contrasto ninguno por esta razon. Et
queremos que paguen los dichos labradores a nos et a nuestros successores d'aqui adellant cad' aynno de pecha por la
fiesta de sant Miguel de septiembre, dozientos caffizes de
trigo et cient caffizes de ordio, todo mesura de Pomplona,
et veynt cinco libras de sanchetes et non mas. Et a pagar la
dicha quantia en la manera sobredicha cad' aynno a nos et
a nuestros successores se obligaron Johan Lorent et Garcia
Climent, mayorales, vezinos et procuradores del dicho con-
ccio; et renunciaron specialment lur fuero. Et mandamos por
lo tenor de las presentes a los nuestros amados.. el governador et.. thesoreros nuestros del dicho nuestro regno qui
agora son o qui por tiempo seran o a lures logarestenientes
que a nuestros dictos labradores mantiengan en la manera
sobredicta et non lis fagan embargo nin contrasto ninguno
contra la forma d'esta nuestra special gracia en ninguna
manera. Et porque todo esto sea firme et valledero para todos
tiempos et en non venga en dubda, mandamos poner nuestros
proprios sieillos pendientes en esta present carta. Datum en
Olit, primero dia del mes de mayo, anno Domini millesimo
trescentessimo tricessimo primo. Por los seynnores Rey et
Reynna, a rellacion de monss. Phelippe de Melleun, chan-
cellier, et de don Johan Meriz de Medrano, el mayor, Miguel
Ortiz.

XXXIII

1336, 10 juin. — Pampelune.

*Le roi de Navarre cède les dîmes de la Bastide-Clairence
à l'évêque de Bayonne[1].*

(Dans un vidimus de l'official du diocèse de Bayonne, du 1er avril
1367. Tiroir 15, n° 24; le sceau, sur double queue, est brisé. Cartulaire II, p. 3; le relieur a rogné la marge du feuillet et, l'humidité
aidant, une partie de cette copie est illisible. — Analysé dans Yanguas, *Dicc.*, art. *Labastida de Clarenza*, t. II, p. 153.)

XXXIV

1342, 10 juillet. — Pampelune.

*Arnaud-Guillaume de Gramont[2] fait hommage au roi de Na-
varre pour le château de Bidache[3]. — Il s'oblige à rendre le*

1. On a pu voir plus haut que la perception des dîmes de la Bastide-
Clairence avait donné lieu à des difficultés entre le trésor royal et le
curé de cette ville neuve; il faut croire que la sentence arbitrale du
31 janvier 1331 n'avait pas entièrement résolu la question.

2. Arnaud-Guillaume de Gramont fut, d'après la *Généalogie* de la
maison, seigneur de Gramont de 1312 à 1345 (*Op. cit.*, pp. 111 et
suivantes).

3. Le château de Bidache avait été construit par Brun de Gramont,
second fils de Vivian Ier (De Jaurgain, *Revue de Béarn*, t. II, p. 289). On
sait quels troubles agitèrent le règne de Jeanne de France et de Philippe
d'Evreux : les barons s'empressèrent de profiter des difficultés avec
lesquelles ces princes étaient aux prises pour se livrer à des exactions
qu'ils espéraient devoir rester impunies. Au nombre des mutins était
Arnaud-Guillaume, seigneur de Gramont, qui commit des excès dans la
Basse-Navarre, méconnut la juridiction du Roi et opprima ses laboureurs ou *villanos*. Il advint que Philippe fit confisquer les terres du
vassal rebelle, qui dut venir à résipiscence; le comte de Foix et quelques
parents et amis intervinrent, et Philippe de Melun, archevêque de Sens
et lieutenant du Roi en Navarre, accorda main levée pour le château de
Bidache et pour le péage de Roncevaux, qui avait été donné aux seigneurs de Gramont, par Jeanne et Philippe, le 22 septembre 1329 (Vidimus du 10 juillet 1342. Cartulaire I, pp. 283-289). La *Généalogie* que
j'ai citée plus haut donne la traduction de l'acte que j'analyse; mais le
traducteur s'est permis des fantaisies singulières que je me fais un
devoir de relever. Les Gramont ont émis la prétention d'être les

château à toute réquisition du suzerain, en temps de paix
comme en temps de guerre, et à laisser sur ce manoir les
panonceaux aux armes de Navarre : « Juramos sobre los
santos evangelios et la cruz et por antes los testimonios et
notarios desuso scriptos nos obligamos en pena de traycion de
render el dicho castieillo de Vidayxon al dicho rey, nuestro
seynnor, o al governador de su regno o al su logartenient o al su
cierto message portant las letras de alguno d'eillos, con todas
sus garnizones de armaturas, de vitaillas et de otras partinen-
cias a goarda et deffension de castieillo, todas vezes que requerido end seremos, sea en tiempo de guerra o fuera de guerra.
Et a los dictos rey, nuestro seynnor, governador o logartenient
o lures otros officiales et quoalesquiere otras personas de lur
mandamiento el dicho castieillo lexaremos a lur plana voluntat
ata tanto que por el dicho rey, nuestro seynnor, d'aqueill nos sea
fecha plenera delivrança o remission o quitamiento de las cosas
a nos imposadas. Item, prometemos, juramos et nos obligamos
so la dicta pena de traycion que los pendoncieillos de las armas
del dicto rey, nuestro seynnor, puestos et estantes a present
sobre el dicho castieillo non mudaremos nin faremos mudar,
ante hi metremos o soffriremos ser puestos tales o semeibles o
otros de las dictas armas, todas vezes que por el dicto rey,
nuestro seynnor, o su dicto governador o su logartenient nos
sera mandado o requerido. »

Parmi les témoins, la charte cite plusieurs français : Robert
Maillart, lieutenant du gouverneur, Guillaume de Sorquenx
ou de Forquenx, archidiacre de Beaugency, Jacques Luras,
docteur ès lois, conseiller et procureur du Roi, enfin Oger de
Gramont, damoiseau et frère de Raymond-Guillaume.

(Tiroir 9, nº 52. Cartulaire I, pp. 289-291. — Analysé dans Yanguas,
   Dicc., art. *Agramont*, t. I, pp. 19-20, et dans Moret, t. III, p. 64.)

princes *souverains* de Bidache; le dispositif du document de 1342
est inconciliable avec cette théorie; le traducteur l'a accommodé à ses
vues. C'est pour rétablir la vérité que j'ai donné les passages principaux de cette charte d'hommage, car c'est bien d'une charte d'hommage qu'il s'agit.

XXXV

1343

Compte du bayle de la Bastide-Clairence.

(Tiroir 31, n° 41. Cahier parchemin, petit in-4, 16 feuillets.)

(Sur la première page :)

Anno Domini M° CCC° XL° III°. — Conto de Pero Sanchiz de Liçaraçu, bayle de la Bastida de Clarença.

(Au verso :)

Anno Domini M° CCC° quadragesimo terçio. Conto de Pero Sanz de Liçaratzçu, sergent d'armas, baylle de la Bastida de Clarença.

Recebo diners de las rentas de la terra :

Dels fius dels arpentz que los habitantz de la dita bastida deven al seynor Rey cascun an, es assaber per cascun arpent XX diners tornes petidz a pagar en la festa de sant Thomas apostol : *(Suit le détail).*

Summa partium : LXXII l., XVI s., II d.
Debet esse : LXXII l., XVII s., X d. [1]

Reçebio *(sic)* diners :

Dels fius de las plaças, de cazalocz et fornatges a pagar per la festa de Todz Santz, es assaber per cascuna plaça VI diners tornes petidz, et per cazaloc II d. tournes et per fornatge cascun habitant VI d. tournes petidz [2].

Summa partium : XI l., XIIII s., VIII d.

Recebo diners :

Dels fius dels cassals per la festa de santa Maria-Magdalena, es assaber per cascun cazal VIII diners tournes petidz.

---

1. Cette note est des vérificateurs des comptes.
2. Voyez la charte de la Bastide, de juillet 1312, § XXXII et § XXXIII.

Summa partium: CIIII s., V d. ob.

De agreres, que solen pagar per cascun arpent I d.

. . . .

Soma de las rentes de la terra de la dita bayllia d'aquest an: IIII^xx IX l., XV s., III d. ob.

Debet esse : IIII^xx IX l., XVI s., XI d. ob.

Dels clams et dels cotedz trayts[1] per los diitz habitantz de la dita bastida, es assaber per cascuna clamor II s. de tornes petidz.

Summa partium: IIII l., XVIII s.

Recebo diners:
De las vendas de las possecions en la dita bastida per los habitantz e bezins de la dita bastida, es assaber per cascun solt un diner; item, de entradas et de affivament de terras.

Soma de bordales: VII l., X s., que valen a sanchetes, contando XX s. de bordales po (*sic*) V s., VIII d. de sanchetes: XLII s., VI d.

Soma de sanchetes: LIII s., IIII d.
Summa partium: IIII l., XV s., X d. sanchetes.

Summa de tota la recepta de diners de la dita bayllia d'aquest an: IIII^xx XIX l., IX s., I d. ob.

Debet esse: IIII^xx XIX l., X s., IX d. ob.

Despenu diners:
Pro salario.
Al diit baylle per son sallarii d'aquest an present per goardar la dita bastida del primer dia de gener anno XI.° terzio, per an LX livres de tournes petidz:

Summa per se.

Ita debet: XXXIX livres, IX s., I d. ob.
Debet esse: XXXIX l., X s., IX d. ob.

(*D'une autre main:*) Conto feyto entre maestre Guyllem le Soterel, thesorero de Navarra, et el dicho bayle.

Deve el dicho bayle por fin de su conto de la dicha baylia d'este ayno: XXXIX l., IX s., I d. ob.

1. Voyez ibid., § XXVII.

Item, deve el dicho bayle por fin de su conto de la dicha
baylia de anno XLII°: VII˟˟ l., XIII s., XI d. ob.

Item deve, que recebio de los tributadores de los peages
de Garriz et de Sant-Pelay, per su conto de ayno XLI°: XV l.

Summa de lo que deve: IX˟˟ XVII l., III s., I d.

Que ponuntur super ipsum in compoto suo dicte bayllivie
anni XLIIII facto cum receptore.

Et sit hic quitus.

XXXVI

1347, 8 février. — Vincennes.

*Philippe de Valois décide d'abandonner à Agnès de Navarre
toute justice sur les terres qu'il doit lui céder à l'occasion du
mariage de ladite Agnès[1].*

(Tiroir 9, n° 106.)

Datum por copia so el sieyllo de la cort mayor de Navarra.

Phelippe, par la grace de Dieu roys de France, savoir faisons a tous présens et avenir que comme au traitié du mariage

1. L'un des événemonts les plus importants dont les archives de la
Navarre aient gardé le souvenir pour la période à laquelle nous sommes
parvenus est sans contredit le mariage d'Agnès de Navarre et de Gaston
Phébus. Le jeune comte de Foix devait d'abord épouser la fille du roi
de Majorque, Isabelle; on avait même pris date pour la célébration de
la cérémonie nuptiale; si les négociations engagées à ce sujet furent
rompues, il faut voir probablement dans ce fait le résultat de la diplo-
matie du roi de France. L'alliance des maisons voisines et également
turbulentes de Foix et de Majorque aurait gravement compromis dans
les Pyrénées l'autorité royale. C'est le motif qui engagea vraisembla-
ment Philippe de Valois à venir en aide à la reine de Navarre pour doter
sa fille. Comme on le voit par le document suivant, au commencement
de 1347, l'union d'Agnès et de Gaston était résolue; les conditions
étaient arrêtées; le mariage fut bénit au Temple à Paris, et le 5 juillet
1349 (Vaissete, *Hist. de Languedoc*, t. IV, p. 242) Philippe de Valois étant
à Pontigny ratifia solennellement le contrat (Tiroir 9, n°s 119-120; ce
sont des copies à peu près contemporaines de l'acte). Le 9 décembre, à
Orthez, Agnès, du consentement de son mari, renonça à ses droits à la
couronne. (Tiroir 9, n° 128; cette copie sur papier n'est qu'un brouillon
sans autorité; c'est pourquoi je ne l'ai pas transcrite.) Je donne les
documents que j'ai trouvés sur cette union, qui promettait d'être si
brillante et qui fut si malheureuse.

pourparlé a faire de nostre amé et féal cousin Gaston, conte
de Foix, et de nostre très chière cousine Agnès, fille jadiz de
nostre très chier et féal cousin.. Phelippe, jadis roy, et de
nostre très chière nièce Jeh[a]nne de France, royne de
Navarre, soit contenu entre les autres choses que il a esté
accordé entre nostre dicte nièce pour sa dicte fille, d'une
part, et nostre très chière cousine Alliénor de Cominges,
contesse de Foix par le dit conte son filz, d'autre part, que
nostre dicte nièce donrroit a sa dicte fille en mariage et pour
cause du mariage a faire aveques le dit Gaston deux mill livres
de terre de tournoiz, a asseoir et a assigner en la senes-
chaucié de Tholose, si comme ou dit tractié est plus a plain
contenu, desqueilles deus mill livres de terre, nous, en faveur
du dit mariage et pour la bonne affection que nous avons a la
perfection d'icelui pour le grant bien qui en peut venir, en
avons donné et octroyé, donnons et octroions de grace espécial a la dicte Agnès, nostre cousine, pour lui et pour ses
hers qui ystront dudit mariage, mil livres a asseoir et assi-
ner souffiesament et plus près que l'en pourra bonnement de
la conté de Foix ou du païs de Biarn en lieux convenables et
plus profetables pour le dit conte et mains damageux pour
nous en la dicte sénéchaucié; et les autres mil livres de terre,
pour ce que elles cherront et seront rebatues de la rente a
héritage que nostre dicte nièce la royne de Navarre, qui ad
ce s'est consentie, prent en nostre trésor,.. nous, pour
nostre dicte nièce ferons asseoir et assigner a nostre dicte
cousine Agnès, pour lui et pour ses hoirs ou ceuls qui de lui
auront cause, en la dicte sénéchaucié en la manière que dit
est et au plus près des autres mil livres de terre; nous, en
acroissant et compliant le don que fait avons des mil livres de
terre dessus dictes, voulons et octroions de greigneur grace
que icelles soient baillés ès lieus ou assignées et assises seront,
aveques toute justice, haute, moyenne et basse, icelle justice,
si elle ne passe trois cens livres de terre en valeur annuel,
non comptée en prisiée de terre; et en cas ou la dicte justice
passeroit les dictes trois cens livres de terre, le surplus sera
comptée et tendra lieu en la prisiée des dictes mil livres de
terre. Ad de certes nostre entente est que se il advenoit que
la dicte Agnès, nostre cousine, trespassast sans hoir de son
corps procréé du dit mariage, que les dictes mil livres de
terre par nous données retourneront de plain droit a nous
et a nos successours. Et que ce soit ferme et estable a tous

jours mais, nous avons fait metre nostre seel a ces letres. Ce
fut fait au Boys de Vincenes, l'an de grace mil CCC quarante
six, le huitiesme jour du mois de février.

XXXVII

1347, octobre.

*Commission donnée à Sanz de Morat, « savio en dreitos », d'étu-
dier la contestation qui s'est élevée entre l'autorité royale et
l'autorité épiscopale au sujet du « jus patronato » de l'église de
la Bastide Clairence.*

Fin 1347

Enquête dudit Sanz de Morat.

(Tiroir 31, n° 56. Rouleau de papier. — Analysé dans Yanguas[1], *Dicc.*,
art. *Labastida de Clarenza*, t. II, p. 153.)

L'enquêteur fait appeler des témoins, los quoales son
hommes antigos et de los primeros pobladores de la dicha
bastida..... et interrogue a cada uno d'eillos por si sober los
dichos articulos et depusieron en la forma et manera que se
sigue :
Primerament, Guillem Aremon de Luxa interrogado el
logar do es poblada la dicha villa de La Bastida et la glesia
d'ese mesmo logar con su cimiterio, si es dentro en el regno
de Navarra et cuyo era al tiempo que la dicha bastida se fezo,
disso que sen dupda alguna el dicho logar era et es situado
dentro en el terretorio et regno de Navarra ; era et es del
proprio alodio del rey de Navarra, sen parte d'otro alguno ;
et que por esto sabia que el dicho logar era et es firmado en
la tierra de Arberoa, terretorio de Navarra, en la parropia de
Sant-Pedro d'Iarra ; et que, ante que la dicha bastida se
fiziesse, solia ser yermo et grant boscage, bien una legoa

---

1. Yanguas dit : « Por lo que se lleva dicho al principio de este articulo
se infiere que esta fundacion no fue del todo nueva, porque de otro modo
el padre del rey D. Luis Hutin no podia haber concedido privilegios
de Labastida, como espresamente se dice, en el año 1312. » J'ai déjà eu
l'occasion de faire remarquer que Yanguas s'est trompé : la charte de
1312 vise les privilèges octroyés par Philippe le Bel à la bastide de
Rabastens.

aderredor et mas; et solia hy aver un castiello el quoal cla-
mavan la Nau Peciada et es huey en dia, el quoal era et es del
rey de Navarra; et solia hy aver por el dicho rey alcait por
goardar el dicho castiello et el dicho hyermo por el dicho
rey de Navarra; et el alcait del dicho castiello tomava cadaun
aynno ciertos gages del Rey por la goarda del dicho castiello
et mont, et los alcaytes qui por tiempo fueron en el dicho
castiello por nombre de la seynoria de Navarra peindravan a
los que trobavan cortando arbores, faziendo leyna sin licencia
d'eillos o de la seynoria de Navarra, et tomavan cierta calonia
de los que trobavan. Et disso mas que..... [1], padre de Arnalt Sanz d'Axa, teste de juso scripto, conoscio alcait del
dicho castiello por el rei de Navarra algun tiempo ante que
la dicha bastida se fizies; et que al tiempo que la dicha bastida se devia fazer el dicho castiello tenia por el rey de Navarra Miguel Gascon, castelan de Sant-Johan; et que por
esto sabia el logar do la dicha bastida, glesia et cimiterio son
fundados ser dentro en el regno et del proprio patrimonio del
rey de Navarra.

Item, interrogado quando et por quoal rei de Navarra fue
mandado poblar el dicho logar de la dicha bastida, disso que
la dicha puebla fue mandada fazer en el dicho logar por el
de bona memoria don Loys, primogenito de Francia et rey
de Navarra, anno Domini M° CCC° duodecimo, en el mes de
julio, a los fueros, libertadas (sic), franquezas et usos otorgados por el rey de Francia, padre del dicho don Lois, a los
pobladores de la bastida de Rabastenx en Bigorra, segunt
que todo esto mas clarement podia parecer por una carta
sieillada con un grant siello pendient del dicho don Loys en
çera verde, otorgada et dada a los pobladores de la dicha
villa de La Bastida.

Item, interrogado si la dicha eglesia de la dicha bastida con
su cimiterio es fundada, dotada o fecha por los reyes de Navarra o otro en nompnen d'eillos, disso que al tiempo que
los primeros pobladores que a la dicha bastida vinieron per
poblar hy fizieron su oratorio primerament en la casa do
Pierres de Renas, estantz baille de la dicha villa, morava, et
aqui fue acomendado por el dicho seynor Rey que fizies poblar
la dicha bastida; et solia hy cantar misa algunas vezes frayre
Miguel de la Honca, et otras vezes el capeillan de Bidassen.

1. Laissé en blanc dans le texte.

XXXVIII

1349, 10 mai. — Villeneuve-la-Guyard.

*Philippe de Valois assigne à Agnès de Navarre les mille livres
de rente qu'il lui a promises.*

(Tiroir 9, nº 117. Parchemin sans sceau. *Ibid.*, nº 118. Cahier de papier.
— Mentionné dans Yanguas, *Dicc.*, art. *Ines,* t. II, p. 79.)

Donné par coppie soubz le seel secret du roy de Navarre.
Phelippe, par la grace de Dieu roys de France. Savoir
faisons a touz présens et avenir que comme en parlant et
traictant de nostre assentement du mariage de nostre amé et
féal cousin Gaston, conte de Foix a présent, et de nostre
chière cousine Agnès, fille jadiz de nostre très chier et féal
cousin Phelipe, jadis roi, et de nostre très chière nièce
Jehanne de France, royne de Navarre, eust esté accordé entre
nostre dicte nièce la royne de Navarre pour sa dicte fille,
d'une part, et nostre amée cousine, Aliénor de Cominge,
contesse de Foix, pour nostre dit cousin, son fils, d'autre
part, que la dicte Agnès auroit ou dit mariage et pour cause
d'icelui deux mil livres tournois de terre qui li seroient
assises en la senechaucié de Thoulouse, si comme ou dit
traictié est plus plainement contenu ; et nous, en faveur du dit
mariage et pour le grant bien que nous en espérons, avons
donné de grace espécial a la dicte Agnès, nostre cousine, pour
li et pour ses hoirs qui de li istront ou dit mariage, les mil
des dictes deux mille livres atournois (*sic*) de rente annuel et
perpétuel a asseoir et assigner avec toute justice, haute,
moienne et basse, sanz compter en prisiée ou valeur de
terre la dicte justice, fors pourtant que elle monteroit par an
oultre troix cens livres de rente en valeur annuelle, et avec
ce aions accordé et octroié a nostre dicte nièce pour la
dicte Agnès, nostre cousine, que parmi le dit mariage les
autres mil livres de terre soient assises et assignées a la dicte
Agnès pour li et pour ses hoirs, comme dit est, a perpétuité,
et au plus près des autres mil livres de terre a li données,
c'est assavoir en rabat et réduction de la rente que la dicte
royne, nostre nièce, prenoit chascun an en nostre trésor a

Paris[1], lequel trésor et nous serons parmi ce et demourrons quictes et deschargiés des mil livres de rente ; et encores en accroissant et eslargissant nostre dicte grace et le don des mil livres de rente dessus dit, octroiasmes que les mil livres de rente derrain dictes soient baillées et assignées avec toute justice, haute, moienne et basse, ès lieus et terrouoirs, ou elles seront assises, non comptée ne prisée en la dicte assiete la dicte justice, haute, moienne et basse, se elle ne monte oultre troix cens livres de rente ou de valeur annuelle, et ou cas que la dicte justice passeroit les dictes troix cens livres de terre, le seurplus seroit compté et tendroit lieu en la prisée des dictes mil livres de rente. Et toutevoies nostre entention estoit et est, ainsi l'avons réservé sauve et retenu, que, se la dicte Agnès, nostre cousine, trespassoit sanz hoir procréé de son corps ou dit mariage, que les dictes mil livres de terre par nous données, comme dessus est dit, retourneront a nous ou a nos successeurs roys, de plain droit, si comme en nos lettres sur ce faites et données l'an mil CCC XL et six, le VIIIe jour de février, est plus plainement contenu. Pour la quelle assiete faire certains commissaires furent députés de par nous, qui selon leur comission firent prisage, estimation et assiete a la dicte Agnès, nostre cousine, sur les lieus, terrouers et en la manière qui s'ensuit, o toute justice, haute, moienne et basse la ou nous l'avions et telle comme nous la y avions. Premièrement, le lieu de Martres et toutes ses appartenances pour vint-cinq livres douze sols sept deniers et maille tournois de rente ou revenue. Item, le lieu de Piractis[2], et toutes ses appartenances pour soixante dix-huit livres dix-sept sols six deniers tournois de rente ou revenue. Item, le lieu de Tailhebourc[3] et toutes ses appartenances pour cinquante-six livres onze solz sept deniers tournois de rente ou revenue. Item, le lieu de Saint-Jehan en Rivière et toutes ses appartenances pour quatre-vinz-deux livres troiz sols poug. tournois de rente ou de revenue. Item, le lieu de Gala et toutes ses appartenances pour nuef vins cinq livres nuef solz six deniers maille tournois de rente ou revenue. Item, le

---

1. Philippe de Valois s'était engagé à payer 3,000 livres de rente à Philippe, roi de Navarre, et à Jeanne, sa femme, en retour de la cession de leurs droits sur la Champagne et la Brie. (14 mars 1336. — Voy. Secousse, *Mémoire sur Charles le Mauvais*, t. II, pp. 12, 13 et 19.)
2. *Punctis*, d'après le n° 118.
3. *Tailhebourc*, ibid.

lieu de Tournoss[es] et toutes ses appartenances pour dis-sept livres diz-nuef solz quatre deniers tournois et poit. de rente ou revenue. Item, le lieu de Returch[1] et toutes ses appartenances pour quatorze livres troix solz et maille tournois de rente ou revenue. Item, le lieu de Bonrepos et toutes ses appartenances pour nuef livres quatorze solz quatre deniers maille tournois de rente ou revenue. Item, le lieu de Gales et de Galezet et toutes leurs appartenances pour diz-huit livres troix solz six deniers tournois de rente ou revenue. Item, le lieu de Villaines et toutes ses appartenances pour quinze livres quatorze solz sept deniers tournois de rente ou revenue. Item, le lieu de Tauhan avec ses appartenances pour quatre livres douze solz tournois de rente ou revenue. Item, le lieu de Claranches et toutes ses appartenances pour vint et quatre livres sept solz onze deniers maille tournois de rente ou revenue. Item, le lieu de Palmemenc et toutes ses appartenances pour six vinz une livres dix solz huit deniers poit. tournois de rente ou revenue. Item, le lieu de Collerada et ses appartenances pour trente-quatre livres sept solz six deniers poit. tournois de rente ou revenue. Item, le lieu de Saint-Michel du Mont-Sabahol et ses appartenances pour douze livres nuef solz nuef deniers trois poit. tournois de rente ou revenue. Item, le lieu de Mauran et ses appartenances pour trente-six livres seze solz sept deniers trois poit. tournois de rente ou revenue. Item, le lieu de Avelanet et ses appartenances pour quinze livres douze solz trois deniers maille tournois de rente ou revenue. Item, le lieu de Bordes et ses appartenances pour trente-deux livres nuef solz tournois de rente ou de revenue. Item, le lieu de Huoussio et ses appartenances pour vint-cinq livres dis-sept solz six deniers maille tournois de rente ou de revenue. Item, le lieu de Sierre et ses appartenances pour cent une livres troix solz deux deniers maille tournois de rente ou revenue. Item, le lieu de Aruse et ses appartenances pour cent une livres cinq sols nuef deniers tournois de rente ou revenue. Item, le lieu de Valentine et ses appartenances pour cent livres tournois de rente ou revenue. Lesquelles parties ainsi assises comme dit est, avec la dicte justice qui monte sanz la haute justice de Sierre, de Huossio et de Aruse, qui n'a mie esté prisée, si comme l'en dit, a deux cens cinquante-deux livres dix-huit

1. *Returche*, d'après le n° 118.

solz sept deniers poit. tournois par an; et sera prisée la justice des dictes trois villes, se prisée n'a esté, et cependant la dicte Agnès en usera, montant a la somme de unze
cens trente-cinq livres dix-huit deniers maille tournois par
an. Et pour le demourant de la dicte rente, nous a la dicte
Agnès avons assis et assigné, baillé et délivré, asseons, bail-
lons et délivrons avec toute justice, haute, moienne et basse,
les lieus et choses et en la manière qui s'ensuit : Premièrement,
la ville de Montesquif[1] et les appartenances et revenues
d'icelle pour cinq cens quatre-vinz nuef livres dis-sept solz
six deniers tournois de rente ou revenue annuel, avec toute
la justice du dit lieu que l'en dit valoir par an environ deux
cens quatre-vinz douze livres tournois. Item, huit vins dix
sextiers de blé a la mesure del Lausec et cinq touniaux de vin
de rente que l'évesque jadis de Lavaur tenoit a sa vie de don
royal, qui estoient retournés a nostre demaine par la mort
du dit évesque, pour huit vinz livres tournois de rente ou
revenue par an. Item, ou lieu de Cazelles un huitiesme de
nostre ancien demaine et un autre huitiesme et un pou plus
que nous y avons d'acquest fait de Raymon Jourdain de
Gensac, tout pour deux cens sept livres tournois de rente ou
revenue par an, avec la justice du dit lieu ce que nous en y
avons, qui est prisée valoir par an trente-troix livres dix
solz trois mailles tournois. Item, les moulins de l'cure du
valat de Caselles pour dis-huit livres tournois de rente ou
revenue par an. Et pour ce que la justice de Montesquif et
celle de Caselles montent oultre troix cens livres tournois de
rente, si comme il appert par les parties ci-dessus escriptes,
l'oultre plus, c'est assavoir vint-cinq livres diz solz trois
mailles tournois de rente ou revenue annuelle chiet en as-
siette. Einsi se monte la somme de ladicte derrenière assiete
qui est faicte selon ce qui nous en a été rendu par dix ans,
l'an par autre, par les comptes de Thoulouse, mil livres sept
solz sept deniers maille tournois de rente ou de revenue
annuelle. Lesquelles assietes nous avons fait faire, bailler et
délivrer a nostre dicte cousine pour li et pour ses hoirs procréés de li ou dit mariage, a avoir et tenir de nous et de nos

---

1. *Montesquieu-de-Volvestre*. Le 24 décembre 1349, Guillaume de
Flavencourt, archevêque d'Auch et lieutenant du roi de France en Lan-
guedoc, donna des lettres pour faire jouir Gaston de Foix et sa femme
Agnès de la terre de Montesquieu-de-Volvestre. (Vaissete, *Hist. du
Languedoc*, t. IV, p. 270.)

successeurs roys, en foy et hommage, sauves toutevoies les
conditions et réservations dessus dictes, et sauve a nous et a
nos successeurs la souveraineté et le ressort et les cas qui
nous appartiennent pour cause de royal et de lèse-magesté,
et sauves et reservés a nous les hommages que nous avons
par avant ès lieus dessus diz. Et par telle condition que dedens deux ans a compter de la date de ces présentes lettres
nous envoierons certains comissaires ès dictes parties, les
quieux s'enfourmeront plus plainement de la value des villes,
lieux et demaines dessus diz ; et, se par l'information que il
feront sur ce il trouvent que il vaillent tant comme il ont esté
prisiés et estimés, nostre dicte cousine les tendra pour le dit
pris ; et se il valoient plus, les commissaires li en bailleroient
et asserroient jusques a la somme que asseoir li devons, selon
ce que dessus est dit, et le sourplus nous demourra ; et se il
valoient meins, nous li ferons asseoir et parfaire ce qu'il en
faudroit. Et se il nous plest a reprendre a nous les dictes
villes, lieus et demaines, ou aucun d'icelles dedens le terme
dessus dit, en asseant a nostre dicte cousine et baillant autre
part en nostre demaine ou en nos terres, rentes et revenues
qui nous sont avenues ou qui nous avendront ou escherront,
a plus grant proufit de nostre dicte cousine et a meins de
damage de nous, faire le pourrons. Et que ce soit ferme et
estable ou temps avenir nous avons fait mecttre nostre seel
de Chastellet de Paris en l'absence du nostre grant seel a ces
présentes lettres. Ce fut fait a la Villeneuve la Guiart, le
X[e] jour de may, l'an de grâce mil troix cens quarante et
nuef[1]. Ainsi signné : Par le Roy, Rougemont. Leue au Roy,
présent le duc d'Athènes[2], les seigneurs de Beu et de Mathe-
félon.

Faite colation de ceste présent copie avec la letre original
de mot à mot, bien et loyaument par moy, notaire et clerc
de l'hostel du roy de Navarre, mon très-redoubté seigneur,
l'an mil CCC IIII[xx] et onze,   Picassoayn.

1. Ici s'arrête la copie du n° 118.
2. Gautier VI de Brienne, duc connétable de France, tué à la bataille
de Poitiers.

XXXIX

1349, 12 août. — Conflans.

*Quittance délivrée par Gaston de Foix à la reine de Navarre
pour mille livre tournois, partie de la dot d'Agnès.*

(Tiroir 9, n°s 122 et 123. Sceau et contre-sceau sur double queue de
parchemin.)

Donné par copie sous le seel de la court de Navarre.

A touz ceulz qui ces letres verront, Gaston, conte de Foix,
vizconte de Béarn et de Marssan, salut. Savoir faisons que
nous avons eu et receu de très noble et très puissant dame,
madame la roynne de Navarre, par la main de Pierre des
Essars, mille livres tournois, c'est assavoir escu d'or pour le
pris de seze soulz et huit deniers tournois, en déduction et
rabatement de la somme de vint mille livres tournois en quoy
la dicte madame la Roynne est tenue a nous, pour cause du
mariage de nous et de nostre très chière compaygne, Agnès,
sa fille; de laquele somme de mille livres nous quittons la
dicte madame la Roynne et touz autres a qui quitance en peut
apartenir. En tesmoign de laquele chose, nous avons fait
mettre nostre seel a ces présentes. Donné a Conflans, le XII°
jour d'aoust, l'an de grace mil trois cenz quarante et nuef.

(Sur le repli): Collation est faite avecques l'original.

Dutill.

XL

1349, 2 décembre.

*Quittance délivrée par Agnès de Navarre, comtesse de Foix, aux
exécuteurs du testament de la reine Jeanne, sa mère.*

(Tiroir 9, n° 126. Sceau eu cire rouge, sur double queue de parchemin, avec contre-sceau, l'un et l'autre aux armes de Navarre et de
France.)

Donné par coppie sous le seel de la court de Navarre.

Messire Pons Saquet, prestre vicaire en l'églisé Nostre-
Dame de Paris, procureur de très noble et puissant seigneur

monseigneur Gaston, conte de Foyx, si comme par lettres
procuratoires, seellées du seel dudit conte si comme il appa-
roit, nous le veisme estre contenu, confesse avoir eu et receu
des exécuteurs du testament ou derrenière voulenté de feu madame Jehanne, jadis roynne de Navarre (que Dieux absoille!)
par la main de Pierre de Landes, changeur et bourgois de
Paris, douze cens deniers d'or a l'escu des viez et du coign
du Roy nostre sire, pour la somme de mil livres tournois de
bonne monoie forte, c'est assavoir l'escu por XVI solz huit
deniers tournois; lesquelles mil livres tournois la dicte feu
madame la Roynne devoit paier au dit conte de Foix ou a son
mandement a la feste de Toussaint derrenièrement passée, pour
cause du mariage fait entre ledit conte et très noble dame
madame Agnès de Navarre, fille jadis de ladicte feu madame
la Royne et fame a présent du conte de Foix; desquelles mil
livres tournois dessus dictes ledit messire Pons, ou nom et
comme procureur du dit conte se tient pour bien paié, etc.; et
en quitta et quitte bonnement a touz jours, ou nom que dessus
et comme procureur d'icellui, ladicte feu madame la Roynne,
ses hoirs et biens, lesdiz exécuteurs et leurs hoirs et touz
autres a qui quittance en appartient ou pourroit appartenir ou
temps a venir, etc.; promettant non venir contre, ou nom que
dit est, etc.; obligeant les biens dudit conte, etc.; renonçant,
etc.; voulant, jurant, etc. Fait l'an mil trois cens quarante
neuf, le mercredi second jour de décembre.

Collation est faite avecques l'original. Dutill.

XLI

1351, 24 septembre. — Moissac.

Charles le Mauvais donne à Martin de Gramont une mesnada.

(Tiroir 11, n° 91. Double queue de parchemin; le sceau a disparu.)

Karlos, par la gracia de Dios rey de Navarra, conte de
Evreus, a todos quantos las presentes letras veran et odran,
salut. Fazemos saber que nos, considerando los bonos et agradables servicios que el nuestro amado Martin d'Agramont,
escudero, ha fecho a nos et a nuestros predecessores en el
tiempo passado et esperamos que nos fara en el tiempo adve-
nidero, li avemos dado et por tenor de las presentes li damos

una mesnada de veynt libras karlines, a reçebir cada ayno en
nuestra thesoreria de Navarra, mientre fuere nuestra voluntat.
Si mandanos a nuestro thesorero de Navarra qui agora es o
por tiempo sera o a su logarteniient que al dicho Martin
d'Agramont teniendo siempre cavaillo et armas, como dicho
es, o assu cierto mandamiento de et pague cada ayno, como
dicho es, las dichas veynt libras de mesnada. Et nos mandamos a los nuestros amados et fieles gentes de nuestros
comptos que todo aqueillo que lis pareztra end ser pagado
por el dicho thesorero li reciban en compto et rebbatan de su
reçepta. Et des agora revocamos et anullamos todo otro dono
o donos si algunos end tenia de nos o de nuestros predecessores de ante de la data d'estas presentes. Datum en Muyssac,
XXIIII° dia de septiembre, anno Domini millesimo CCC° L°
primo[1].

(*Sur le repli:*) Por el seynor.. Rey, present vos, maestre
Thomas de Ladit, chanceler,

Liçaratçu.

XLII

1351

*Comptes des recettes et dépenses de Pierrot de Garris, pour l'éta-
blissement d'un hôtel des monnaies à Saint-Palais.*

(Tiroir 11, n° 102.)

XLIII

1351

*Recettes de la trésorerie royale. Certains articles sont relatifs à la
terre d'Ultra-Puertos ; le péage de Saint-Jean-Pied-de-Port,
tenu au nom du Roi par Garcias-Arnaud d'Ivarrola rapporte
deux cent trente-deux livres quatre sous trois deniers obole.
Parmi les recettes figurent encore huit livres dix-neuf sous*

1. Charles le Mauvais exerça de juillet à octobre 1351 la charge de
lieutenant du roi de France en Languedoc. Il s'était probablement rendu
à Moissac pour mettre la ville en état de se défendre contre les ennemis
qui infestaient la campagne, comme nous l'apprend une lettre de
Charles lui-même en date du 30 août 1351 (Vaissete, *Histoire du Languedoc*, t. IV, p. 274.)

*deux deniers confisqués sur des bouchers qui, se rendant à
Estella, s'étaient détournés de leur chemin pour éviter de payer
les droits [1].*

(Tiroir 11, n° 104.)

XLIV

1354

Liste de barons pensionnés par le roi de Navarre.

(Tiroir 12, n° 59. Cahier étroit en papier, en très mauvais état.)

POR CAVAYLLERIAS DE BARONES.

Al noble don Martin Henrriquiz [2] : VI ° XX l.....
A Arnalt Guillem, seynnor d'Agramont [3] : II ° l.

1. Les archives de Navarre contiennent une expédition sur parchemin des lettres de rémission octroyées le 4 mars 1354 à Charles le
Mauvais et à ses complices, au sujet du meurtre de Charles d'Espagne.
Le texte a déjà été publié par Secousse (t. II, pp. 38-40) avec quelques
variantes insignifiantes; ainsi il faut lire :

Page 38, lignes 10 et 11 : *Johannam amictam et Blanchiam.*
Page 39, ligne   8 : *confortacionibus.*
     ligne 13 : *prosequi,* au lieu de *teneri.*
     ligne 24 : *remittimus et restituimus.*
     ligne 30 : *officialibus et procuratoribus.*
     ligne 35 : *circunstancie et dependencie.*
Page 40, ligne   6 : *subreptionis.*
Enfin, le repli de l'acte porte la mention : *Gratis reddatur. P. Blan-
chet.* (Tiroir 12, n° 1.)
2. Nous ignorons d'après quel document M. Francisque Michel prétend
que « l'alferez de Navarre avait de rente cent *mesnadas,* ce qui faisait
deux mille livres. » (*Guerre de Navarre,* Notes, p. 540, note 1.) Voici,
d'après le *Fuero General,* les avantages attachés à cette dignité : « E fué
establecido que todo rey de Espaynna oviesse alferiz que tenga su
seyna, et que aia C. cavaylleros, et que tenga pagados los C. cavaylleros, et en casa del Rey mesa por su cabo, et en la Paschoa florida la
copa del Rey de oro ó de plata por suya et los vestidos del Rey, et el
lecho, et un cavayllo que valgan de C moravidis a suso. » (*Fuero General
de Navarra,* p. 6.) On remarquera que le nom de Martin Enriquez est
inscrit à trois reprises dans ce tableau; ce chef de compagnies faisait
payer cher ses services; il est vrai qu'il fut l'un des personnages les
plus importants de l'entourage de Charles le Mauvais. Notons encore
qu'il est porté parmi les *mesnaderos* de la Basse-Navarre, ce qui semble
indiquer qu'il était de ce pays.
3. Il s'agit vraisemblablement de cet « Arnaud d'Aigremont, » qui

A don Gil Garcia d'Ianiz : II^c l.

Al noble don Martin Henrriquiz por la alferizia et por cavayllerias : VI^c XX l.

Al seynnor de Lucxsa : VI^{xx} l.

A don Johan Meriz de Medrano : VI^{xx} l.

A don Arnalt Sanz, seynnor d'Acxa : VI^{xx} l.

A don Ferrant Gill d'Assiayn : VI^{xx} l.

A don Johan Corbaran : VI^{xx} l.

A don Pedro de Lucxa [1] : VI^{xx} l.

A don Yenego Aznariz de Coreilla : VI^{xx} l.

A don Martin Garcia d'Oilloqui : VI^{xx} l.

A don Miguel Periz Çapata : VI^{xx} l.

Al seynnor joven d'Agramont [2] : VI^{xx} l.

Por mesnaderos.

En la merindat de la Ribera.

Per Alvariz de Rada : XL l.

Martin Ferrandiz de Medrano : XL l.

Udemolit Alpeni (?), moro : XIX l., XVIII s., X d.

Festan Ruyz de Caranvat : XX l.

Martin Periz de Veroyz : XX l.

Lope Sanchez Genet : XX l.

En la merindat de Sanguessa.

Gil Lopiz de Sada : XX l.

Johan Ruiz Ayvarr [3] : XX l.

Don Johan Periz d'Esparça : XX l.

Ferrant Xemeniz : XX l.

était en 1357 capitaine du château d'Aulnay. (Luce, *Hist. de du Guesclin,* t. I, pp. 383-384.)

1. Le seigneur de Luxe s'appelait Arnaud-Loup; le 6 août 1354, Charles le Mauvais lui accorda une rente annuelle de cent livres tournois en récompense des services que ce baron lui avait rendus « ès parties de par deçà ». (Vidimé par J. Perez de Lecumberri, garde du scel de la prévôté de Pampelune, le 19 février 1355 (n. s.). Tiroir 12, n° 31.)

2. Cette rente ne suffisait pas, semble-t-il, au jeune seigneur de Gramont pour faire honneur à ses affaires; le 24 mai 1362, le trésorier de Navarre enjoignait au garde du péage de Pampelune de délivrer une somme de dix livres carlins noirs, « pour retirer une ceinture d'argent que le jeune seigneur de Gramont a engagée à l'hôtellerie du Cheval-Blanc ». (Tiroir 15, n° 92.)

3. « Jehan Ruiz d'Ayuar », capitaine d'Avranches en 1365, fut à cette époque nommé conservateur des trèves conclues avec la France. (Se-

En la merindat de Pomplona.

Johan Meriz de Çuhordia : XL l.
Johan Miguel d'Oroz : XX l.
Arnalt Lateylla : XX l.
Miguel Sanchiz d'Opaco : XX l.
Martin, fijo de Miguel Sanchiz d'Oroz : XX l.
Garcia Remiriz d'Assiayn : XX l.
Johan Periz de Çariquegui : XX l.
Don Martin Meriz d'Arbiçu : XX l.
Garcia Meriz d'Arbiçu : XX l.
Sancho Garcia d'Urniça : XX l.
Garcia Lopiz d'Arbiçu : XX l.

En la merindat d'Estella.

Remiri Sanchiz de Arcyllano : XL l.
Pero Ladron : XL l.
Alvar Diaz de Medrano : XL l.
Pero Ramiriz de Muez (?) : XX l.
Martin Ferrandiz d'Areillano : XX l.
Miguel Meriz de Tenaga : XX l.
Garsia Sanchiz de Garriz : XX l.
Pero Sanchiz Martuero : XX l.
Johan Diaz de Villa-Suso : XX l.
Martin Xemeniz de Gorotin : XX l.
Ferrant Meriz de las Heras : XX l.
Pero Remiriz d'Areyllano : XX l.
Gil Garcia d'Ianiz el joven : XX l.
Alvar Diaz de Medrano, fijo de J. Velaz : XX l.
Seme Mariz de Medrano : XX l.
Guillem Arnalt, dicho Ychusco : XX l.

En la tierra d'Ayllent-Puertos.

Al noble don Martin Henrriquiz : III e l. (con las cavaylle-
rias se contaran.)
Bertran de Sala : XL l.
Bertholomeo Pegrinat : XL l.
Miguel de Garro : XL l.

cousse, *Mémoire sur Charles le Mauvais*, t. II, pp. 219-221.) C'est ce
« Jean Ruiz », capitaine d'Avranches en mai 1365, qui toucha des gages
en cette qualité jusqu'en octobre 1365. (*Compte* de Climence, pp. 258 et
254-255.) Jean Ruiz d'Ayvar fut capitaine de Gavray du 1er septembre 1369 au 30 novembre 1370.

Don Arnalt de Belçunce : XL l.
Don Guillem Arnalt, seynor d'Irumberri : XL l.
Martin d'Agramont : XX l. [1]
Guillem Arnalt d'Aramburu : XX l.
Menaut de Salha : XX l.
Remon Guillem, bizonte (*sic*) de Bayguerr : XX l.
Furtun Yuniguiz d'Urssua : XX l.
Menaut del Portal : XX l.
Miguel Sanz d'Urssua : XX l.
Guillem Arnalt de Salt [2] : XX l.
Guillem Arnalt de Balençun : XX l.
Arnalt Aremon de Abos : XX l.
Pere de Sant-Estevan : XX l.

. . . .

SARGENTES D'ARMAS.

Pero Sanchiz de Liçaraçu : VI ^{xx} l., VI s., III d.
Guillem Arnalt [3] de Sancta-Gracia : CXIIII l., XV s.
Sancho Lopiz d'Uriz [4] : VI ^{xx} l., VI s., III d.
Philippe de Boutenviller : VI ^{xx} l., VI s., III d.
Johan de Ganica : CVI l., XI s., III d.

. . . . , ...

POR STIPENDARIAOS (*sic*) ET GENETES.

Sancho de Beorieta : LIIIII., XV s.
Lope d'Ostariz : LIIII l., XV s.
Maestre Per Andreo : LIIII l., XV s.
Amet Ahudali : XVIII l., XV s.

---

1. Voir plus haut (1351) la concession de cette *mesnada*.
2. Les seigneurs de Sault n'étaient pas, comme on pourrait le croire,
navarrais, mais bien béarnais. (V. l'édition de Froissart de M. Luce,
t. VI, p. LIII, note 5.) Le *Compte* de Climence signale Guillaume-Arnaud
de Sault comme châtelain d'Evreux en 1365, 1366, 1367, 1369, 1370, 1372.
3. Un Guillaume-Arnaud, sergent d'armes, avait été envoyé en 1353
en Castille avec Jean Remirez d'Areyllano ; par une lettre datée de Paris
le 16 mai de cette année, Charles le Mauvais avait ordonné à son trésorier de Navarre de fournir une somme suffisante à ces deux ambas-
sadeurs, qu'il expédiait en Castille « pour certaines et grosses besoignes
que moult avons à cuer ». (Tiroir 12, n° 7.) Jean Remirez délivra quittance de cent écus vieux de bon or, du coin du roi de France, à
Estella, le 15 juin 1353. (Tiroir 12, n° 7.)
4. Froissart, qui l'appelle Sanse Lopin, le cite parmi les combattants
qui coururent la Normandie avant la prise d'Evreux par le roi de
France ; il se trouvait aussi à Cocherel. Sanche Lopez était fréquem-

XLV-XLVI

1355, 24 octobre. — Évreux.

Charles le Mauvais assigne à Espan et à Guillaume-Arnaud de Gramont une « mesnada » de vingt livres, en récompense des services qu'ils avaient rendus « specialment en esta vez que partiemos de nuestro dicho regno por venir por mar en nuestra [tierra de Nor]mandia[1] ».

(Pour Guillaume-Arnaud, vidimus par Jean Perez de Lecumberri, notaire de la Cour et garde du sceau de la prévôté de Pampelune, en juillet 1356. Tiroir 12, n° 99. — Pour Espan, vidimus de Sans Durruthie, notaire, en date du 18 janvier (? le mois est douteux) 1368. Tiroir 31, n° 84.)

XLVII

1356, 13 mars. — Paris.

Charles le Mauvais, prisonnier à Paris, enjoint pour les mêmes motifs à son trésorier de Navarre de payer au seigneur de Luxe cinq cents écus, dont deux cents comptant.

(Tiroir 12, n° 79.)

XLVIII

1356, 13 juillet. — Pampelune.

L'infant Louis, lieutenant du royaume, mande au trésorier de Navarre de délivrer quarante florins de Florence vieux à Pierre Ramirez d'Areyllano, écuyer, qui se rend à la cour d'Aragon avec des lettres de créance[2].

(Tiroir 12, n° 149. En papier, sceau au verso.)

ment chargé de missions auprès des souverains ou des puissants barons. (V. notamment le *Compte* de Climence, pp. 201, 225, 364 et 368.)

1. Au commencement de juin 1355, Charles le Mauvais naviguait « à grand foison de gens d'armes pour venir desciendre à Chierbourg ». (Secousse, *op. cit.*, t. II, p. 573.) Il est à présumer que nos deux barons s'étaient distingués au cours de cette expédition.

2. Je viens de dire que le roi de Navarre était prisonnier ; ses frères

XLIX

1356, 3 novembre. — Olite.

*L'infant Louis de Navarre pourvoit aux dépenses du seigneur de
Luxe, qu'il envoie à Bordeaux traiter avec le prince de Galles
de la délivrance du roi Charles.*

(Tiroir 12, nº 168. — Mentionné dans Yanguas, *Dicc.*, art. *Reyes*,
t. III, p. 91.)

Loys, infant de Navarra, logartenient del seynor Rey en el
dicho regno, a nuestro amado et fiel don Guillem Auvre,
thesorero de Navarra, salut. Como nos l'otro dia, de la villa
de Sant-Pelay oviessemos enviada el noble don Arnalt Lup,
seynor de Lucxa, a Bordel con letras nuestras de creencia al
princep de Guales, qui en la dicha ciudat de Bordel[1] tenia
preso al rey de Francia, por fablar et tractar de la delivrança
del rey de Navarra, nuestro caro seynnor et hermano, al quoal
el dicho rey de Francia tiene preso, et oviessemos fecho dar
al dicho seynnor de Lucxa pora fazer sus expensas por mano
de los peageros de Sant-Pelay trenta libras de carlines negros,
ultra de las quoales el dicho seynor de Lucxa a ya expen-
dido en quinze dias que puzo en yr al dicho logar de Bordel
et ser aylli entendiendo en el dicho negocio et tornar a Sant-
Pelay, dizesiete libras et diez sueldos de karlines negros ;
nos vos mandamos que, luego vistas las presentes, le [pa]-
guedes las dichas dizesiete libras et diez sueldos de Karlines
negros. Otrossi, como nos, por causa del negocio sobre scripto,
condecabo enviemos al dicho seynnor de Lucxa a Bordel a

Philippe et Louis cherchèrent à entraîner les puissances contre le roi
Jean, et il faut sans doute rattacher à une tentative de ce genre la mission de Pierre Ramirez d'Areyllano. Cette lettre et la suivante sont une
preuve nouvelle de l'erreur que Froissart a commise lorsqu'il a pré-
tendu qu'après l'emprisonnement de son frère l'infant Louis resta à
guerroyer en Normandie.

1. On sait qu'après la bataille de Poitiers le roi Jean fut conduit à
Bordeaux, où se « tinrent toute le saison ensievant jusques au quaresme,
li princes de Galles, li Gascon et li Englès.... en grant solas et en
grant revel ». (Froissart, édition Luce, t. V, p. 70.) Jean le Bon ne
s'embarqua pour l'Angleterre que le 11 avril 1357. (Secousse, II, p. 606,
note 4.)

los dichos rey de Francia et princep de Guales, nos vos mandamos que, vistas las presentes, dedes et delivredes al dicho seynnor de Lucxa, pora las expensas que fara en este segundo viage, cinquanta libras de karlines negros. Et mandamos por las presentes a las gentes de los comptos del seynnor Rey que las quantias de dineros sobrescriptas vos reciban en conto et rebatan de vuestra reçepta, por testimonio d'esta nuestra carta sieillada del sieillo de la cort de Navarra et del reconoscimiento que del dicho seynnor de Lucxa recibredes sobre esto. Datum en Olit, III° dia de noviembre, el anno de gracia mil trezientos cinquanta seys.

Por el logartenient del seynor Rey, present su logartenient de gobernador et maestre Guillem le Soterel[1],

P. de Sanguesa.

L

1356

Extrait du compte du châtelain de Saint-Jean.

(Tiroir 12, n° 180. Cahier papier, 6 feuillets.)

Anno Domini M° CCC° L° sexto.

Cuentos de Arnalt de Garra, chastelan de Sant-Johan e goarda de la tierra d'Aquent-Puertos.

— Recebio dineros morlanes :

In primis :

De las calonias de las tierras :

De colonias de la tierra de Cisa :

Summa partium : LXVI s.

De calonias d'Ausses :

Summa partium, XXIIII s.

De calonias d'Ihoc et d'Armendaritz :

Nichil, que no hy ovo en este ayno clamors.

De calonias d'Irisairi,

Nichil.

Summa de las calonias de la castelania : IIII° l. X s. mor-

1. Ce Guillaume le Soterel passa plus tard en France; il était, en août 1367, à Mortain. (*Compte* de Climence, p. 448.)

lanes, reducidos a carlines prietos valen, contando XII
morlanes por II carlines, IX l., que valen a blancos IIII l.,
XVIII s., II d. ob.

. . . .

— De quinta de puercos en los montes de Osses : XXV l.
carlines prietos.

— De passamiento de baquas enta la tierra d'Arbeloa,
nichil por que non passaron.

— De saqua de vino, nichil.

— De sacca de puercos, nichil, por que non saccaron.

— De sacca de cabritos et corderos toyllidos, nichil por
que non saccaron.

— De vino toyllido, nichil.

· etc.

— Summa per se : XXV l., que valen a blancos, convertidos ut supra, XIII l., XII s., IX d.

— Calonias de la tierra de Micxa.

. . . . , ...

Summa de todas las calonias de la tierra de Micxa d'este
ayno : XLV s. morlanes, convertidos a carlines prietos contando XII m. por II s. carlines priestos (*sic*) : IIII l., X s.
convertidos a blancos valen : XLIX s., I d.

— De la mala tota del mercado de Garritz que saylle fuera
del regno.

Summa partium : XXVII s., I d. carlines prietos, que
valen a blancos convertidos ut supra, XIIII s., IX d. ob.

Summa de toda la recepta de la dicha castelania et de la
tierra de Micxa d'este ayno de carlines prietos que valen a
blancos, contando XXII l. negras por XII blancos, XXXIX l.,
XVII s., I d. carlines priestos, que vallen a negros, comptando
XXII negros por XII blancos, XXI l., XIIII s., IX d. ob.

LI

1357, 13 juin — Pampelune.

*Bail à ferme par le trésorier de Navarre des péages d'Ostabat,
Saint-Palais et Garris.*

(Tiroir 13, nº 30. Papier.)

Esta es la aveniença fecha entre Guillem Auvre, thesorero

de Navarra, et Garcias Arnalt de Sant-Esteven et maistre
Jehan de Souffauta, escuderos del noble don Arnalt Lup,
seynnor de Luxa, sobre el fecho del tributamento de los peages
d'Ostavaylles, de Sant-Palley et de Garriz, que son del seynnor Roy. Es assaber que el dicho thesorero da a tributo los
dichos peagez d'Ostavaylles, de Sant-Palley et de Garriz a
los dichos escuderos pora dos aynnos complidos, empessando
el dicho tributo por el primero dya de jenero primero venient,
anno LVII°, por II^m escudados viejos, de los quals deven
pagar presentement que se fera la carta del dicho tributo mil
escudados viejos; item, deven pagar por el dya et festa de
sant Miguel de septembre o ante si las gentes d'armas van
en Francia V° escudados viejos, et por el primero dia de
jenero apres enseguient, anno eodem, CXXV escudados viejos;
item por el dya et festa de sant Jehan-Baptista, anno LIX°,
CXXV escudados viejos; et por el primero dya de jenero
enseguient, anno eodem, que sera complido el dicho tributo,
CXXV escudados viejos. Et lis es fecho el dicho tributo con
tal condicion que por las gentes et officiers del seynor roy
de Navarra et de sus roppas no lis sera fecha deduction alguna.
Item, por las gentes del roy de Francia et de las reynas, qui
por los negocios de los dichos roy o reynas irian en mandaderia
a los reyes de Castiella et d'Aragon o otros seynores no lis sera
fecha deduction. Item, que por las gentes de los reyes de
Castiella o d'Aragon qui semblablement yrian en Francia por
mandaderia, que no lis sera fecha deduction. Otrossi, si la
moneda bessava et por mandament de la seynoria recebian
ma feibla moneda, que lis sea fecha deduction segunt que
roason sera en regart a la moneda. Et en testimoni d'eço, nos
los ditz Guasarnaut et Johan de Soffaute en absencie de
nuestres sayetz avem pausat lo sayet deu noble mossen de
Luxe en queste present çedule. Datum a Pamplone, XIII° dia
de junio, anno Domini M° CCC° LVII°.

LII

1357

Montre des compagnies partant pour la Normandie.

(Tiroir 13, n° 61. — Analysé dans Yanguas, *Dicc.*, art. *Reyes*, t. III,
p. 92. — Mentionné dans Moret, *Annotaciones*, t. IV, p. 4.)

Numero de las compaynas que fizieron muestra tanto en

l'ospital de Sant-Jayme cerca Fontarrabia como en Sant-Johan de Luyx, por yr por mar en Normandia en servicio del seynor Rey, l'ayno Domini M° CCC° L° septimo.

§ Las companyas de don Gil Garcia : cinquo hombres d'armas et XLI hombre a pie, en los quoales XI lorigones, unas platas[1], X baçinetes[2], tres bayllestas ; de los quoales li fueron pagados gages por XL hombres.

§ Don Johan Meris de Medrano : VI hombres d'armas et XXX VIII° hombres a pie, en los quoales ay VI lorigones, unas platas, tres paveses, XX bacinetes, XVII tablachos, II bayllestas ; de los quoales li han seydo pagado gages por XL hombres.

§ El Bort de Agramont : V hombres d'armas, XXVII hombres a pie ; en los quales ay un lorigon, XXII paveses, XX bacinetes, una bayllesta, un tablacho ; de los quoales li han seydo pagado gages por XL hombres.

§ Machin de Vergara : un hombre d'armas et XXV hombres a pie, en los quoales ay XX paveses et XX baçinetes.

§ El seynor d'Ozta : dos hombres d'armas et XVIII hombres a pie, en los quoales ay XVII paveses et XVII baçinetes.

§ Don Martin Henrriquiz[3], IIII^xx XII hombres d'armas et IIII° LXIX hombres a pie, en los quoales ay XV lorigones, VI pares de platas, III° LVII paveses, III° XVIII baçinetes, X bayllestas, XXIIII° tablachos ; de los quoales li han seydo pagado gages por IIII° IIII^xx X hombres.

§ Don Johan Remiriz d'Areyllano[4] : XLVI hombres [d'armas] et CLXXX hombres a pie, en los quoales ay XVIII lori-

---

1. « *Unes plates*, ou paire de plates, paraît avoir désigné un couple de plastrons en plaquettes, qui s'adaptaient au buste, sous le haubert. » (Quicherat, *Histoire du costume*, p. 214.)

2. Ce mot doit signifier ici un casque en général ; il y avait évidemment dans les compagnies d'autres armures de tête que le bassinet proprement dit. Faisons remarquer à ce propos que les troupes espagnoles de cette époque paraissent avoir affectionné surtout le chapeau de fer. Cette armure figure très souvent sur les bas-reliefs et sur les sceaux de l'époque.

3. Nous retrouvons Martin Enriquez à Melun l'année suivante, vers la saint Michel ; il était capitaine de cette place et battait les campagnes environnantes. (Secousse, *op. cit.*, t. II, pp. 123-124.)

4. Ce Jean Remirez était un *richombre* de Navarre ; il paraît avoir servi Charles le Mauvais par ses négociations plutôt que par ses faits d'armes : le 15 juin 1353, à Estella, il délivrait un reçu de cent écus vieux du coin du roi de France pour son voyage en Castille (Tiroir 12,

gones, X platas, CXL paveses, VI tablachos, CIX baçinetes, X bayllestas ; de los quoales li han seydo pagado gages por IJ° XX hombres.

§ El seynor de Lucxa[1], LXXI hombre[s] d'armas, III° III hombres a pie, en los quoales ay II° XXVII paveses, II° XXIX baçinetes, VIII tablachos, V pares de platas, una bayllesta; de los quoales li han seydo pagado gages par III° XL hombres.

§ Oger de Maulleon todo armado et XV hombres a pie, en los quoales ay un lorigon, X paveses, VIII baçinetes; de los quoales li han seydo pagado gages por XV hombres.

§ Martin de Larramendi[2]: V hombres d'armas et IIII hombres a pie, en los quoales ay IIII paveses, IIII baçinetes.

  Suma de todas las dichas gentes d'armas: II° XXXIIII hombres.

  Suma de los hombres de pie : XI° XX hombres.

Johan Ruys d'Ayvar, alcayt de Chereborc : VIII hombres pora el dicho castiello, los quoales trayo d'aylla.

Martin Crozat, IIII hombres.

Guillemin Cove de la Landa, si tercero.

Item, seys carpenteros.

Item, dos tromperos.

Item, dos frayres.

Item, IIII° Moros.

Item, dos seylleros.

Don Bono, el fisico.

  Suma de los sobredichas gentes de comun : XXXI hombre[s].

  Suma maor de todas las sobredichas gentes d'armas, de pie et de comun : XIII° IIII°° V hombres. Peralta.

n° 7) ; en 1360, il figure avec Robert de la Porte et Robert de Picquigny dans le traité conclu avec le roi Jean (Secousse, t. II, pp. 172-186) ; nous voyons enfin, par les instructions données au duc d'Anjou à l'occasion de sa mission auprès du Pape, que Jean Remirez avait été envoyé à Avignon avec le doyen de Tudèle vers le roi Jean, pour traiter au sujet de la Bourgogne. (*Ibid.*, pp. 201-202.)

1. Cette montre est postérieure au 13 juin 1357, puisque ce jour-là le sceau du seigneur de Luxe était à Pampelune Il est pénible de trouver un baron de la Navarre française à la tête de ces compagnies dont M. Luce a si brillamment retracé les atroces exploits. (*Hist. de du Guesclin*, pp. 258 et suiv.)

2. Un « Martin de la Remendie » était en 1364 « maistre d'escurie » de Louis de Navarre. (*Compte* de Climence, p. 69.)

LIII

Pampelune, 10 février 1358

*Quittance délivrée par des « compagnons » du seigneur de Gra-
mont pour une charge de vin de la cave du Roi.*

(Tiroir 13, n° 8. Papier; au revers, sceau recouvert de papier.)

Sepan todos que nos, Guillem Arnaut de Saut, seynnor de
Sant-Vicent, Guillem Arnaut d'Agramont, Garcia Arnaut de
Berreta, Martin d'Agramont, Espan d'Olajue et Bertrand
d'Agramont, compaynneros del seynnor d'Agramont, reconocemos que avemos recebido de vos, Jacques Argonel, recebidor d'Olit, de mandamiento que oviestes del muyt excellent
seynnor don Loys, infant de Navarra, los quoales el dicho
seynnor nos mando dar esta vez de gracia special, a cada un
de nos, sendas cargas de vinno del vinno de la bodega del
seynnor Rey, las quales cargas de vinno cada uno de nos
reconocemos aver recebidas de vos, el dicto Jaques. Et en
testimonio d'esto, por razon que cada uno de nos al present
sieyllos proprios non tenemos, vos damos esta nuestra carta
abierta et seyllada con el sieyllo del..... Espan d'Olajue en
las espaldas. Scripta en Pomplona, X° dia de febrero, anno
Domini M° CCC° L° septimo[1].

LIV

Pampelune, 25 mars 1359

*L'infant Louis récompense son valet Jean de Beauvais, qui a tenté
de délivrer le roi Charles à Château-Gaillard.*

(Tiroir 14, n° 124. Vidimus délivré par Lope Ximenez de Lerrutz, notaire
royal « en la ciudat et eu toda la cuenca de Pomplona », le 3 juillet
1361.)

Loys, infant de Navarra, logartenient del seynor Rey en el

1. Du mois de mars suivant les archives de Pampelune contiennent
les lettres par lesquelles le dauphin Charles de France donne au roi de

dicho regno, a todos quoantos las presentes letras vieren et
hoyeren en el dicho regno, salut. Nos, considerando los bonos
et agradables servicios que nuestro amado balet de forreria
Johan de Beauvetz[1] ha feytos tanto temptando, entendiendo
et procurando la delivrança del dicho rey seyendo en Castel-
Gayllart[2] por el rey de Francia detenido, por la quoal causa
percebido derelinquidos todos sus biens se es absentado et
rendido fuguivo de su logar, parientes y amigos, como agora
a nos en et del dicho oficio de forreria serviendo, et espe-
rando que de bien en milor continuara en el tiempo avenidero,
en vez et nombre et por el poder que avemos del dicho seynor Rey, al quoal por las causas sobre dichas creemos esto ser
agradable, por que mas hondradament se pueda mantener et
meyllor voluntad aya de nos servir, le avemos dado et otorgado, damos et otorgamos por las presentes veynt libras
karlines negros a aver, tomar et recebir sobre las rentas et
hemolumentos o tributos de seis casas que el dicho seynor
Rey ha delant su chapitel[3] de Pomplona, a dos terminos paga-
deras, asaber es : la meatad por el termino de sant Johan-
Baptista et la otra meatad por el terrmino (*sic*) de Navidat,
començando el primero termino por la dicha fiesta de sant

Navarre le comté de Bigorre et les jugeries de Rivière et de Verdun.
(Dans un vidimus délivré à Olite, le 4 juillet 1425, par Sanz, évêque de
Pampelune, et Jean Garcias de Sarria, notaire, scellé du sceau de l'évêque
en cire rouge, pendant sur double queue ; tiroir 13, n° 24.) Je ne donne
pas cette pièce, que Secousse a publiée dans le tome II de son *Mémoire*,
pp. 73-76.

1. En juillet 1370, Jean de Beauvez fut envoyé par Charles le Mauvais en Navarre « devers madame la Royne » ; il était toujours « four-
rier de Monseigneur ». (*Compte* de Climence, p. 371.)

2. « Suivant les divers témoignages réunis par Secousse, il (Charles
le Mauvais) fut transféré du Louvre au Châtelet avec Friquet de Fri-
quamps et Jean de Beautalu ; puis au Château-Gaillard près d'Andeli, où
la reine Marguerite, femme de Louis X, avait été étranglée pour adul-
tère ; puis à Crèvecœur ; puis à Arleux où il était lorsque Picquigny le
tira de prison. » (Buchon, *édition de Froissart*, I, p. 326, note 1. — Voir
aussi Secousse, *op. cit.*, t. I, pp. 80-81.)

3. Pampelune se divisait en quartiers, ayant chacun ses murailles et
dont les luttes ensanglantaient la ville ; devant la Porte Royale, qui
était l'un des points les plus importants de l'enceinte du quartier Saint-
Sernin, s'étendait un terrain vague, qui servait alors de marché sous
le nom de *Chapitel;* c'est sur cet emplacement que l'on fit passer la
calle Chapitela, lorsque l'édit d'union de Charles le Noble eut renversé
les remparts des quartiers. (Voir Francisque-Michel, notes de la *Guerre
de Navarre,* p. 351.)

Johan-Baptista primera venient et d'í adelant en cada un
ayno a los dichos terminos o otro como las dichas casas seran
tributadas ; et que en oultra de las dichas veynt libras, aya
et li finque por su demora una de las dichas seis casas la mas
cerrcana et tenient ,al castieyllo, quoanto fuere la voluntad
del dicho seynor Rey o nuestra. Mandantes a nuestro bien
amado el thesorero, etc. Datum en Pamplona, XXV° dia de
março, l'ayno de gracia mil trezientos cinquoanta et nueve.

LV

Evreux, 30 mai 1359

*Garcias-Arnaud de Charrat, appelé aussi le Basque de Chaloys,
reçoit du roi de Navarre une rente annuelle de douze livres* [1].

(Tiroir 13, n° 169. Vidimus délivré à Pampelune, le 1er mai 1361, par
Jean Perez de Lecumberry, garde du scel royal.)

LVI

Rouen, 30 septembre 1359.

*Le régent Charles mande à ses officiers de laisser passer libre-
ment avec leurs chevaux, leurs harnais et leurs marchandises* [2]
*tous soldats, Navarrais ou autres, porteurs d'une lettre de
Charles de Navarre ou de son frère Louis.*

(Tiroir 13, n° 212. Vidimé par Jean le Bacle de Meudon, garde du scel
de la prévôté de Paris, le 14 octobre 1359. Parchemin ; le sceau, sur
double queue, a disparu.)

1. La guerre était moins vive en Normandie depuis la prise de Melun
par du Guesclin ; mais si Charles le Mauvais différait l'exécution de ses
projets de vengeance, il ne renonçait pas à la lutte et il continuait,
suivant son habitude, à acheter à prix d'or la fidélité de ses capitaines.
C'est ce qui explique ces concessions de rentes.
2. On était après le traité de Pontoise, et ces *marchandises* sont
vraisemblablement le fruit du pillage et des rapines commis par les
compagnies.

LVII

Mantes, 8 décembre 1359

Le roi de Navarre gratifie Bertrand de Gramont de deux mesnadas à *vie pour les services* « faiz ès parties de France et de
Normendie ».

(Tiroir 13, n° 203. Vidimé, le 5 avril 1360, par Jean Perez de Lecumberry, garde du scel royal. Parchemin; sceau rouge sur cordelettes.)

LVIII

Pampelune, 15 mai 1360

*Louis de Navarre ordonne de délivrer le bois, l'acier et le charbon
nécessaires à trois maîtres armuriers qu'il a fait venir de Bordeaux pour travailler au château d'Olite.*

(Tiroir 14, n° 33. — M. Iturralde fait allusion à cette pièce dans son
Memoria sobre las ruinas del palacio real de Olite, p. 8.)

LIX

18 juillet 1360

*L'abbé du Mont Saint-Michel s'engage à célébrer quotidienne-
ment pendant un an une messe en l'honneur de saint Michel
pour Charles le Mauvais.*

(Tiroir 14, n° 52. Le sceau, sur double queue, a disparu. Cartulaire II,
pp. 235-236.)

Universis presentes litteras inspecturis, frater Nicolaus,
permissione divina humilis abbas et conventus monasterii
Montis Sancti-Michaelis in periculo maris, ordinis sancti
Benedicti, Abrincensis diocesis, salutem in Domino sempiter-
nam. Notum facimus quod nos, considerantes laudabilem ac
piissimam devotionem quam ad beatissimum Michaelem, archangelum, patronem nostrum, monasteriumque nostrum
habere dignoscitur illustrissimus princeps ac dominus noster
dominus Karolus, Dei gratia Navarre rex et comes Ebroicensis,

in honore Domini Nostri Jesu-Christi et beatissime Virginis
Marie ac beatissimi patroni nostri predicti, eidem domino regi
et comiti unam missam qualibet die usque ad annum proxi-
mum et continue futurum tenore presentium concedimus a
nobis celebrandam. Et ad hoc nos et consciencias nostras
efficaciter obligamus. In cujus rei testimonium nostrum par-
vum sigillum hiis presentibus est appensum. Datum XVIII[a]
die julii, anno Domini millesimo CCC° sexagesimo [1].

LX

18 juillet 1360

*L'abbé du Mont Saint-Michel associe Charles le Mauvais au
bénéfice de toutes les bonnes œuvres accomplies dans son monastère.*

(Cartulaire II, p. 235.)

[U]niversis presentes litteras inspecturis, frater Nicholaus,
permissione divina humilis abbas, et conventus monasterii
Montis Sancti-Michaelis in periculo maris, ordinis sancti
Benedicti, Abrincensis diocesis, salutem in Domino sempi-
ternam. Notum facimus quod nos, piissimam ac laudabilem
affectionem attendentes quam ad beatissimum archangelum
Michaelem, patronum nostrum, monasteriumque nostrum
habere dignoscitur illustrissimus princeps dominus noster,
dominus Karolus, Navarre rex ac etiam comes Ebroicensis,
ex omnipotentis Dei misericordia et beatissimi archangeli
Michaelis meritis et suffragiis confisi, eidem domino plenam
participationem omnium bonorum spiritualium que de cetero
fient in dicto monasterio nostro et prioratibus nobis subjectis,
in missis, orationibus, jejuniis, vigiliis, helemosinis et ceteris
caritatis operibus quibuscumque, misericorditer duximus

---

1. Cette dévotion n'était peut-être pas complètement désintéressée;
les religieux du Mont Saint-Michel et en particulier leur abbé, Nicolas
le Vitrier, avaient montré un admirable dévoûment à la cause française.
(Siméon Luce, *Hist. de du Guesclin*, p. 255.) Quoi qu'il en soit, on peut
voir au *compte* de Climeuce qu'il fut dépensé par ordre du roi de Navarre trente-huit francs, « pour un voult de cire pesant VI[xx] l., armoyé
des armes de Monseigneur eslevées, lequel il envoya offrir à St Michel
du Mont ». (*Op. cit.*, p. 199.)

concedendam. Audita vero morte ipsius domini et per presentium litterarum exhibitionem vel aliter nobis certifficata, pro ipso tanquam pro uno de nostris confratribus in choro solempne servitium faciemus et fieri mandavimus[1] et quascumque domos et loca religiosa nobis ex afectione fraterna conjuncta attentius pro eodem. In cujus rei testimonium nostrum magnum sigillum hiis presentibus est appensum. Datum XVIII die mensis jullii, anno Domini M° CCC° sexagesimo.

LXI

Estella, 19 janvier 1361

Quittance de Sanche Lopez d'Uriz, sergent d'armes de Charles le Mauvais, pour les sommes qu'il a reçues à l'occasion de son voyage en Navarre.

(Tiroir 14, n° 8. Papier; sceau au bas de l'acte.)

Je Sancho Lopis d'Uris, sergent d'armes du roy de Navarre, nostre sire, fois savoir à touz que comme je fusse partiz de Mante de mon dit seigneur venant en Navarre par son commandement en messagerie de par ly par devers mon seigneur monseigneur Loys de Navarre, son frère, et par devers monseigneur le cardenal de Bouloigne et par devers les autres gens de mon dit seigneurs, pour certaines grosses besoignes et secrètes, et je venisse en la compaignie de monseigneur le captal de Bugh, lequel fut pris et robez par l'arceprestre de Valines[2] et moy aussi en sa compaignie près de Vendosme, et mes chevauls et touz mes autres biens perduz; pour cause

---

1. Corrigez : *mandabimus ad quascumque.*

2. Arnaud de Cervoles, qui possédait au temporel l'archiprêtré de Vélines en Périgord. Jean de Grailly, troisième du nom, captal de Buch, « la fleur de la chevalerie de Gascogne », est assez célèbre pour que nous soyons dispensé de le faire connaître; nous nous bornerons à renvoyer une fois de plus à l'*Hist. de du Guesclin* de M. Luce, p. 434. Quant au cardinal de Boulogne, on peut s'étonner de le voir parmi « les gens » du roi de Navarre; peut-être se trouvait-il en Espagne pour mettre fin aux querelles de la Castille et de l'Aragon; nous savons du moins qu'il obtint cette année même des belligérants une trêve dont il est parlé plus loin; il prit part à un grand nombre de négociations et fut l'un des instruments les plus actifs de cette politique d'apaisement et de conciliation qui fut, en ces temps de brigandages, la gloire

de laquelle perte il me convint achater à créance en la ville
de Tours de Lope Deltano deux roucins pour le pris de cinquante royauls d'or, et en oultre me presta le dit Lope vint
royauls d'or pour faire mes despens jusques en Navarre [1] pour
acomplir ma dicte messagerie ; je, ledit Sancho Lopis, confesse que j'ay eu et receu de mon seigneur Guillaume Auvre,
trésorier de Navarre, la somme de sexante et douze florins
de Florence de bon pois, lesquelx mon dit seigneur monseigneur Loys de Navarre m'a fait bailler pour paier au dit Lope
Deltano la debte et créance dessus dicte, tant pour les roucins comme pour le prest par li à moy fait, comme dit est.
Item, confesse, je, ledit Sancho Lopis, que j'ay receu du dit
trésorier cinquante et trois florins de Florence et IIII sous
carlins que mon seigneur monseigneur Loys m'a fait bailler
pour mes despens pour retourner en France par devers le Roy,
mon redoubté seigneur..... Item, ay receu du dit trésorier
cent sols carlins que mon seigneur monseigneur Loys m' a
fait bailler pour les despens que moy, mon vallet et mes deus
chevauls dessus diz avons fait en Navarre par XX jours par-
suyvant la response de ma messagerie dessus dicte. Des
quelles sommes dessus dictes je me tiens pour bien paié et
bien content. Escript de ma propre main à l'Estoille, le XIXe
jour de janvier, l'an mil CCC sexante. Scellé du seel de G.
Arnalt de Miraaign, mon serourge et mon procureur, en
l'absence du mien.   J. S. L.

LXII

Evreux, 3 mars 1361 (n. s.)

Don par Charles le Mauvais d'une rente de cent livres au sire de
Luxe, Arnaud-Loup, en récompense des services par lui rendus
« tant ou fait des guerres que nous avons eues, come en la garde
de nostre païs de Costentin ».

(Tiroir 41, u° 16. 'Vidimé, le 17 juillet 1361, par Jean Perez de Lecumberry. Parchemin ; le sceau, sur cordelettes, a disparu.)

de la papauté. (Voy. notamment Secousse, *op. cit.*, t. II, pp. 202, 277.
Vaissete, *Hist. du Languedoc*, t. IV, p. 323, et Luce, édition de Froissart, t. VI, p. LXXX, note 2).

1. Sanche Lopez portait peut-être des nouvelles du traité de paix
que Charles le Mauvais venait de conclure avec le roi Jean. (Secousse,
op. cit., t. II, pp. 172-176.)

LXIII

Tudèle, 15 mars 1361

L'infant Louis donne trente florins à Faucon [1], héraut du roi d'Angleterre.

(Tiroir 14, n° 22.)

LXIV

Pampelune, 20 avril 1361

Ordre de rembourser de l'argent prêté à l'infant de Navarre pour envoyer des gens d'armes en France en la compagnie du Bascle de Mareuil.

(Tiroir 14, n° 92. Papier; traces de sceau au revers.)

Guillem Auvre, thesorero de Navarra, a maestre Johan Pasquier, procurador del seynor Rey et goarda de los sieyllos de la cort, salut. Mando vos que a Garcia Periz d'Aranguren, notario de la cort, dedes et paguedes por las expensas que eyll fezo en procurar los dineros que por los officiales del seynnor Rey fueron emprestados al seynnor inffant por imbiar gentes d'armas en Francia en la compaynnia del Basco de Maruel [2], en l'ayno LVII°, nueve libras et cinquo sueldos de karlines prietos. Et yo recebir vos los he en compto por testimonio d'esta mi carta et de la carta de recognoscimiento que d'eyll recibredes sobre esto. Datum en Pomplona, XX° dia de abrill, anno Domini M° CCC° LX° primo.

Au verso, le reçu de G. P. d'Aranguren.

---

1. Il s'agit de ce Faucon qu'un récit de Froissart a rendu célèbre. — Voir Froissart, éd. Luce, t. VI, pp. 111-112.

2. Le Bascon de Mareuil, « l'un des plus audacieux capitaines de son temps », était au commencement de 1358 à Avranches; il brûla, le 17 février, les barrières de Pontorson; son véritable nom était Jean de Saut; il fut tué à Cocherel. (Voy. S. Luce, *Hist. de du Guesclin*, p. 277, et édition de Froissart. t. II, p. LIII, note 6.)

LXV

Pampelune, 10 mai 1361

Don de cent florins d'or fait par le même infant Louis à « Arnalt
Arremon, seynor joven d'Agramont et merino de tierras d'Esteilla », *qui s'est rendu dans le courant de l'année* « en las partidas de Bearn, en ayuda de nuestro caro hermano el conte de
Foix con ciertas gentes d'armas [1] ».

(Tiroir 14, n° 96. Papier; sceau au revers.)

LXVI

1361

Compte des dépenses d'un messager envoyé à Bordeaux.

(Tiroir 14, n^u 161. Cahier papier, quatre feuillets.)

Mercredi, darrenier jour de mars, l'an LXI, partit Sancho
Lopiz d'Uriz de Pampelune, pour aler à Bordeaux savoir
nouvelles certaines de la venue de monseigneur de Navarre
et ylluec atendre sa dicte venue [2] et faire la assavoir à monseigneur le cardenal et à monseigneur l'infant, et dire à mon
dit seigneur le Roy pluseurs choses de bouche que de par
eulx ly avoient esté enchargées et avoit ledit Sancho avec
soy I vallet, II chevaulx.

> Receut ledit Sancho pour le dit voyage faire, par la main
> du trésorier de Navarre, L florins.

Despense :

Ledit mercredi pour ferrer les deux chevauls, VI sols
carlins.

---

1. Le comte de Foix était en guerre avec celui d'Armagnac, au sujet
du Béarn.

2. Charles le Mauvais ne quitta la Normandie que vers la mi-octobre
au plus tôt; le 15 de ce mois, il créa son frère Philippe lieutenant-
général, ce qui indique qu'il se disposait à regagner la Navarre. (Voy.
S. Luce, *du Guesclin*, p. 384.)

Item, pour appareller les selles et les brides et II sengles
nueves .... VI s.

Item, à la disnée à la Rrassoigne : pain, IIII d. ; item,
vin, IIII d. ; item, I quartier de chevrel, XII d. ; item, item
(*sic*) les chevaulx, c'est assavoir à chascun deux mesures
d'avoine... (*effacé*); item, au giste à Roncevaulx, pain, IIII
d. ; item, vin, XII d. ; item, char, XII d. ; item, les chevaulx,
VI s. ; item, bele chère, IIII d.

    Somme du jour: XXVI s. X d. carlins ; valent II flo-
rins, II sous, X deniers.

Jeudi, premier jour d'avril, disnée et giste à Saint-Jehan :
pain tout le jour, XII d. ; item, vin tout le jour, IIII s. ;
item, char tout le jour, IIII s. ; item, les chevauls jour et nuit,
VIII s.

    Somme du jour : XVII s. carlins; valent I flor. et V s.
carlins.

Le deux avril, Sanche Lopez dîna à Ostabat, où il mangea
« troites »; *c'est à Sordes qu'il s'arrêta pour coucher ; il y
mangea encore des truites (c'était un vendredi).*

Samedi, IIIᵉ jour d'avril, disner à Aqs en Gascoigne : le
passage des II bateaux, II gros de Flandre ; item, pain au
disner, II gros; item, vin, VI gros; item, poisson, demi-
merluz fres, VI gros; item, noisetes, II gros ; item, bele chère,
II gros ; item, les chevaulx, III mesures, IX gr.

Il passa la nuit à Laharie, qu'il appelle la Harine. *Le 4
avril, dimanche, il continua son voyage, dînant à Liposthey,
couchant au Barp, qu'il appelle* le Barberel; *le lendemain, il
arrivait à Bordeaux.*

Demoray illuec juques au lundi, Xᵉ jour de may, qui montent XXXV jours, despendi par marché fait entre mon hoste
et moy en despense ordinaire de bouche pour moy, mon
vallet et mes deux chevaulx, qui avaient chascun jour VI mesures d'avoine, et pour belle chère, par tout chascun jour
deux florins ; excepté toutevois que si je vouloie convier aucun ce estoit en oultre à mes despens : montent les despens
ordinaires de bouche pour moy, mon vallet et mes deux
chevauls par les XXXV jours dessus diz, LXX florins.

Item, pour le non pois de XV florins qui n'estoient mie
de pois, pour chascun II esterlins vielz, montent I florin et
II esterlins, car I florin ne vaut à Bordeaux fores XXVIII
vielz esterlins.

Item, la bien alée au vallet et à la chamberière pour tout le temps dessus dit I florin.

. . . .

Item, quant Giraudin, escuier du sire de Gauville[1], vint de France le samedi VIII° jour de may, je le conviay à disner le dimenche ensuivant, IX° jour de may, pour savoir nouvelles certaines de la venue de monseigneur, et il les me dist et pour ce m'en parti-je l'endemain et m' en retournay en Navarre; despendi en oultre les despens ordinaires à celi disner, I florin.

Au retour, Sanche Lopez suivit le même itinéraire; il partit le 10 mai et passa au Barp, et à Liposthey; le 11 à la Tale, où il compte trois gros « que j'avoie beu... pour la chaleur », à Laharie et à Dax; le 12 à Sorde, à Ostabat; le 13 à Saint-Jean et à Roncevaux; le 14 à Larrasoaña et à Pampelune; il dîna dans cette ville le 15 et alla coucher à Olite. Il avait dépensé, outre les cinquante florins reçus au départ, quarante-six florins et quatre sous[2].

1. Guillaume de Gauville avait pris Evreux pour le compte du Navarrais (Froissart, édition Buchon, t. I, pp. 370-372); il figure parmi les trois cents partisans du roi de Navarre auxquels Jean donna des lettres de rémission à la suite du traité intervenu à Calais en octobre 1360 (Secousse, t. II, p. 178 et p. 182); fait prisonnier à Cocherel il eût été décapité si son fils Guy n'avait menacé de faire subir le même sort à Brémont de Laval, « un grand seigneur de Bretagne » (Froissart, t. I. pp. 476, 482, 484). Les comptes de Climence nous montrent Guillaume de Gauville châtelain d'Orbec et chargé de plusieurs missions pour Charles le Mauvais.

2. On voit par ce compte-rendu du voyage de Sanche Lopez quel était l'itinéraire suivi par les courriers qui de Pampelune se rendaient en France et quelle était la longueur de leurs étapes. La route par le col de Roncevaux, *Carasa* (auj. Garris) et Dax, est fort ancienne; il en est fait mention dans l'itinéraire d'Antonin. (Dompnier de Sauviac, *Chroniques du diocèse et de la cité d'Acqs*, t. I, p. 27. Voy. également *Marca hispanica*, col. 69, et surtout Desjardins, *Gaule romaine*, t. I, pp. 112-113.) Sanche Lopez parcourait une distance bien moindre en montagne qu'en plaine, ce qui est fort naturel. A l'aller, sa première étape a été de 34 kilomètres, la seconde de 44, la troisième de 55, la quatrième de 57; la cinquième est de 40 kilomètres seulement et la sixième de 35 environ.

LXVII

Deza, 13 mai 1361

Traité de paix entre les rois d'Aragon et de Castille[1].

(Tiroir 14, n° 98. Parchemin, formé de deux parties cousues au moyen de lanières sur lesquelles le cardinal Guy a apposé sa signature; le sceau en plomb de Pierre de Castille est retenu par des attaches de laine. — Il est possible que cette pièce ait été laissée à Pampelune par le légat, qui, d'après Zurita[2], passa l'été dans cette ville pour achever son œuvre de pacification.)

LXVIII

Avranches, 29 mai 1361

Charles le Mauvais mande à son trésorier de Navarre de payer cent florins d'or au mouton à Navarrot de Rostaing, écuyer, qui lui a prêté cette somme.

(Tiroir 15, n° 31. Parchemin ; petit sceau sur simple queue.)

LXIX

Estella, 10 juin 1361

L'abbé de Fécamp reconnaît avoir reçu cent florins que l'infant Louis lui avait empruntés pour les donner au captal de Buch.

(Tiroir 14, n° 22. Papier; au revers, cachet recouvert de papier.)

Nous Jehan[3], par la grace de Dieux abbé de Fescamps, confessons que la somme de cent florins de Florence d'or, laquelle nous prestames a très noble et puissant seigneur monseigneur Loys, infant et lieutenant de Roy en Navarre, pour donner et délivrer au captal de Buch auquel ledit sei-

---

1. Sur ce traité, voy. Lafuente, *Historia general de España*, t. VII, p. 242; Zurita, *Anales de la corona de Aragon*, t. II, pp. 305 et suiv., et Lopez de Ayala, *Cronica del rey D. Pedro*, éd. de 1779, p. 326.

2. *Op. cit.*, p. 307.

3. Jean de la Grange, abbé de Fécamp, depuis évêque d'Amiens et cardinal. (Secousse, *Mémoire*, t. II, p. 205, note 2.)

gneur infant les avoit données une foiz, avons heu et receu
par mandement dudit seigneur infant de Guillaume Auvre,
trésorier oudit royaume, par la main de Jehan de Saint-
Martin, baille de Tudèle; de laquelle somme de cent florins
par nous receue nous nous tenons pour bien paié. Et en tesmoing de ce nous avons fait metre nostre seel en ces présentes. Donné en l'Estelle, X° jour de juingn l'an, M. CCC
sexante et un.

LXX

Pampelune, 23 août 1361

*Instructions au châtelain de Saint-Jean-Pied-de-Port concernant
le passage des troupes du comte d'Armagnac.*

(Tiroir 14, n° 155. Extrait d'un cahier en papier contenant la copie des
lettres de l'infant Louis de Navarre.)

Castellan de Sant-Johan. Nos avemos dado seguramiento
a las gentes del conte d' Armaynac, la copia del quoal vos
imbiamos [1]; si vos mandamos que cada que vos sopiertes [2] que
las gentes del dicho conte devran venir, vos transportedes al
estremo del dicho regno por complecer et exeguir el dicho
nuestro seguramiento, et proveades en esta manera que di-
gades a las dichas gentes et a los capitanes que verran con
eillos que, por razon que en el regno ay grant carestia de
viandas et ay muchos logares chicos do muchas compaynas
non podrian ser albergadas ni vitailladas, que ordenen su
passada en esta manera que en una compaynia non vayan
sinon LX hombres d'armas con lures bestias, maletas et ar-
neses, a guisa de gentes d'armas, et que aqueillos LX sean
acugidos en los logares cerrados una noche, proveido que a

1. Le même cahier de correspondance renferme la copie de deux
lettres expédiées de Pampelune, les 10 mai et 23 août 1361, qui pour-
raient bien être les saufs-conduits annoncés au châtelain de Saint-Jean:
par la première les sujets du roi de Navarre sont requis de laisser
passer les compagnies du comte d'Armagnac; la seconde nous apprend
en outre que le comte conduisait ses soldats en Castille « en servicio
» de Dios et del rey de Castieilla, contra los Moros ».

2. *Cada que vos sopiertes*, chaque [fois] que vous aurez su (*sapieritis*),
lorsque vous apprendrez.

la entrada de la villa deissen las armas al alcalde, jurados et
hombres buenos de la villa qui a esto fazer seran ordenados, et
al otro dia maynana, fuera de la villa, lis seran rendidas sin
diminution alguna. Et en caso que las armas non querrian
deissar, los fagades albergar en los ravalles fuera de los logares cerrados et lis fagades dar viandas por lures dineros,
aqueillas que mester avran. Et en esta manera que passen
por el dicho regno. Datum ut supra, anno LX° primo[1].

Peralta.

LXXI

26 août 1361

*Décharge donnée au trésorier de Navarre des sommes par lui
payées pour envoyer trois-mules à la reine Blanche.*

(Tiroir 14, n° 127. Papier; sceau au revers.)

Loys, infant de Navarra, tenient logar de Rey en el dicho
regno, a nuestros amados et fieles las gentes de los contos del Rey nuestro seynor, salut. Nos vos mandamos firmement que a nuestro amado et fiel don Guillem Auvre, thesorero del dicho regno, reçibades en conto et rebatades de su
reçepta sin dificultat, los quoales eyll por nuestro mandamiento ha pagado a nuestro amado maestre Simon, abbat de
Falces, conseyllero del Rey nuestro seynor, por las expensas
et messions de tres mulos[2] qui deven ser imbiados en Francia
a madama la reyna Blancha et de los moços qui los levaran,
IIII^{xx} quoatro libras de carlines prietos, por testimonio d'esta
nuestra carta et de la carta de reconoscimiento del dicho
maestre Simon. Datum en Pomplona, XXVI° de agosto,
l'ayno de gracia mil trezientos sissanta et uno.

Por el teniente logar del seynor Rey,

Peralta.

---

1. La lettre précédente est datée de Pampelune, 23 août 1361.

2. On sait que l'Espagne a eu et qu'elle a de nos jours encore une
préférence marquée pour ce genre de montures. On peut consulter à
ce sujet M. Francisque Michel, *Histoire de la guerre de Navarre*, notes,
p. 337.

LXXII

Pampelune, 26 août 1361

*Louis de Navarre approuve le paiement de cent cinquante écus
vieux remis par le trésorier à maître Dimenche et à maître
Pasquier, conseillers du Roi, « por yr en Francia, al dicho
seynnor Rey, por granados et secretos negotios ».*

(Tiroir 14, n° 127. Papier; sceau au revers.)

LXXIII

Août 1361

L'infant Louis donne au trésorier décharge de trente livres, « por
un gobelet cubierto dorado, dado por nos a don Per Yvaynes[1],
doctor en leyes, messagero del rey de Castieilla imbiado en
Francia al duc de Normandia por la delivrança del Rey nuestro
seynor, el quoal li fue dado a la yda, ultra una copa que li fue
dada al retornar; por el dicho gobele pesan tres marcos dos
onças : XXX livras ».

Et plus loin :

« Item, por un gobelet dado ensemble con un cavaillo a mons.
Renaut de Labrit, pesant dos marcos et medio : XXIII l. (?) »

(Tiroir 14, n° 155. Cahier de correspondance.)

LXXIV

Gavray, 18 octobre 1361

*Attestation de Jean de Crévecœur[2], chevalier et maître d'hôtel du
roi de Navarre, certifiant que le sire de Luxe avait reçu, avant
d'aller en Cotentin, un cheval gris qui n'a pas été ramené.*

(Tiroir 14, n° 89. Papier; sceau au bas de l'acte.)

---

4. Un « Pierre Yvaignes, surgien », était en Normandie en 1369.
(*Compte* de Climence, p. 146); le 5 juin 1365, à Lerin, Charles le
Mauvais donna un tuteur au jeune Peroch de Yvaynes, seigneur de
Vergara. (Cartulaire de Charles II, pp. 314-315.)

5. Jean de Crévecœur, maître d'hôtel du Roi, est fréquemment mentionné dans les *Comptes* de Climence.

BRUTAILS. *Documents.*   6

LXXV

Saint-Palais, 18 novembre 1361

*Certificat laissé par Guillaume, archevêque d'Arles, aux mains
des péagers de Saint-Palais.*

(Tiroir 14, n° 145. Papier, sceau oblong au revers.)

Nos, Guilhem [1], par la grace de Dieu et de son églisie de
Rome, archevesque de Arles, reconoisson et confesson que
par vertu d'une carta dou reverent prince et senheur mon-
senheur Karle, par la grace de Dieu roy de Navarre et comte
d'Evreus, passames par un leu qui s'apele Sent-Palais deu
dit reaume de Navarre sens paier péage, nos et nostre com-
paynhie con trente, que chevaux que palefrois, et XXIIII,
que muls que mules, et II^m pièces d'or et LXXX espées, et
par le recevoir en conte au maistre dou paage doudit leu, li
donnames ceste carta senhée de nostre men et seelée de
nostre seel, l'an de grace M. CC (*sic*) et LXI, le jodi a XVIII
jors de novembre.

Vidimus: G [2].

LXXVI

Tudèle, 15 décembre 1361

*Quittance délivrée par le captal de Buch pour un terme de sa
rente annuelle de mille écus d'or.*

(Tiroir 14, n° 148. Papier ; sceau recouvert de papier au bas de l'acte.)

Sachent tuit que je, Jehan de Greli, cadal de Buch, confe
avoir eu et receu de mons. Guillaume Auvre, trésorier du
roy de Navarre, mon seigneur, lesquelx ledit monseigneur le
Roy m'a donnez a recevoir chascun an por raizon de l'homage

---

1. Guillaume de Gardia, archevêque d'Arles, qui avait été archevêque de Braga. (*Gallia Christiana.*)

2. Attestation identique pour Ostabat, du même jour. La lettre de
franchise délivrée par le roi de Navarre à l'archevêque d'Arles est datée
de Pampelune, le 14 novembre 1361. (Papier; sceau recouvert de papier au bas de l'acte. Même tiroir, même numéro.)

que je suy entrez et tenuz a li, mil escuz d'or vielz, desquiex
je me tieng por bien païé. Et en tesmoign de ce, ay mis mon
seel en ces présentes. Donné en Tudèle, l'an de grace mil CCC
sessante et un, quinzième jour de décembre.

LXXVII

13 janvier 1362 (n. s.)

*Le trésorier de Navarre enjoint aux fermiers des péages de Saint-
Palais et de Garris de remettre à Pierre de Bardoz, écuyer du
sire d'Albret, cent quarante florins, prix de douze tonneaux de
vin destinés à l'approvisionnement de Cherbourg et autres
places du Cotentin.*

(Tiroir 15, n° 92. Papier; petit sceau au revers.)

LXXVIII

Tudèle, 14 janvier 1362 (n. s.)

*Le roi de Navarre mande au trésorier de payer mille florins de
Florence à* « nuestro caro cormano el capdal de Buch para sus
expensas por yr en Francia do nos a present lo imbiamos [1] », *et
deux cents écus de Jean* « a nuestro amado et fiel cambarlenc
don Arnalt Lup, seynor de Lucxa », *pour le même motif.*

(Tiroir 14, n° 83. Papier; traces de sceau au verso.)

LXXIX

Estella, 16 février 1362

*Ordre à l'abbé de Fécamp de préparer les provisions nécessaires
pour un voyage du Roi vers les comtes de Foix et d'Armagnac.*

(Tiroir 14, n° 90. Papier; au revers traces de sceau.)

Abbé. Nous entendons a aler oultre pors pour parler au

---

1. Les instructions que reçut le duc d'Anjou, avant de se rendre
auprès du pape, incriminent la conduite du captal de Buch durant
cette même année. (Secousse, *Mémoire*, t. II, pp. 205-206, § 19.) La ré-

conte d'Armignac et au conte de Foix; si vous envoions une cédule en laquelle est contenu les choses qui nous falent en noz ofices pour faire nostre voïage; si envoiez a Tudèle ou ailleurs ou l'en pourra trouver lesdictes choses et gardez qu'il n'y ait aucune faute, car nous nous entendons du tout a vous; si faitez que lesdictes choses soient ce mercredi ou jeudi au plus tart a Pampelune, et ce jour gardez que vous envoiez a Pampelune les espices de karesme contenues en une cédule que vous bailla Jehan de Han; et de toutes ces choses nous nous entendons a vous, car nous en auron grant deffaute se vous les nous envoiez (*sic*). Nostre Seigneur vous gart. Escript a l'Estoille, le XVI° jour de février[1].

> Le roy de Navarre.

(*Au dos:*) A nostre amé et féal conseiller l'abbé de Fescamp.

(*En écriture du temps:*) Copia de la cédule de quoy fait mention ci-dedenz: C'est ce qui est nécessaire por la provision du Roy por aler oultre pors par XV jours, c'est assavoir: pour la frinterre III° livres de cire; item, I quarteron de limenguon, I cople de figues et I couple de resins et une [somme?] de pomes d'orange.

Et costaron de achat o precio ladicha cera et cetera (?) XXXIX l., XVII s.

IX s. por el aleguerio d'una bestia qui la traxo aquas.

LXXX

Bayonne, 22 février 1362

L'évêque et le chapitre de Bayonne s'engagent à faire célébrer

conciliation entre les rois de France et de Navarre ne pouvait être sincère. On peut voir par les documents que les deux ennemis avaient seulement suspendu la lutte pour reprendre haleine et qu'ils profitaient de la paix pour préparer la guerre.

1. Cette pièce est dans une liasse de documents de l'année 1361, qui commença le 25 mars 1361 et finit le 25 mars 1362; c'est, en effet, le jour de l'Annonciation que changeait l'année officielle en Navarre; un livre du XIV° siècle appelé « libro de la jura del alcalde de Pamplona » et conservé aux archives de la Chambre des Comptes contient un calendrier où nous lisons, à ce jour-là: « Annos ab Incarnatione Domini hic muta ». La date que nous avons donnée au document ci-dessus publié concorde d'ailleurs avec les événements: le 21 mars 1362 (n. s.),

*annuellement au mois de septembre une messe pour le roi de
Navarre, conformément aux conventions antérieures relatives
aux dîmes de la Bastide-Clairence* [1].

(Cartulaire II, pp. 233-234.)

LXXXI

Olite, 12 mai 1362

*Charles le Mauvais enjoint de payer diverses sommes à des
messagers qu'il envoie à Bordeaux, à Avignon et auprès de
Jean Chandos.*

(Tiroir 15, n° 40. Papier; sceau au revers.)

Karlos, por la gracia de Dios rey de Navarra, conte de
Euvreus, a nuestro amado Garcia Ferrandiz de Leach, recebidor de nuestras rientas en la merindat de Sanguessa, salut.
Nos vos mandamos firmement que luego, vistas las presentes,
cessant toda escusation, dedes et libredes a nuestro amado
mossen Raol de la Greva [2], clerigo nuestro, el quoal nos
embiamos por cierta messageria a Bordel, quoaranta et dos
florines de oro por sus expienssas et por aqueillo que deve
dar a Sancho Lopiz de Uriz, nuestro sargent d'armas, por
sus expienssas qui de Bordel en fuera deve yr a fablar con
mossen Johan de Chandos. Otrossi, dedes et libredes a Miguel
Crozat, servidor nuestro, el quoal nos imbiamos a Avynno
por cierta messageria, veinte florines; los quoales quantias de
florines mandamos, etc: Datum en Olit, XII° dia de mayo,
anno Domini M° CCC° LX° secundo.

Por el seynnor Rey, present Johan Dahan [3],   J. de Leoz.

Charles le Mauvais et l'archevêque de Toulouse imposèrent aux comtes
de Foix et d'Armagnac une trêve qui devait durer jusqu'en juin 1363.
(Vaissete, *Hist. du Languedoc*, t. IV, p. 430.)

1. Le document dont je donne l'analyse est daté comme il suit:
« Datum et actum Baione, XXII die mensis februarii, anno Domini
M° CCC° sexagesimo secundo. » Dans les provinces anglaises l'année
commençait à la Noël. Il est à présumer que Charles le Mauvais se
trouvait à Bayonne le jour où fut rédigé ce document.

2. Raoul de la Grève, « clerc de Monseigneur », est cité plusieurs
fois dans les *Comptes* de Climence (pp. 119, 132, 141).

3. Ce *Dehan* paraît être mort en 1366. (Voir les *Comptes* de Climence,
p. 89.)

LXXXII

Estella, 26 mai 1362

Mandat délivré par Charles le Mauvais pour subvenir aux dépenses d'Arnaud-Raymond, seigneur de Gramont, avec sept hommes à cheval, du doyen de Tudèle avec trois hommes à cheval, de Remiro d'Arellano avec deux hommes à cheval, de Pascal Perez de Sangüesa avec un, enfin de Pierre Yvaynes; lesquels se rendaient en Castille, « por arduos et granados negocios ».

(Tiroir 15, n° 40. Papier; sceau au revers.)

LXXXIII

Carrascosa, 2 juin 1362

Confirmation, par Pierre le Cruel, du traité d'alliance intervenu le 22 mai précédent, à Estella, entre Yenego Ortiz et Gil Velasquez de Segovie, pour la Castille, d'une part, Arnaud-Raymond de Gramont et Remiro d'Arellano, pour la Navarre, d'autre part.

(Tiroir 15, n° 41. Parchemin; sceau eu plomb sur lacs de soie.)

LXXXIV

Sangüesa, 30 juillet 1362

Ordre donné par Charles le Mauvais de rembourser à Martin Enriquez, son alferez [1], *vingt florins de Florence,* « los quoales han seydo dados a cierta perssona por causa de la present guerra ».

(Tiroir 15, n° 52. Papier; sceau au revers.)

---

1. Martin Enriquez s'était marié récemment; le 1er juin il avait donné quittance d'une somme que le Roi lui avait accordée « para en ayuda de nuestro casamiento ». (Tiroir 14, n° 89).

LXXXV

Sangüesa, juillet 1362

Charles le Mauvais donne en fief au captal de Buch les possessions
des vicomtes de Tartas en Mixe.

(Tiroir 41, n° 48. Vidimus délivré à Bordeaux, dans la maison du captal
de Buch, le 7 novembre 1363, première année du pontificat d'Urbain[1],
par Jean Canet, clerc du diocèse de Bordeaux, notaire.)

Charles, par la grace de Dieu roy de Navarre et conte
d'Evreux, savoir faisons a touz présens et avenir que, consi-
dérez les grans et honorables services que nostre très cher et
amé cousin, mosseigneur Johan de Gresly, captal de Buch,
nouz a faiz et fait de jour en jour, et pour ce que il et ses
hers soient plus tenus a nous et aus nostres a nous servir tant
en noz présentes guerres comme en touz noz affaires, en
acreyscent le don que autreffoitz li feismes de mil et cinc
cens escuz de Jehan a prendre chascun an sur nostre trésor,
sa vie durant, dont il devint nostre homme, nous a nostre dit
cousin avons doné et de grace spécial et certayne sciencie,
par la teneur de ces présentes, donnons et transportons toute
la terre que souloit tenir de nous ou de nous prédécesseurs,
roys de Navarre, le viconte de Tartaz en la terre de Mixe
Ultre-Pors, avec toutes les rentes, revenues, seigneurie, juridiction et touz autres droiz a ladite terre appartenant, a
tenir de nouz et de nouz successeurs héréditablement par
nostre dit cousin et par ses heirs légitimes procréés de son
corps, touz en la manière que jadiz la souloit tenir de nous
diz prédécesseurs ledit vizconte de Tartaz, sans en retenir
quelque chose par devers nous ne noz successeurs, excepté
seulement la soveraineté et homage que nostre dit cousin et
ses ditz herrs seront tenus de faire et a nos successors avec
tout tel service et redevance, comme ledit viconte en soloit
faire ou povoit estre tenuz de faire a nouz ou a nouz diz prédécesseurs pour le temps qu'il tenoit ladite terre ; et que,
ou cas que nostre dit cousin yroyt de vie a trespassement sanz

1. Il y a dans cette date une légère erreur : Urbain V avait été cou-
ronné le 6 novembre 1362.

hoir légitime procréé de son corps, ladite terre retourra et demourra a nouz ou a nouz successeurs tantost après sa mort, tout cela en la manière qu'elle y estoit avant ce présent don et transport. Si donnons en mandement a touz nouz justiciers, officiers et subgez que nostre dit cousin et ses diz herrs lessent et facent user, joïr de nostre dit don et transport selont la teneur de ces présentes, sanz aler ne faire au contraire par quelque manière; quar ainsi nous plaist et le volons, considéré ce que dessus. Et que ce soit ferme et estable, nous avons fait seeler ces présentes de nostre grant seel en lax de soie et cire vert, sauf nostre droit en autres choses et l'autruy en toutes. Donné a Saint-Gosse, en moiz de juylliet, l'an de grace mil troiz cenz soixante et deux.

LXXXVI

Estella, 2 décembre 1362

Charles le Mauvais approuve le paiement fait par le garde de la trésorerie à Martin Enriquez, de trois cent vingt florins, « por yr de par nos con cierta mandaderia secreta al rey de Castilla ».

(Tiroir 15, n° 80. Papier; sceau au revers.)

LXXXVII

Uncastillo, fin août 1363

Traité d'alliance offensive et défensive entre les rois de Navarre et d'Aragon. Le premier s'engage à soutenir le second contre la Castille; après quoi l'un et l'autre tourneront leurs armes contre la France. Ils se partagent leurs conquêtes :

« Item, sumpto fine guerre Castelle, » *dit Pierre d'Aragon,* « juvabimus et juvare tenemur ipsum regem Navarre contra regem Francie, si cum eo guerram habebit et ea durante, in modum qui sequitur : videlicet quod diffidabimus ipsum regem Francie et eidem guerram faciemus per mare et, terram ut fortius fieri poterit, sine fictione; et juvabimus dictum regem Navarre de gagiis mille hominum armorum in tota estate et in yeme quingentorum. »

Voici la clause relative au partage de la France : « Postremo, si casus evenerit quod nos dictus rex Navarre acquireremus regnum Francie, dux Gerunde, dicti regis Arragonie primogenitus, habebit pro parte sua hujusmodi acquisitionis senescalias Carcasone et Bellicadri pro libero et franco alodio [1]. »

(Tiroir 17, n° 35.)

LXXXVIII

Pampelune, 18 novembre 1363

Mandat délivré par Charles le Mauvais, en faveur de Pierre d'Achères, « commis pour le fait de nostre chambre [2] », afin de solder les dépenses de

— *Sanche Lopez d'Uriz, envoyé vers le prince de Galles;*
— *Raoult de la Planche [3], qui se rend en France pour les besognes du souverain;*
— *Remirez d'Arellano,* « pour aler en certains lieux ès quieux nous l'en envoyons ».

(Tiroir 17, n° 64.)

LXXXIX

20 février 1364

Extrait du livre de paiement des gens d'armes à la charge du trésorier.

(Tiroir 16, n° 18. Cahier papier et feuilles volantes.)

Libro del conto et pagamiento de las jents d'armas que el thesorero es cargado.

---

1. Le parchemin sur lequel j'ai pris ces deux articles du traité n'est pas scellé: ce doit être une copie de l'instrument authentique; mais nous savons par ailleurs que l'accord fut conclu et l'analyse qu'en donne Zurita (*op. cit.*, t. II, pp. 324-325) correspond bien avec le texte qui précède.

2. Le *Compte* de Climence nous montre ce personnage dans l'exercice de ses fonctions de « commis à faire le fait de la chambre aux deniers du roy de Navarre »; il touchait l'argent à la trésorerie et payait les débiteurs.

3. Raoul de la Planche, « vallet de chambre de Monseigneur ». paraît avoir été surtout chargé des achats de drap et de fourrures. (Voy. les *Comptes* de Climence, à la table, *verbo* Planche.)

Estos son los de cavaillo que son en la conpaynnia del thesorero, los quoales vinieron en Echerri, XX° dia de febrero, anno LXIII°.

Primo, Martin Xemeniz d'Aldon, un cavaillo rucio cardeno lobado de tras.

Lope Ochoa de Tafaylla, un roçin castaynno frontino.

Martin Xemeniz d'Urruçuni, un roçin alazan frontino, balça de los dos pies, del braço diestro et del pie siniestro.

Simon Lopiz de Çariquegui, un rocin moreno sin seynal.

Garcia Miguel d'Ororivia, un rocin chico castaynno frontino.

Johan de Guenara, un rocin chico rucio petoso.

Lope Garcia d'Arrbiçu, un rocin alazan, balçan de los dos pies.

Ochoa Meriz de Cia, un rocin castaynno frontino.

Miguel Garcia d'Arrbiçu, un rocin blanco, la crina cardena.

Pe Yvaynes d'Uart, un rocin rucio, pomelado, balçan del un pie.

Martin Miguel de Beruet, un rocin chico castayno escuro, balçan de los dos pies.

Miguel Yvaynes d'Arançeaga, un palafrey castayno escuro.

Ocho Yvaynes d'Uart, un rocin ruan claro frontino, de los dos pies balçan.

Martin Yvaynes d'Arrbiçu, un rocin rucio pomelado blanco.

Martin Gonçalviz d'Oynati, un rocin gris, balçan de los dos pies.

Diago Yvaynes de Çia, un rocin ruan cabeça de moro.

Pero Xemeniz d'Ugarra, un rocin chico rucio.

Estos son los nombres de los hombres de pie que son en la compaynia del thesorero. (64 *noms.*)

Estos son los que an fecho alardo con Johan Remiriz d'Assiayn, escudero :

Primo, el dicho Johan Remiriz sobre un rocin castaynno.

Martin Periz d'Imarcoayn, sobre un rocin alazan.

(4 *arbalétriers*, 22 lanceros[1].)

1, Ces « lanceros » devaient être des pavaisiers qui avaient pour arme offensive une lance de jet, javelot ou archegaie. Le javelot était en grand honneur dans les troupes espagnoles: « Du surplus, disait Henri de Traustamarre au maréchal d'Audrehem, j'ai bien soixante mille hommes de communautés à lances et à archegaies, à dard et à pavais, qui feront un grand fait. » (Froissart, édition Buchon, t. I, p. 531, col. 1.

Estos son los que an fecho alardo con Garcia Meriz de Arrbiçu.

(4 *arbalétriers*, 17 *lanciers*.)

Estos son los que an fecho con Miguel Yvaynes d'Urquiola.

(6 *arbalétriers*, 19 *lanciers*.)

Estos son los que an fecho alardo en la companyia de Centol de Murua, de Johan Garcia, su hermano, et de Lope Ochoa, su sobrino.

(5 *arbalétriers*, 13 *lanciers*.)

Estos son los que an fecho alardo con Garcia Periz d'Acx, seynnor de Narrbart.

(5 *arbalétriers*, 21 *lanciers*.)

Estos son los que an fecho alardo con Johan Meriz de Meguera, escudero, alcait del castieillo de Acaun.

(2 *arbalétriers*, 11 *lanciers*.)

XC

Orthez, 25 mai 1364

Menaut de Villières, surnommé « Espiute *» ou «* Espiote *», reconnaît par acte notarié avoir reçu du roi de Navarre deux mille florins d'or fin, «* per anar en la onor et servici deldit mossenhor lo Rey en la terre de Vergonhe, segont las convenences que dixs que son feites entre lodit mossenhor lo Rey et luy medix Espiute[1] ».

(Tiroir 18, n° 133. Parchemin; pas de sceau.)

Voyez à ce sujet M. Francisque Michel, *Guerre de Navarre*, notes, p. 367, et sur les pavaisiers en général, Quicherat, *Histoire du costume en France*, p. 240.)

1. La guerre avec la France s'était rallumée à propos de la succession de Bourgogne, après la mort de Philippe de Navarre, survenue le 29 août 1363. (Voyez Siméon Luce, *Hist. de du Guesclin*, pp. 409-410.) Charles le Mauvais circonvint les principaux seigneurs de la Gascogne et les chefs de compagnies: « Le sire d'Alebret, le sire de Lesparre et de Muciden, et plusieurs autres de l'obéissance du Roy d'Angleterre, ont dit et escript au Roy, que le Roy de Navarre lez avoit requis et fait requerre de estre avec li contre le Roy nostre S. et son Royaume, et pour ce leur fist grans offres de terres et de deniers. » — « Depuis ledit

XCI

26 mai 1364

*Espiote, au nom Jean de Hanesorgues, et « Hélies Machin, dit
Petit Machin[1], » prêtent serment d'hommage lige pour une
rente de deux cents livres carlins, réservant la ligece du comte
de Foix.*

(Tiroir 18, n°s 49, 50. Parchemins; sceaux sur simple queue.)

XCII

Pampelune, 7 juin 1364

*Charte d'hommage lige d'Eustache d'Aubichicourt à Charles le
Mauvais, qui lui a confié la garde de Carentan.*

(Tiroir 18, n° 54. Parchemin; le sceau, sur simple queue, a disparu.)

Sachent touz que nous, Eusthace d'Aubichicourt[2], que
comme très noble et puissant prince monseigneur le roy de

temps continuellement le Roy de Navarre a soustenu et donné faveur
et ayde à Hanesoignes et Barradaco, à Espiot, à Bertenquin, à Petit
Meschin ennemis du Roy et du Royaume, et Capitaines des Compaignes
faisant guerre notoirement ou Royaume de France. » (*Instructions* au
duc d'Anjou, § 11 et 21. Secousse, *op. cit.*, t. II, pp. 203 et 206.) On
voit que les accusations formulées par Charles V dans ces *Instructions*
étaient parfaitement fondées.

1. Vaissete l'appelle Perrin de Savoye, dit le Petit Mesquin; il était
à Brignais; il se loua plus tard au service de la France et conspira à
Toulouse contre le duc d'Anjou, qui le fit juger et noyer en mai 1369.
(*Hist. du Languedoc*, t. IV, p. 340.)

2. Eustache d'Auberchicourt ou d'Aubichicourt (nous n'avons trouvé
que ce dernier nom) servit longtemps la Navarre; dès 1358, il prenait
le titre de lieutenant de Charles le Mauvais (Luce, *Hist. de du Guesclin*,
p. 292); il épousa la nièce de la reine d'Angleterre, la comtesse de Kent,
« qui avait enamouré monseigneur Eustache pour les grands bachele-
ries et appertises d'armes qu'il faisoit ». Cet aventurier devint un grand
seigneur, et c'est pitié vraiment de trouver dans les documents de
l'époque la mention d'impôts nombreux que les populations, déjà ruinées
et épuisées, devaient payer dans le but de rémunérer les services de ce
fastueux brigand. (Voy. les *Comptes* de Climence, à la table, *verbo*
Aubichicourt.)

Navarre nous ait donné certaine rente et bienfait, nous, considéranz la bonne volenté et amour que ledit seigneur a a nous et a nostre service, sommez devenuz homme lige dudit seigneur et li avons fait foy et hommage et li avons promis et promettons par nostre foy et serment que bien et loyalment le servirons en paix et en guerre envers touz et contre touz, excepté le roy d'Engleterre et ses enffanz, et espécialement ès guerres qu'il a a présent ou royaume de France, et li garderons a nostre povoir son honour, ses villes, chasteaulx et forteresses, ses terres et subgez et destourberons a nostre povoir son deshonour et domage ; et par espécial li promettons que le chastel et ville de Karenten, desquels il nous a baillés la garde, de nous li garderons bien et loialment et touz autres que nous tendrions des siens ou noz genz les li rendrons et délivrerons a li ou a autres ayanz cause de lui touteffois que requis en serons, senz contredit ne excusation aucune, soit pour deffaut de paiement de guiges ou autrement ou pour quelconque autre cause que se soit. Et einssi li avons nous promis et promettons par nostre foy et serment en bonne foy et senz nul engin. En tesmoingn de ce, nous avons fait mettre nostre signet a ces présentes. Donné a Pampelune, le VII⁰ jour de juign, l'an de grace mil CCC LX et quatre.

XCIII

Pampelune, 28 juillet 1364

Louis de Navarre promet de rendre à son frère les terres de France qui lui sont confiées en qualité de lieutenant général.

(Tiroir 18, n⁰ 74. Parchemin ; double queue. — Analysé dans Yanguas, *Dicc.*, art. *Luis*, t. II, p. 116.)

Nous, Loys de Navarre, conte de Beaumont le Roger, faisons savoir a touz que comme nostre très chier seigneur et frère le roy de Navarre nous ait ordené et commis son lieutenant et capitaine général ès terres qu'il a ou royaume de France, nous de nostre dit seigneur et frère avons prins la lieutenance et gouvernement de ses dites terres et avons juré et promis et par ces présentes jurons et promettons en bonne foy que oudit office et ou gouvernement des terres, villes,

chasteaux et forteresses qu'il a oudit royaume de France nous
nous porterons bien et loialment, et par espécial lui avons
promis et juré sur sains évangiles, promettons et jurons par
ces présentes que la persone de nostre très chier neveu messire Charles de Navarre, son ainsné filz, sa vie, son honeur et
son estat garderons de nostre loyal povoir et y ferons le
mieulx que nous pourrons a l'oneur et proffit de li, de nous
et de ses subgez ; et lesdites terres, villes, chasteaux et forteresses rendrons et délivrerons a plain a nostre dit seigneur
et frère ou a ses hers procréés de son corps touteffoiz et
quanteffoiz qu'il nous sera commandé ou requis de par eulx
ou de par ceulx qui par l'ordenance de nostre dit seigneur
et frère, ou autrement deument ou cas qu'il n'en seroit ordené
par lui, auroient le gouvernement de ses diz héritiers, sanz
ce que pour occasion d'aucunes mises, reffections, réparations, deffaut de paiement, despences, debtes, courrous ou
descors ne demandes quelconques, soit a cause de partage de
terre ou autrement, que nous ne noz genz ou aucuns commis
ou députés de par nous pourrions faire a nostre dit seigneur
et frère, ne pour quelconque occasion, nous, noz dites gens
ou commis puissions ne doyons empescher, délayer, ne souffrir estre empeschée ne délayée ladite rendue et délivrance
pour quelconque cause, indicion, amonicion ou conseil que
ce soit ; ains les rendrons et ferons rendre et délivrer plainement, royalment et de fait sanz dillacion ne excusacion aucune
et a ceulx que nous mettrons ès dites forteresses et a chascun
d'eulx nous ferons faire semblable serment et obligacion et
nous sommez chargez de leur faire rendre lesdites forteresses.
En tesmoing de ce, nous avons fait seeler ces lettres de
nostre seel. Donné a Pampelune, le XXVIIIe jour de juillet,
l'an de grace mil CCC soixante et quatre[1].

(Sur le repli, de la main même de l'infant) : Loys de Navarre, fermement.

---

1. Au moment de retourner en Navarre, le 15 octobre 1361, Charles
le Mauvais avait créé lieutenant général pour ses terres de France et
de Normandie son frère Philippe ; ce prince mourut à Vernon le
29 août 1363. Il ne fut remplacé qu'après Cocherel, et le premier acte
connu de l'administration de Louis de Navarre en Normandie date
du 21 octobre 1364. (Voy. S. Luce, édition de Froissart, t. VI, p. LXXVI,
note 1.)

XCIV

Juin-juillet 1364

Liasse de quittances pour sommes déboursées par Charles le Mauvais dans le but de réparer le désastre de Cocherel.

Le 28 juin, Jean Remirez d'Assiayn[1] et Sanche Garcias de Goyni reçoivent à Pampelune chacun cent florins d'or pour l'armement de vingt hommes qu'ils s'engagent à mener par mer en Normandie.

Le 7 juillet, Garcias Perez d'Ax, seigneur de Narvart, et ses trente routiers sont payés soixante-quatre florins. Le 8, toujours à Pampelune, Rodrigue d'Uriz, qui s'intitule « capitan por el seynnor Rey ordenado para en su tierra de Normandia *», touche les gages de quarante combattants à cheval et de cent cinquante à pied, à raison de quatre florins par cavalier et deux florins par fantassin : il doit avec cette somme les conduire à Bayonne.*

Le lendemain on lui donne encore deux cents florins pour l'équipement de quarante hommes d'armes.

Le même jour, 9, Jean Remirez d'Assiayn, qui n'a pas encore quitté la capitale de la Navarre, donne quittance de ses gages, quatre florins, et de ceux de ses trente compagnons, tous à pied, deux florins; Sanche Garcias de Goyni reçoit la même solde pour lui, quatre florins, et pour ses vingt fantassins, deux florins : ce sont leurs frais de route pour se porter à Bayonne; même paye à Jean Garcias de Murua, écuyer, pour lui et ses quinze compagnons, à Centol de Murua, son frère, pour vingt-cinq, et Lope Ochoa, pour douze; enfin, à Pierre Lopez d'Urquiola on donne vingt-huit florins d'or, pour les gages « de diez dias de quatorze compayneros que yo lievo en servicio del seynor Rey por mar a Normandia... de Pamplona ata Bayona, do avemos a entrar en las naves *».*

En même temps on affrète des transports à Bayonne; Roger le Veel donne reçu, le 9 juillet, de quatre-vingt-trois florins et douze deniers pour le fret « de la barge de Cheresbour *».*

Le 16, les bandes sont concentrées, au moins en partie, à leur port

---

1. C'est probablement le Jehan Remiris à qui Charles le Mauvais fit donner en mai 1368 « un tonnel de vin blanc d'Espaigne ». (*Compte* de Climence, p. 202.)

*d'embarquement : ce jour-là, en effet, on paye Michel Lopez
de Murua pour dix fantassins à pied, à raison de quatre florins
par homme, Jean Remirez d'Assiayn pour trente-quatre,
Sançol d'Urquiola pour dix, Lope Ochoa de Murua pour quatorze, Rodrigue d'Uriz pour cent soixante et quarante cavaliers.*

*Le 18, Charles délivre à Rodrigue d'Uriz, « por su persona » un
mandat de cent florins daté de la Bastide, payable à volonté; le
jour même Rodrigue donne quittance de cette somme à Bayonne.*

*Le lendemain 19, encore une distribution de fonds : aux deux
frères Centol et Jean Garcias de Murua, les frais d'entrée en
campagne de leurs vingt-cinq fantassins, à cinq florins par
homme; de même à Lope Ochoa de Murua et à Michel Lopez,
son oncle, pour quinze fantassins, à Pierre Lopez d'Urquiola
vingt-quatre, à Garcias Perez d'Ax, seigneur de Narvar, pour
quarante-quatre, à Rodrigue d'Uriz[1] pour sa troupe, dont
l'effectif n'a pas changé depuis le 16.*

*Le 20, reçu de dix florins pour les « cotez hardiez es marinaux de
la barge de Cheresbor ».*

*Le 27, quittances de Pierre Lopez d'Urquiola, de Sanche Garcias
de Goyni, Lope Ochoa de Murua, Garcias Perez d'Ax et, le
31 juillet, de Sançol d'Urquiola, toujours pour les frais d'entrée
en campagne de leurs hommes. Enfin, Halyot, maure de Tudèle
et arbalétrier, touche à Bayonne sa solde et celle de cinq
maures, ses compatriotes, qui se rendent avec lui en Normandie
au service du Roi[2].*

(Tiroir 18, n° 132. — Mentionné dans Yanguas, *Dicc.*, art. *Reyes*,
t. III, p. 106.)

XCV

Pampelune, 22 juillet 1364

*Décharge donnée au trésorier des sommes payées à frère Jean de
San-Julian, procureur de l'ordre de Saint-Jean en Navarre,
pour les frais de sa mission en Bourgogne.*

(Tiroir 18, n° 68.)

1. Le 13 septembre il délivra, à Sangüesa, une quittance pour la
solde de ses gens d'armes.

2. En somme, il est fait mention dans ces quittances de trois cent
soixante-dix combattants environ; c'est l'effectif des renforts qui furent
envoyés de Navarre en Normandie pour réparer les pertes de Cocherel.

XCVI

Pampelune, 24 juillet 1364

*Hommage de Bernin de Lobes, écuyer, au nom d'Amoret de Buch,
pour une rente de deux cents livres de carlins noirs*[1].

(Vidimus d'un notaire de la cour. du 25 juillet 1364. Tiroir 18, n° 70.
Parchemin; la double queue et le sceau ont disparu.)

XCVII

Pampelune, 20 août 1364

*Lettre de Charles le Mauvais aux gens de ses comptes mention-
nant des sommes importantes reçues par Menaut de Villiers,
dit Espiote (deux mille florins), Biscaye, son procureur (mille
florins), Martin Ximenez de Beortegui (la somme est effacée),
Bernin, procureur de Moret de Buch (onze cents florins en
deux fois), Antoine de Puymirol, procureur d'Elie Machin
(seize cents florins en trois fois),* « por ciertas composiciones que
entre nos et eillos son a causa del homage lige ».

(Tiroir 18, n° 83. Papier; sceau au revers.)

XCVIII

Pampelune, 21 août 1364

*Décharge des sommes payées au courrier qui a porté la nouvelle
de la mort du bailli de Cotentin et du capitaine de Mortain.*

(Tiroir 18, n° 85. Papier; sceau au revers.)

Karlos, por la gracia de Dios rey de Navarra, conte
d'Evreus, a nuestros amados et ficlles los hoydores de nuestros comptos, salut. Nos vos mandamos que al honrado et
nuestro amado fiel thesorero don Garcia Miguel Delcart,

---

1. Reçu du même pour une annuité de cette rente, à Larraga, le
15 octobre 1364. (Même numéro. Papier; au revers, petit sceau recouvert de papier.)

recibades en compto et dedugades de su recepta.cinquanta et quoarto sueldos de carlines prietos, los quoales eyll ha dado et pagado a Guillemin el Breton pora expenssas del retorno de su viage que ha fecho enta Normandia, el quoal nos traysso las nuevas de la muert del baylle de Constantin, de Michel de Larramendi, capitan de nuestra vylla de Mortayn, et de otras cosas secretas de part d'aylla. Datum en Pomplona, XXI° dia de agosto, l'ayno de gracia mil CCC⁰ˢ LX et quoarto.

Por el seynor Rey, a relacion de maestre Symon d'Escorça,
J. de Leoz.

XCIX

1364

Extrait du compte du receveur de la châtellenie de Saint-Jean pour l'année 1364.

(Tiroir 19, n° 2. Cahier in-folio, parchemin, 12 feuillets.)

Anno Domini millesimo CCC° LXIIII°.

Conto de Pes de Labis, recebidor por el seynor Rey de la castelania de Sant-Johan de la tierra de Cisa.

Recebio dineros morlanes de las rientas de la tierra:

Del cermenage del burgo mayor de la villa de Sant-Johan, pagadero por Pascoa de Coaresma, LXIIII s., VI d.; defficit, III s., III d.; porque el seynor Rey le dio de dono a Girart, sergent d'armas del seynor Rey, et a sus herederos pora in perpetuum el cermenage[1] de sus casas..

Del cermenage del barrio de Sant-Miguel, LII s., II d.

Del cermenage del barrio de Sant-Pedro, LXIIII s., I d.

De la vinna pollada del rey, XII s., X d.

De la vinna pollada de cabo, XIX s., I d.

De una casa pollada en el berger de Arnalt Verguyn, V s.

De la baillia de Sant-Johan con la lezta de carniceria et con las calonias de seys s. et di ajuso, los quoales ha recebido Garcia Arnalt de Larramendi et no ha rendido conto et por esto cargada segunt valieron en los aynnos precedentes, por este ayno VIII l. morl.

Del cens del puy del Castieillo con otros menudos censses

---

1. *Cermenage*, c'était un droit perçu pour la réparation des remparts. (Yanguas, *Dicc.*, art. *Pecha*, t. II, pp. 612-614).

por la villa, LIX s. II d. ob. ; defficit dos s. IX. d. ob., porque el seynnor Rey dio de dono a Girart, sergent d'armas del seynnor Rey, et a sus herederos pora in perpetuum del cens de las heredades que ha en el dicho puyo.

Summa parcium : XXII., XVI s., X d. ob. morl.

De çens, tributo a perpetuo de tierras dadas por maestre Johan de Leoz, commissario a dar tierras por la scynoria en las partidas d'Ayllent-Puertos, es assaber a los qui son lavra-dores a cens perpetuo et los qui son fidalgos a tributo perpetuo, en la parropia d'Uhart et du Gange cerca la villa de Sant-Johan.

. . . .

Suma parcium, XVII d. morl.

En el puyo de Tirapu, cerca Sant-Johan.

Summa parcium : LXIIII s., VI d. carlines blancos, que valen a morlans LIII s., IX d.

En Belbeder cabo Sant-Johan.

Summa parcium : XIIII s. carlines blancos, que valen a morlanes XI s., VIII d.

En Cihamendi cabo Sant-Johan con el berger.

Summa parcium : nichil.

En Arberoa.
En el termino de Villanueva.

Summa parcium : XXII s., X d. ob. carlines blancos, que valen a morlanes XVIII s., V d.

En Deçalgui.

Summa parcium : V s., II d. ob. carlines blancos, que valen a morlanes IIII s., IIII d.

En el termino de Jatssu.

Summa parciam : nichil.

En el termino de Suescun.

Summa parcium : XV s., V. d. carlines blancos, que valen a morlanes XII s., X. d.

En el termino clamado Ahadoe, cerca Sant-Miquel el viejo.

Summa parcium : V s. carlines blancos, que valen a morlanes IIII s., II d.

. En el mont d'Echarriberro.

> Summa parcium: II s., VI d. carlines blancos, que
> valen a morlanes II s., I d.

En Mendicorroz.

> Summa parcium: XV d. carlines blancos, que valen
> a morlanes XII d. ob., etc.

De salmones :
De los de la dicha tierra de Sola que deven al seynnor Rey
de dos aynos una vez IIII salmones a pagar al dia et yermo
sobredichos, por este ayno, nichil, que en el ayno venidero
deven pagar.

> Summa de toda la recepta de dineros morlanes de la
> dicha castellania : LXX VII l., XI s., XI d., que
> valen a carlines blancos IIII^{xx} XIII l., V s., etc.

*Le compte mentionne des recettes en nature : orge, froment,
avoine, etc.*

C

Pampelune, 27 janvier 1365

*Vente par le Domaine royal au conseil de Laguardia d'une terre
sise dans cette localité,* « por grand nescesitat que a present
avemos por la guerre que es entre nos et el rey de Francia, el
quoal malament et sin sospecha nos a enpeçado fazer guerra. »

(Tiroir 18, n° 5. Vidimé par Jean Perez, écrivain public et juré du
couseil de Laguardia. Parchemin; pas de sceau.)

CI

26 février 1365 (?)

Traité entre Charles le Mauvais et le sire d'Albret.

(Tiroir 25, n° 56.)

Tractado fecho entre el rey de Navarra et entre el seynor
de Labrit.
Karlos, por la gracia de Dios rey de Navarra, conte de
Evros, et nos Arnald Amanieu, seynor [de Labrit] et vizcomte

de Tartas[1], fazemos saber a quoantos las presentes letras
veran et oyran que como nos por buena..... goardada entre
nos ayamos fecho ciertos tratados, alliganças, amistades et
confederacions de las quales..... el tenor.

Aquest es lo tractat enter lo seynor rey de Navarre et lo
seynnor de Labrit.

Primerement, [el sey]nor rey de Navarre deu redder audit
seynnor de Labrit et restituir la terre de Mixe ab totes [sos
apar]tiences, fortalezes et seynnories en et sobre la forme que
los ancestes deu dit seynor de Labrit, vescompte de Tartas,
l'an als temps passatz tegude et possedide deu dit seynnor rey
de Navarre et de sos ancestes. Et lo dit seynnor de Labrit,
cum et per nom de bezcompte de Tartas, l'en deu far al dit
seynnor Rey homenage et dever atals cum sos ancestes han
acostumat de far als temps passatz, al dit seynnor Rey e a sos
ancestes. Item, que lo dit seynnor de Labrit servira be et
leyalment al dit seynnor rey de Navarre et l'ajudera en sa
guerre present et abiedere contra lo rey de France et sos
successors et contre totz los autres del hostau de France et
los valedors ab tot quant que poyra, et fera et fera (sic) far
guerra en sa persona en la millor forme et maneyre que poyra
contre lo rey de France et contre toz los autres del hostau de
France, exceptat lo duc de Berri, dou qual es compaynon ;
car contre aquet acavalgant sa terre ni dampnejan sas gentz ;
et au cas que lo duc cavalgasse sobre la terre deu dit rey de
Navarre et contre sas gentz, lo dit seynnor de Labrit ajudera
a defener la terre deu dit seynnor Rey et sas gentz. Item, lo
dit seynnor rey de Navarre ha prometut et promet a bone fe
que si lo dit rey de France o sus successors o autre del hostau
de France fasen guerre o fasen far per arreson d'aqueste

---

1. Le sire d'Albret s'était tourné du côté des Français ; il avait
assisté, nous dit Froissart, au couronnement de Charles V. Dom Vaissete prétend qu' « il était encore le 13 d'avril de cette année (1365)
prisonnier du comte de Foix », qui l'avait capturé à la bataille de
Launac, c'est-à-dire près de deux ans et demi avant. (Hist. de Languedoc, t. IV, p. 328.) Le sire d'Albret était un des plus puissants barons
de la France ; c'est lui qui répondit un jour au prince de Galles, comme
celui-ci lui demandait combien de combattants il pourrait fournir :
« Monseigneur, si je voulois prier tous mes amis, c'est à entendre mes
« féaux, j'en aurois bien mille lances et toute ma terre gardée par mon
« chef. » — « Sire de Labreth, c'est belle chose », répondit le prince.
(Froissart, édition Buchon, t. I, p. 515, col. 2.) On comprend que Charles
le Mauvais recherchât l'alliance d'un tel baron.

guerre contre lo dit seynnor de Labrit, que lo dit seynnor rey de Navarre fera guerre et fera far per totes les maneyres que poyra leyalment contre lo rey de France et totz los autres deu dit hostal de France qui contre lo dit seynnor de Labrit ne seran et l'ajudera a tot son leyal poder. Item, que lo dit seynnor rey de Navarre no fera patz ni triube ab lo rey de France ni ab autre per luys schetz que lo dit seynor de Labrit no sie nomiat et compres en la dite paz et triube. Si assi medis lo dit seynnor de Labrit no fera ningun acord ab lo dit rey de France ni ab autre per luys schetz mandement dou dit rey de Navarre o de su voluntat. Item, lo dit seynnor de Labrit deu procurar a son poder que sos frays, lo que sieu fore de prison, vieran al servici deu dit seynnor Rey et a sa guerre. Et si lo dit seynnor de Labrit et sos frays o un de lor eren pres, se que Dius no vuille, en le dite guerre, lo dit seynnor rey de Navarre ha prometut que no fera patz ni triube passante lo terme de..... tant de temps cum los seynnores s'acorderen si non que per la dite paz et triube lo dit seynnor de Labrit.....s et delivres de preson. Item, que lo dit seynor rey de Navarre donera al seynor de Muxidan, a..... et als autres als quals lo seynor de Labrit es obligat de donar rendes entro la su[ma]..... per la manera que lo dit seynor de Labrit les ha prometudes; et lo dit seynnor Rey lor assignera..... tant que lo dit seynnor de Muxidan, mosseynnhor Seguin et los autres ne servin al dit seynnor Rey..... sas guerres, e 'n serau ses homes liges et l'ajudera contre totes persones, exceptat..... fillos et lo prince d'Aquitaine et lo dit seynor de Labrit deu quoal son compayneros. Item, es esta[blit]..... rey de Navarre deu baillar et livrar al dit seynor de Labrit o a son man per la finance..... sixanta mili florens d'Aragon, de bon aur et de bon pes, deus quals ne deu pagar lo..... seynor de Labrit de qui al jorn de la Purificacion de Nuestre-Done de fevrer, en la bastide de Cla[rence]..... et de qui en fore conduyre entro la seynnorie de ciutat de Bayone . . . .

. . . .

Item que las bieles, castetz et fortalezes qui serau pres por lo dit seynnor de Labrit et sas compaynnes en la dite guerre del rey de Navarre, que los tengue per lo dit Rey en fasen per luys guerre, patz et triube, et le garden; et sons saubs conduytz et de sons oficiers qui auran poder de luys tenguin et observin. Et si lo rey de France o algun seynnor rey lo pusque coubar pague resonable darredepson. Et todes aquestes causes et sengles desus dites lo dit seynnor Rey et lo dit seynnor de Labrit han promezes et jurades souz lors fees et sobre lo cors propi de Jesu-Christ Nuestro Seynnor tenir, complir et observar en la maneyre desus dite a lor leyal poder. Et plus, lo dit seynnor de Labrit s'es obligat et obligue de redder et restituir l'argent que recebut aura et los juyeus en cas en que non fesse las causes per la maneyre desus dite et tenir hostages en lo regne de Navarre ons lo seynnor Rey ordenara schetz partir autant entro que l' seynnor Rey sie pagat. Et si lo dit seynnor de Labrit no ere, so que Dius no don, que son fray hereter y fosse tengut. Item, que totes aquestes causes sien compreheses en dues letres de une tenor, sagerade la une qui demorera envert lo seynnor de Labrit del saget del dit seynnor rey de Navarre, et la que damorera envert lo dit seynnor Rey sagerade ab lo saget deu dit seynnor de Labrit, etc. [1].

1. J'ai omis la transcription des clauses relatives au paiement des trente mille florins d'or : la moitié devait être garantie par la remise de bijoux et le reste était promis pour le 22 juillet ou au plus tard pour le 1er novembre; les lignes où sont formulées ces conventions sont à peu près inintelligibles. A la fin se trouvent l'approbation de l'acte par les parties contractantes, la description des joyaux (en français), et quelques dispositions sans intérêt. La date est la suivante: « Fecho fue esto en la ciudat de Pomplona, XXVI° dia del mes de febrero, anno Domini M° CCC° LX° quarto. » Que ce soit la date de la transcription, peut-être même de la rédaction de l'instrument, c'est possible; mais ce ne doit pas être celle du traité. En effet, le premier paiement devant avoir lieu avant le 2 février et le dernier devant être effectué « de qui a *primere* feste de la Magdalena », ou tout au moins « a la *primere* feste de Todz Sanz *primera vient* », il est impossible de concilier ces dispositions, si l'on ne place pas la date du traité entre la Toussaint de 1364 et la Purification de 1365. Yanguas a daté sans hésiter du 26 février 1365. (*Dicc.*, art. *Reyes*, t. III, pp. 106-108.) Cet auteur a commis une erreur plus grave en assimilant « Seguin » dont il est question au cours du traité et Seguin de Badefol, alors qu'il s'agit évidemment de Seguin de Monthaut, qui appartenait à la famille de Mussidau et dont il est de nouveau question plus bas. Quoi qu'il en soit de la date du document, l'authenticité en est inattaquable : les conventions qu'il renferme furent exécutées dans le courant de l'année ; le 14 mars, le Roi donne décharge à son trésorier de trente mille florins payés au sire d'Albret. (Tiroir 25, n° 51.) On verra, à la date du 22 septembre, la preuve d'un nouveau versement. Enfin les hommages dont l'analyse suit font expressément mention du traité. Dom Vaissete (*Hist. du Languedoc*, t. IV, p. 328) prétend que, le 28 février, le sire d'Albret fut établi par Charles capitaine général pour faire la guerre en France; je n'ai pas trouvé trace de cette nomination.

CII

Pampelune, 28 mars 1365

*Privilèges accordés à la Bastide-Clairence, qui se dépeuplait à
cause des impôts.*

(Tiroir 20, n° 34. Vidimus délivré par un notaire dont le nom a disparu ;
l'écriture est du xiv° siècle. — Analysé dans Yanguas. *Dicc.*, art.
Labastida de Clarenza, t. II, p 154.)

Karlos, por la gracia de Dios rey de Navarra, conte de
Evreus, a todos quoantos las presentes letras veran et oyran,
salut. Como en la nuestra villa de La Bastida de Clarença
sean devidos a nos et a nuestros successores a perpetuo por
las gentes de la dicha villa segunt la fondacion de lur privi-
legio por los fius de las plaças, cassalocz, fornatges devidos
por la fiesta de Todos-Santos, assaber es por cada una plaça
seys dineros et por cada un cassaloc dos dineros et por fornatge, cada un habitant, seys dineros carlines, los quoales
fius podian valer a nos de renta en cada un ayno ocho libras
en los tiempos passados et a present, porque la dicha villa
est desspoblada et mermada de gentes, valen XL sueldos o
environ, segunt somos sertificado por relacion de nuestro
thessorero et por los contos de nuestra tessoreria ; nos, [que]
avemos grant deseo et voluntat que la dicha nuestra villa sea
bien poblada e multiplicada de gentes, queriendo augmentar
e sostener et de bonos privilegios et franquessas ennoblescer,
afin que los que agora y son ayan maor volontat de multi-
plicar el dicho logar et a nos servir, et otros ayan maor afec-
cion de venir poblar al dicho logar, a la humil suplicacion
de los veziuos et habitantes del dicho logar qui a present son,
ovido consseyllo et deliberacion sobre esto, de nuestra gracia
special, auctoritat real et de nuestra serta sciencia avemos
quitado et enfranquido, quitamos et enfranquimos por las presentes a perpetuo todos los fius a nos devidos por causa de
las dichas plaças, cassalocs et fornatges et queremos que los
dichos de la Bastida et lures herederos..... hend sean quitos
a perpetuo[1] . . . .

1. Le reste de l'acte est en grande partie effacé : le Roi concède aux

Dada en Pamplona, XXVIII° dia de março, anno Domini M° CCC° LX° quinto.

CIII

Pampelune, mars 1365

Raymond de Monthaut, seigneur de Mussidan, ayant reçu une rente de quinze cents livres, fait hommage au roi de Navarre pour toutes ses terres, lui promettant de le servir contre tous, spécialement contre le roi de France, mais non contre le roi d'Angleterre, ses fils, ni le seigneur d'Albret.

(Tiroir 18, n° 27. Cartulaire II, pp. 105-106. — Analysé dans Yanguas, *Dicc.*, art. *Muxidan*, t. II, p. 445.)

CIV

Pampelune, mars 1365

Seguin de Monthaut[1], « autrement dit de Mussidan, chevalier, » *fait également hommage pour une rente de cinq cents livres*[2].

(Tiroir 18, n° 27.)

CV

8 septembre 1365

Prise de possession de la terre d'Ostabarets par le sire d'Albret.

(Tiroir 25, n° 59. Papier.)

A la Real Magestat.

Lo vostre humill subdit et servidor Bernart Sanz de

habitants de La Bastide le droit d'exporter leurs vins et leurs *pommades* en franchise.

1. Un Seguin de Monthaut reçut en 1353 une lettre de grâce d'Edouard III, au sujet de la mort de Guillaume-Raymond de Médaillan. (*Lettres des rois, reines*, etc., dans la collection des Documents inédits, t. II, p. 104.)

2. Pendant que Charles le Mauvais traitait de la sorte avec les barons gascons, ses gens signaient la paix avec la France. Mais il était dit

Lahuche, notari, me recommandii en la bostre bone gracie et merce. Plazie vos saber que a mi si es vincut per part de bos seynhoria et de bostre haut conseilh l'ondrat et savi Pere de Bilaba, procurador patrimonial, mandar que yo lo doni ausguns instruments que son en poder de mi, los quoaus son estatz retengutz per man de meste Johan de Sosauta, notari deffunt, los quoaus se conthienen per la segont forme de mot a mot segont que son estatz retengutz per lo dit meste Johan :

Notum sit que lo diluns, VIII dies de setembre, ano Domini M° CCC° LXV°, constituyt personaument Io mot noble et poderos seynhor mosseu Amaniu, seynor de Labrit, vezconte de Tartas et seyhor de las terres de Micxe et d'Ostabares, thien cort au log de Sinitz, la hon es acostumat de thier cort de cavers, d'escudes, de lavrados et habitatz de la terre d'Ostabares, aqui medix demostrara et fe legir en plenera cort une letre deu mot illustre e ecxcelent seynhor et princep, nuestre seynhor lo rey de Navarre, escriuta en pargam et sayheade ab son gran sayet en cere blancque en pendent en empue de medix lo pargam, conthient la segont forma :

Chales (*sic*), por la gracie de Dius rey de Navarre et conte d'Evreus, a nostre amé et foal cabaler Michel Sanchitz d'Ursue, chastelan de nostre castel de Sent-Johan, sallut. Nous avons receu en nostre foy et homage nostre très chier et féal cosin, le sire de Labrit, vitzcomte de Tartas, des terres et seynhories de Micxe et d'Ostabares, come de son heretage que solient thenir sos prédécesseures, vezcontes de Tartas, des nostres, roys de Navarre. Si vos mandamos estroitement, enjongnous et conmentons, si mestier est, que desdites terres et seynhoies et de toutes lures appartanças vos metez ho faytes metre, ces lettres veues, nostre dit cosyn ou ses gentz pour lui en possession et sayzine, et l'en laichetz et faites joyr ple0nerament et y metre ses officious ceilz que bon lui semblera, en la manère que solient faire ses prédéçessures, hostetz tous autres détenteureus et officiers mis en ycelles par nostre très chier et amé cosin le capdal de Buch au quoau nos aviens doné lesdites terres, duquel nous savons la volunté

que durant ces années de tempête il n'y aurait pas au ciel une éclaircie de quelque durée, et les difficultés recommencèrent à propos des Compagnies.

sur ce, et tous les officiers et miens et establis es dites terres,
de par nostre cosin le capdal vous délivrez de totz seremens,
foys, obligations a lui pour ce faytz. Doné a Pamppelune
soubz nostre seyll le dairrein jorn de fébrier, l'an de grace
mil CCC LX IIII°. Por le Roy en su conseilh, E. Roug.

Bistes et entenudes las dites lettres deu seynor Rey, aqui
medix totz los gentyus, lavrados et communitat de la dite
terre d'Ostabares qui a la dite cort se ajustan par un recort
reçebon et autreyan per seynhor au dit mosseynhor de Labrit,
segunt per las dites lettres deu seynhor Rey es contengut; lo
quoau mosseynhor de Labrit aqui medix primiercment jura
com a seynhor subre los santz et vangelis (*sic*) et la crotz de
Jesu-Christ que et lor thiera en lors fors, us et costumes que
sons antesesors vezcomtes de Tartas los han mantegutz et
manten.

Suit le serment des nobles de la terre d'Ostabarets.

CVI

Pampelune, 22 septembre 1365

*Mandement aux gens des Comptes concernant les dépenses faites
par le trésorier en allant retirer des mains du sire d'Albret le
« grant cercle » de la Reine.*

(Tiroir 25, n° 60. Papier; sceau au revers.)

Karlos, por la gracia de Dios rey de Navarra, conte
d'Evreus, a nuestros bien amados et fieles los oydores de
nuestros comptos, salut. Como el honrrado et nuestro bien
amado thesorero don Garcia Miguel Delcart, de mandamento
nuestro aya seydo por Sant-Johan de Pie de Puerto a
Bayona por fazer el pagamento de siete mil florines d'oro al
seynnor de Labrit por quitar el grant cercle de la Reyna,
segunt el tractado entre nos et cill avido, et en el dicho viage
por levar mas segura la moneda ovies levado con si de mandamento nuestro de boca el logartenient del castelan de Sant-
Johan, Sancho Lopiz d'Uriz et Garcia Arnalt d'Ivarrola con
ciertas compaynnas de cavaillo et de pie, mandamos vos que
todas las messions por el dicho thesorero fechas sobre esto,
vistas las partidas de las dichas expensas, aqueillas li recibades en compto et dedugades de su recepta sin diffic[u]ltat

alguna por testimonio d'esta carta sieillada de nuestro sieillo et de las partidas sobredichas que del dicho thesorero recibredes sobre esto. Datum en Pomplona, XXII° dia de septiembre, anno Domini M° CCC° LX° quinto.

Por el Rey a vuestra relacion, J. de Leoz.

CVII

29 octobre 1365

Décharge donnée par le roi de Navarre à Pierre Bourgeois[1], son clerc, des six cents florins par lui remis, pour leur voyage, à l'évêque de Calahorra (Robert le Coq) et à Martin Enriquez.

(Tiroir 19, n° 5. Papier; sceau au revers.)

CVIII

Pampelune, 9 novembre 1365

Ordre à tous les chevaliers, écuyers et mesnaderos de se tenir préts à entrer en campagne.

(Cartulaire de Charles II, p. 74.)

Del part del Rey.

Don Gil Garcia d'Ianiz. Nos vos mandamos, et por causa, que luego, vistas las presentes, vos apareilledes con todos los hombres de cavayllo et de pie que aver podiertes et vos tengades priesto pora la ora que nos vos mandaremos, so la fielidat et naturaleza que a nos sodes tenido. Et en esto non fagades falta ninguna. Datum en Pomplona, IX° dia de noviembre, anno LX° quinto.

Semejables letras fueron fechas pora todos los ricoshombres, cavaylleros, escuderos et mesnaderos.

---

1. Le nom de ce clerc se trouve au bas de plusieurs actes, mais toujours incomplet; les *Comptes* de Climence l'appellent Bourgois ou Bourgoiz; ils nous le montrent chargé de plusieurs « messageries » en Normandie et préposé à la garde de la tour de l'église à Evreux. (*Op. cit.*, table, v° *Bourgois*.) Robert le Coq et Martin Enriquez étaient partis, le 12 septembre, vers le prince de Galles, en Gascogne, ainsi que le prouve leur compte de dépenses. (Même tiroir, même numéro.)

CIX

Pampelune, 10 novembre 1365

*Ordre de suspendre toute procédure contre l'abbé de Falces, qui
va en France accompagner la Reine.*

(Cartulaire de Charles II, p. 87.)

Karlos, etc. A nuestros bien amados et fieles tenient logar
de governador et alcaldes de nuestra cort et a todos los otros
alcaldes, justicias, bailes et quoalesquierc otros oficiales del
dicho nuestro [regno], salutem. Como el nuestro bien amado
et fiell conseillero Simon d'Escorsi[1], abbat de Falces, por
mandamiento nuestro vaya en Francia en compayna de nuestra cara et bien amada compaynna la reyna de Navarra, mandamos vos et a cada uno de vos que en pleitos algunos que el
dicho abbat aya empeçados o por empeçar ante vos o algunos
de vos, contra eill ni sus biens o fiadores non procidades, nin
sententia contra eill o contra sus fiadores dada pomgades nin
mandedes poner en execution ; ante los dichos pleitos, cada
uno d'eillos en l'estado que son, tengades en estado sin mas
procedir en eillos, ata que el dicho abbat con la dicha reyna
sea retornado et un mes enpues. Datum en Pomplona, X° dia
de noviembre, anno LX° quinto. Por el Rey,

Johan de Leoz.

CX

Pampelune, 11 novembre 1365

*Ordre aux bonnes villes d'envoyer leurs procureurs pour accorder
au Roi les impôts qui lui ont été déjà votés par le clergé et la
noblesse.*

(Cartulaire de Charles II, p. 74.)

De part del Rey.
Alcalde, jurados et conceillo de la nuestra villa de Lagoar-

---

1. Les *Comptes* de Climence font mention de ce voyage de « mestre
« Simon d'Escourcy, clerc et conseiller de Monseigneur, lors estant à

dia, fazemos vos saber que los prelados et fijosdalgo del nuestro regno, como buenos et fieles vasayllos, goardando nuestra nescessidat, nos han otorgado cierta cisa et ajuda pora cierto tiempo ; por que vos mandamos que luego, vistas las presentes, nos inbiedes vuestros procuradores acordar la dicha cisa et ajuda en la manera que los dichos fijosdalgo et prelados nos han otorgados. Et esto fazer luego sin otro alongamiento alguno, si nuestra honrra et provecho amades. Datum en Pamplona, XI° día de noviembre [1365].

Semejables letras fueron fechas pora todas las bonas villas.

CXI

15 novembre 1365

Ordre au châtelain de Saint-Jean de faire exécuter le testament de Pierrot, bâtard de Luxe, mort en France au service de la Navarre.

(Cartulaire de Charles II, pp 77-78.)

Karlos, etc. A nuestro bien amado el castelan de Sant-Johan, salut. El noble et nuestro bien amado cambarlenc, don Arnalt Lup, seynor de Luxa, suplicando nos ha dado a entender que Peyrot de Luxa[1], su fijo bort, estando en nuestro servicio en Francia, en el ayno mil CCC LX et tres, morio de su muert natural et fizo su testament bien granado montamiento de diez mil et cincientos francos d'oro et mas, et fezo sus cabeçaleros a Pierres de Lexaga, a Hurtungo de Sorapuru, a Pegenachea d'Aguerre, a Bernart d'Ochovi et a Johan de Ville, clamado Goch ; los quoales dize que, maguer recebieron todos los sus biens, montamiento de la dicha quantia et mucho mas, no han querido ni quieren compleçer

« Paris en la compaignie de Madame la Royne de Navarre ». (*Op. cit.*, p. 397.) Ailleurs ils parlent de « Simon d'Escourcy et plusieurs autres bourgoiz de Gavray » (p. 308). Moret prétend que Jeanne de France se rendait à Paris dans le but de rapprocher son frère et son mari.

1. Le bâtard de Luxe succéda à son compatriote Arnaud de Gramont à la fin de juin 1359 comme capitaine d'Aulnay-sur-Odon. D'Aulnay « il rançonne les paroisses voisines des sources de l'Odon. Il menace « Torigni et pousse parfois ses incursions jusqu'aux faubourgs de « Bayeux, de Saint-Lo, de Caen et de Vire ». (S. Luce, *Hist. de du Guesclin*, p. 383-4.)

el testament del dicho su fijo, eill oviendo los requeridos muchas et dobladas vezes; pidiendo nos merce que como las quantias de dineros et otros biens que eillos ò otros por eillos han recebido sea muyt grant et de cada dia ayan gastado et gasten sus biens et non sean abonados de tantos biens, que de remedio lo queramos proveer. Et nos, inclinado a su suplicacion, queriendo que el testament del dicho bort de Luxa, qui es muerto en nuestro servicio, sea complido et por malicia de los sobredichos non sea estorbada de complecer, vos mandamos que, luego vistas las presentes, pongades o fagades poner por inventario a nuestra mano todos et quoalesquiere biens muebles et heredades de los sobredichos por que sean conservados pora d'aqueill que drecho avra, et desi los constreyngades fuerment a render compto de lo que han tomado de los biens del dicho bort et que ministration han fecho d'eillos. Et puestos todos los sus biens a vuestra mano, si los dichos Pierres, Hurtungo, Pegenanchea, Bernart et Johan vos dieren bonos fiadores bien raygados de render los biens que se faillara por fin de compto que han tomado del dicho bort, les rendades aqueillos, fecha extimation d'eillos. Et la dicha fiaduria et el processo del dicho compto inbiat ante los de nuestro conseillo et nuestra cort por escripto, so vuestro sieyllo, asignando dias a las partes, afin que, visto el dicho processo et fiaduria et oydas partes, podamos fazer complimiento de drecho. Datum XV° dia de noviembre, anno LX° quinto.

Por los del conseillo, de vos, chancelero, don Martin Miguel, et don Martin Periz de Solchaga,

Johan d'Ochovi.

CXII

Pampelune, 20 novembre 1365

Ordre de recourir à des mesures de rigueur contre les clercs des diocèses de Dax et de Bayonne qui refusent de payer le subside voté par les Etats.

(Cartulaire de Charles II, p. 88.)

Karlos, etc. A nuestro bien amado castelan de Sant-Johan et Arnal Sanz de Liqueta, colector del susidio de los florines

que los clerigos de los obispados de Bayona et d'Acx nos
fazen de ajuda, salut. Como nos ante de agora por otras nuestras letras ayamos mandado a vos dicho Arnal Sanç que cos-
treyniesedes a los clerigos de los dichos obispados a dar et
pagar los florines del susidio por eillos devidos de los aynos
passados, vendiendo et spleytando de los bienes que han en
nuestra juridition ata montamiento de las sumas por eillos
devidas, et, segunt avemos entendido, eillos como rebeles et
desobedientes a nuestros mandamientos no ayan pagado las
dichas sumas de florines, nin vos aqueillas cugidas, de la
quoal cosa nos desplaze et nos tenemos por mal pagado
d'eillos; porque, vos mandamos que todas las amigas de los
clerigos que estan en nuestra jurisdition prengades, presas
las tengades, ata tanto que los dichos clerigos ayan pagado
los dichos florines por eillos devidos, et de que presas, si los
dichos clerigos quisieren dar buenos fiadores de pagar los
dichos florines ata cierto dia, las soltedes de la dicha prison.
En ultra, vos, dicho castellan, vedat et defendet de nuestras
partes que ninguno non faga venzindat con los dichos clerigos,
nin goarden sus ganados, nin los deysen paçer con eillos en
sus terminos, nin los deyssen cajar leyna, nin levar de nuestros montes, nin fazer cosa ninguna que a vezindat perteness-
can fazer, ata tanto que ayan pagado los dichos florines o
ayades otro mandamiento et aqueillos que pagaran su porcion
que lis acaesera non los costrengades en los dichos casos.
Datum en Pomplona, XX° dia de noviembre, anno LX° quinto.

 Por el conseyllo, vos present, Martin Periz de Solchaga,
           F. de Miranda.

CXIII

Pampelune, 21 novembre 1365

*Ordre à tous ceux qui tiennent du Roi « merce o bienfecho »
de se tenir prêts à entrer en campagne.*

(Cartulaire de Charles II, p. 88.)

Merino de la Ribera. Como nos ante de agora ayamos
mandado por nuestras letras a todos aqueillos qui tienen merce
o bienfecho de nos que so la fieilidat et naturaleza que a nos
son tenidos, se aparaeilassen con todos los de cavaillo et de
pie que aver podiessen, et se toviessen priestos aparaeil-

lados pora la ora que nos lis fariamos saber, nos, a present,
por causa, vos mandamos firmement que, vistas las presentes,
fagades pregonar publicament por todas las villas et logares
de la dicha merindat que todos aqueillos que han seydo mandado se tengan priestos et aparaeillados con todas las mas
compaynas de pie et de cavaillo que aver podran, en tal
manera que pora el XV° dia del mes de deziembre primero
venient sean todos priestos et aparaeillados, et eso mesmo
.que toda otra manera de gente se tengan aparaeillados para
el dicho dia por yr o p[a]rtir do por nos lis sera mandado, en
manera que falta no aya, so la fielida et naturaleza que a nos
son tenidos, et so pena de encorrer nuestra indignacion.
Datum en Pomplona, veyent et hun dia de noviembre, anno
Domini M° CCC° LX° quinto.

Semblantes letras fueron fechas a todos los merinos de las
montaynas, et al merino de Sanguesa, et al merino de terras
d'Esteilla et al castellan de Sant-Johan.

CXIV-CXV

21-22 novembre 1365

*Ordre d'arrêter toute procédure intéressant Richard de Benterlu,
écuyer, et Guillaume-Arnaud, chevalier, seigneur d'Irumberri,
. qui accompagnent la Reine dans son voyage.*

(Cartulaire de Charles II, pp. 87 et 89.)

CXVI

Pampelune, 26 novembre 1365

*Défense de forcer les laboureurs de la terre d'Ossès et autres à
faire le guet.*

(Cartulaire de Charles II, p. 98.)

Karlos, etc. A nuestro bien amado castelan de Sant-Johan,
salut. Nos avemos entendido que a los lavradores de la nuestra
tierra d'Osses et a otros, et por especial a los de dicha tierra,
costreynedes a inbiar por cada dia quoatro hombres pora
goardar et goaytar el castieillo de la dicha villa de Sant-Johan,

BRUTAILS. *Documents.*   8

o pagar por cillos ocho sueldos por dia ; de la quoal cosa
toviendo se por agreviados, nos ayan suplicado que los proveamos de devido remedio ; de que nos maraveyllamos mucho,
si asi es ; car no nos semeylla que a present sea nescessidat ni
causa, specialment que vos son dados ocho hombres mas a
gages ultra los de vuestra retenençia. Si vos mandamos que
cessedes de fazer tales agreviamentos si causa o nescessidat
no avedes de lo fazer, la quoal, si tal es, nos rescrivades luego,
afin que pueda ser proveyda segund pertenescra. Datum en
Pomplona, XXVI° dia de noviémbre, anno LX° quinto.

Por el seynor Rey, a vuestra relacion,

Ferrando de Miranda.

CXVII

Pampelune, 28 novembre 1365

Ordre à divers de lever le droit d'accise voté par les Etats.

(Cartulaire de Charles II, p. 101.)

Karlos, etc. A nuestro amado recibidor de Sanguesa, a Pero
Andreo, a Ezmel d'Ablitas, a Salamon d'Ablitas[1] et a Judas
Levi, judios, et a cada uno d'eillos, salut. Como los prelados,
ricoshombres, ombres de buenas villas et todo el comun
pueblo de nuestro regno, como buenos et fieles naturales nos
ayan otorgado cierta ayuda o inposicion por tres aynos sobre
las cosas que se deven vender, en la quoal entre otras cosas es
otorgado que de todas las mercaderia[s] que hombres del
regno vendran paguen seys dineros por libra et los de fuera
del regno nueve dineros por libra, mandamos vos firmement
et [a] cada uno de vos que de todas las mercaderias que hombres
de fuera del regno vendran en nuestro regno o sacaran fuera
del regno fagades coger et levar la dicha ayuda, de oy, data
de las presentes, adelant, asi et por tal manera que de dili-
gencia podades ser comendados. Et mandamos por las presentes a todos nuestros oficiales et subditos que en esto fazer
a vos et a los deputados por vos obedezcan, entiendan et fagan

---

1. Ces deux personnages appartenaient à une riche famille de banquiers juifs de Tudèle. (Voy. Yanguas, *Dicc.*, art. *Ablitas* (*D. Ezmel*),
t. I, p. 3.)

por vos so pena de encorrer nuestra indignation. Datum en
Pomplona, XXVIII° dia de noviembre, anno LX° quinto.
Por el seynor Rey en su conseillo,   Peralta.

.   .   .   .

Semejable letra fue fecha pora Garcia Arnalt d'Ivarrola et
l'alcalde de Cisa.

CXVIII

Pampelune, 28 novembre 1365

*Ordre du Roi au châtelain de Saint-Jean-Pied-de-Port et au
garde de Valcarlos de laisser passer en franchise un chevalier
lombard, Huguelin Escorveynn, qui revenait de Saint-Jacques
de Compostelle.*

(Cartulaire de Charles II, p. 102.)

CXIX

Pampelune, 29 novembre 1365

*Lettre de Charles le Mauvais portant que les denrées seront taxées
par les jurés de chaque communauté; il ordonne en même temps
aux receveurs de faire étalonner à Pampelune tous les poids en
usage dans leur circonscription : la livre pour la viande doit
peser trente-six onces et la livre pour le poisson, dix-huit.*

(Cartulaire de Charles II, pp. 109-110.)

CXX

Pampelune, 30 novembre 1365

Ordonnance sur le fait de la reddition des comptes.

(Cartulaire de Charles II, p. 115.)

Karlos, etc. A nuestros amados et fiel thesorero et recebidor quoalesquiere nuestros del dicho nuestro regno, salut.
Nos avemos visto cierta ordenança fecha por nuestros amados
et ficles los maestros oydores de nuestros comptos sobre

fecho de la audition de los comptos, la quoal es en la seguient forma :

Los maestros oydores generales de los comptos del seynnor Rey, considerado. que la dicha audition asi general por el dicho seynnor Rey es ordenado tanto por resta[u]ration de su patrimonio, el quoal por las mortaldes et otrament es muyt amermado et estruyto, et por conservation d'aqueill como por grant provecho et descarga de los oficiales suyos, qui de luengo tiempo ata fincan cargados, et por saber lur estado et conclusion, esgoardando que por la luenga vacation de la dicha audition del tiempo passado a la dicha conclusion venir non podriamos si luego non fues proveydo pora 'l tiempo venidero, deseyando seguir et complir la dicha ordenança et voluntas de nuestro seynor, proveyendo en quanto podemos, ordenamos que començando del primero dia de jenero anno LX° quinto en adelant, los recebidores conten cad' ayno et luego enpues la conclusion de las dichas receptas et expienssas ordinarias pongan et fagan lures comptos de *inter receptores* segund la forma anciana et seran tenidos de mostrar et trayer recognoscimientos de todas las pagas ordinarias o extraordinarias que avran fecho a lur descarga. Otrossi, traygan cad' ayno por aqueill compto mismo a lur descarga las restanças que non han podido cobrar por partidas verificadas et las diligencias que han fecho d'aqueillas. Et andaran por las villas de lures receptas al ayno una vez visitando et veyendo las heredades vacantes et rescautando los tributos et pechas et otras calonias et drechos pertenescientes al seynnor Rey. Et por razon que en la audition de los contos del tiempo passado somos occupados por antevenir a la sobredicha conclusion, ordenamos que el tesorero et sus clerigos, los quoales saben millor que otro el estado de los recebidores et otros oficiales, fagan venyr aqueillos et oyan et examinen lures contos del tiempo passado, por que en el tiempo que los comptos del dicho thesorero se oyran los comptos de los dichos oficiales asi examinados et oydos en menos tiempo los podamos oyr et passar.

Et por que veemos et entendemos que la dicha ordenança es nescessaria, luena *(sic)* et provechosa, aqueilla loamos et aprobamos. Et mandamos a vos et a cada uno de vos que las sobredichas ordenanças exigades et complezcades de punto en punto segund por cillas es contenido. Datum en Pomplona, postremero dia de noviembre, anno LX° quinto.

Por el Rey a la relation de vos, de maestre Johan de Hane-
cort[1], de maestre Garcia de Barassoayn et de Martin Periz
d'Oloriz, maestros de los comptos del seynor Rey,

Aranguren.

CXXI

Pampelune, 5 décembre 1365

*Charles le Mauvais prend sous sa protection spéciale les Juifs de
son royaume.*

(Cartulaire de Charles II, p. 143.)

Karlos, etc. A todos nuestros officiales et subditos qui esta
nuestra carta veran et odran, salut. Fazemos saber que nos
por ciertas cauzas et razones qui a esto nos mueven, de nuestra gracia special, avemos reçebido et por tenor de las presentes reçebimos en nuestra special salvagoarda et protection
a todos los Judios et Judias de nuestro regno con todos lures
bienes et cosas. Et vedamos et defendemos que ninguno nin-
gunnos (*sic*) so pena de los cuerpos et de quanto han non fagan
mal, dayno, injuria, violencia ni villania ninguna a los dichos
Judios et Judias ni a ninguno d'eillos. Et vos mandamos et a
cada uno de vos que los goardedes et defendades de toda
fuerça, injuria et villania, et de toda cosa non devida, so-
piendo por cierto que quoalquiere o quoalesquiere qui en
contrario fiziessen a los dichos Judios ni a ninguno d'eillos
en perssonas nin bienes pesar nos hia de coraçon. Et en caso
do en villa o en poblado seria fecho el maleficio, mandamos
que los d'aqueil sean teuidos de tomar et render a nuestros
oficiales el malfechor o parar se a la pena que eill devria so-
frecer. Et si fuere depoblado, el logar do mas cerca acaescra
el maleficio seran tenidos seguecer el malfechor et render
aqueill, como dicho es, o parar se a la pena. Et a los dichos
malfechores bien desde agora para entonz los reputedes por
tales como aquellos qui embargan el provecho de su seynor
et de su rey et crebantan et roban el su thesoro. Et manda-

---

1. Deux semaines après il était fait don aux enfants de ce personnage
d'une rente de cent soixante florins, révocable à volonté. (*Compte* de
Climence, p. 110.) « Jehan de Hanneucourt » est à plusieurs reprises,
dans les mêmes comptes, qualifié chancelier.

mos que cada uno de vos que requerido seredes fagades pregonar publicament esta nuestra salvagoarda por las villas et mercados do requeridos seredes afin que ningunos ignorancia allegar non puedan. Datum en Pomplona, V° dia de deziembre, l'ayno LX° quinto.

Por el seynor Rey en su concejo,   Peralta.

Semejables letras fueron fechas pora todas las aljamas et pora Ultra-Puertos.

CXXII

Olite, 18 décembre 1365

Ordre du Roi à André Dahan de réparer les murs de Tafalla.

(Cartulaire de Charles II, p. 149.)

CXXIII

Olite, 19 décembre 1365

Ordre analogue à l'alcayd de San-Adrian, pour les murailles de cette localité.

(Cartulaire de Charles II, pp. 148-149.)

CXXIV

Tudela, 26 décembre 1365

Charles le Mauvais au merino d'Estella, afin qu'il assure le passage des troupeaux que le Roi fait retirer des bardenas[1] et des villes frontières.

(Cartulaire de Charles II, pp. 154-155.)

Karlos, etc. A nuestro amado merino de tierras de Esteylla o a su logartenient, salut. Como nos ante de agora et por causa vos oviessemos cometido et mandado que a los ganados menudos et granados que nos mandamos retraer de las bardenas et villas fronteras a logar seguro en nuestro regno dies-

1. *Las Bardenas, las Bardenas reales* : ce sont d'immenses landes

sedes logares do podiessen andar de dia pasciendo las yerbas
et beviendo las agoas et de noche cuvyllar, segund que esto
et otras cosas por la dicha comission mas pleucrament son
contenidas, et algunos ganaderos de vall de Roncal, qui trayan
sus ganados en nuestras bardenas, por que lis fue mandado
que dentro cierto tiempo passassen sus ganados d'aquende
l'agoa, ydos a vuestra merindat et visitadas las partidas do sus
ganados podian andar, nos ayan dicho que como quiere que
pora los ganados menudos fayllan recaudo no ay logar do los
ganados granados podiessen passar este yvierno, segund dizen,
si en los logares que algunos pueblos de vuestra merindat do
eillos han andado, que dizen los de los dichos pueblos que son
vedados, los ganados de los dichos Roncaleses no oviessen
licençia de nos de andar en eillos, suplicando et pidiendo nos
por merçe de dar les la dicha licençia o dar lis mandamiento
como los dichos ganados granados podiessen levar a yvernar
a Gascueynna. Nos, queriendo que a present eillos et sus ganados por ser mas salvos de malas gentes finquen en nuestro
regno que de fuera et por la nescessidat que a present es, la
quoal bien cuydamos que poco durara, vos cometemos et
mandamos que, si asi es por verdat que pora los ganados granados abondamiento de terminos no ay, d'aqueillos terminos
que son sueltos, certificado d'esto, do fayllartes por verdat los
suplicantes no aver complimiento de terminos, lis dedes et
fagades dar logares do puedan andar los dichos ganados granados en logares vedados por los conceillos de antiguidat, non
contrastant su vedamiento, salvo que non entren en vynnas,
en pieças sembradas ni en huertos; et si lis conteçia en estos
logares entrar que enmienden el dayno segund por la otra
comision es contenido ; mandantes por tenor de las presentes
a los alcaldes, jurados, mayorales et conceyllos de fijosdalgo
et lavradores de la dicha merindat que en esto fazer vos obe-

situées dans la *merindad* de Tudela et confinant avec les *merindades*
de Sangüesa et d'Olite et avec l'Aragon ; dans ces plaines incultes les Navarrais et surtout les Roncalais conduisent d'inuombrables troupeaux, en
vertu de concessions très anciennes ; Yanguas en cite quelques-unes. Las
Bardenas sont un véritable désert où le Navarrais lui-même ne s'engage
point sans se faire escorter par la garde qui se tient dans les villages
environnants à la disposition des voyageurs. C'est dans les Bardenas
que se trouve le sanctuaire de Notre-Dame d'Ujué, pour laquelle
Charles le Mauvais avait une dévotion particulière. Le cœur de ce souverain est déposé dans la chapelle; M. Iturralde y Suit a pu le constater naguère.

dezcan et tracten los dichos ganaderos pastores et lures ganados graciosament, sin los peyndrar ni achaquiar, segund por
la otra nuestra comission lis fue mandado, so pena de encorrer nuestra indignation. Datum en Tudela, XXVI° dia de
deziembre, anno LX° quinto.

Por el consseyllo, vos present, don Martin Henrriquiz, don
Pere Alvariz de Rada et Martin Miguel,   Johan de Leoz.

CXXV

Tudela, 31 décembre 1365

*Ordre de lever en argent ou en bétail le subside accordé sur les
laboureurs par les Etats.*

(Cartulaire de Charles II, p. 164.)

Karlos, etc. A nuestro amado el recebidor de tierras d'Esteilla, et a Roy Meriz d'Ayllo, scudero, salut. Como las gens
de nuestro regno a requesta nuestra nos ayan otorgado cierta
ayuda graciosament et, por la grand necessidat que a present
avemos de dineros, ayamos ordenado que los labradores de
nuestro regno nos ayuden a esta present necessidat de V° florines d'oro por mes, que montan VI^m florines por ayno, nos,
queriendo que la ayuda de los dichos labradores sea breument
recaudada, vos cometemos et mandamos firmement que, luego
vistas las presentes, cessant toda excusation, recebido en vos
el rolde que sober esto vos embiamos do son contenidos los
dichos florines en que manera son distribuydos et quanto a
cada logar, cuillgades et recaudedes aqueillos dineros de los
que dineros han, et d'aqueillos que dineros no ovieren tome-
des en paga ganado vacuno a precio razonable, segun las tierras et comarcas donde los dichos gan[a]dos fueren et segun
que a vuestra discretiou bien visto sera, en manera que todos
los dichos dineros sean pora 'l primero dia de febrero recaudados; car a esto nos vos cometemos nuestras vezes. Et mandamos por las presentes a todos nuestros oficiales et subditos
que en esto fazer vos obedezcan so pena de nuestra merce.
Datum en Tudela, postremero dia de deziembre, anno LXV°.

Por el Rey[1],   J. de Leoz.

---

1. Des lettres pareilles furent envoyées dans toutes les directions,
notamment au receveur d'Outre-Ports.

CXXVI

1365 (?)[1]

*Approvisionnement du vaisseau affrété pour le voyage de l'infant
Louis en Normandie*[2].

(Tiroir 19, n° 18. Papier, 2 feuillets ; sceau recouvert de papier.)

Estas son las cosas et vitaillas que Simeno de Burslada
puso a la nau que el seinor infant paso a Lormandia et io,
Simonet de Laforela, receby las cosas sobredites por el dito
seinor :

Primo un tonel et III pipes de biscocho.

Item, altre pan, I pipa, V sacs.

Item, XII pipes de vin.

Item, V pipes de pemada.

Item, III rondelas de vinagre.

Item, II rondelas d'olio.

Item, XX roçines.

Item, XVI carneros.

Item, IIII^{xx} et III pieças de polaila.

Item, IIII pipes I tonel per aiga dolça.

Item, I saque de sal.

Item, I caldera.

Item, I° ucha et enque[ra ?] VIII^c torchas de cera et II
dozenes de candeles de cera.

Item, III dozenes de candeles de seu.

Item, II roailes.

Item, XL railadores et XL escueles.

Item, III canas et IIII basos.

Item, I baril de mustaça.

Item, I paino ençerado pora la cambara del seinor.

1. L'inventaire manuscrit des archives date cette pièce de 1365 : ne
faudrait-il pas la reporter à l'année précédente et la rattacher au départ
de Louis de Navarre pour la Normandie?

2. On peut rapprocher de ce document d'autres documents analogues
relatifs à l'approvisionnement des vaisseaux, publiés par M. Francisque
Michel. (*Guerre de Navarre*, pp. 358-364.)

Item, I cargua de ailç et ciboles.

Item, II fanegas de migo et I de trigo pora las gailinas.

Item, l'aloguer de XLII carguos de cosas del seinor.

Item, IX dozenes de marluz seque.

Item, XII formages.

Item, por le despens de III vales d'oficie del seinor, por XV dias, et por I guia que preniren de Lecumbery entre a Tolosa, X flerins.

CXXVII

Olite, 4 janvier 1366

Lettre du Roi portant ordre de réparer les défenses des trois quartiers de Pampelune : le bourg, la Navarrerie et la Poblacion.

(Cartulaire de Charles II, pp. 168-169.)

CXXVIII

Olite, 5 janvier 1366

Instructions envoyées par Charles le Mauvais à l'alcalde de Caparroso pour la fortification de ce lieu, qui commandait le passage du rio d'Aragon, sur la route de Pampelune[1].

(Cartulaire de Charles II, p. 176.)

---

1. Voici encore quelques renseignements au sujet de la mise en état de défense des villes navarraises pendant ce mois de janvier 1366 :

— Le 9, d'Olite, nouvel ordre relatif aux fortifications de Pampelune (*Cartulaire de Charles II*, p. 178);

— Même jour, ordre de faire travailler à ces fortifications les habitants de la banlieue, dans un rayon de trois lieues (*ibid.*);

— Le 18, de Pampelune, lettre enjoignant aux commissaires nommés pour fortifier Laguardia de prendre le bois dans les forêts de cette localité et de Pagamos (*ibid.*, p. 193);

— Le 24, de Pampelune, instruction à Jean de Rovray, *merino* de Sangüesa : il devra s'entendre avec les commissaires chargés de fortifier la ville, dans le but de réduire les dépenses (*ibid.*, p. 210);

— Le 26, on réparait les murs de la ville et du château de Rada; on avait enlevé aux gens de Murillo el Cuende deux bêtes que le Roi, par lettre datée de Pampelune, ordonna de leur rendre (*ibid.*, p. 209);

CXXIX

Olite, 8 janvier 1366

Ordre de réquisitionner des vaches pour la nourriture des hommes d'armes que le Roi entretient pour résister aux Compagnies.

(Cartulaire de Charles II, p. 175.)

Karlos, etc. A nuestro amado don Martin Meriz d'Uriz, alcalde mayor, salut. Como nos a present por evident nescessidat ayamos grant menester priestamo pora las gentes d'armas que nos conviene tener por causa de las grandes compaynas que vienen en Espayna, et penssando en esto ayamos abisado et ordenado de demandar priestamo de vacas a los qui han bustos et ganados en el dicho nuestro regno, nos, fiando de vuestra lealdat et discretion, vos cometemos et mandamos que, vistas las presentes, vayades por las merindades de Sanguesa et de la Ribera et demandades priestamo de quinientas vacas en las dichas dos merindades, compartiendo et dividiendo el dicho priestamo a cada uno a cada uno (*sic*) segund que han los ganados, las quoales vacas que por vos seran tomadas en empriestamo queremos que por vos les sean dadas cedulas et asignationes a cada uno por ser luego pagados sobre la ayuda que los de nuestro regno nos fazen a present sobre las cosas que se venden. Et esto fazet asi diligenment et por tal manera que falta alguna no aya. Mandantes por tenor de las presentes a todos aqueillos que han los dichos ganados et a todos nuestros oficiales et subditos que en esto fazer vos obedezcan, entiendan et fagan por vos, por que podades conplecer este nuestro mandamiento et comission. Datum en Olit, VIII° dia de jenero, anno LX° quinto.

    Por el seynor Rey,   Ferrando de Miranda.

Semejable letra fue fecha pora don Johan Meriz de Çuor-

— Le 27, nouvelle lettre datée de Pampelune concernant les laboureurs « pecheros » des seigneuries laïques ou ecclésiastiques, qui devront aider aux travaux des remparts de cette ville (*ibid.*, p. 213).

dia, et el thesorero et Garcia Periz d'Ax, seynor de Narvart, pora las merindades de las montaynas et de Esteilla, de quinientas vacas, etc. (*sic*)

Semejable letra fue fecha pora 'l castelan de Sant-Johan, pora Ultra-Puertos, de trezientas vacas.

CXXX

Olite, 9 janvier 1366

Ordre aux péagers de laisser passer en franchise les gens du Roi.

(Cartulaire de Charles II, p. 179.)

Charles, etc. Aux péagers de Sant-Jehan du Pié de Pors, d'Ostevalz, de Garres, etc. Nous vous mandons et comandons et a chascun de vos si come a lui appartendra que nostre amé sergent d'armes Peran de Sault, porteur de ces présentes, et sa compaignie, son or, son argent, harnaiz et tous ses bens quelzcunques, vous lassiés aler, venir, passer et repasser toutefoiz et quantefoiz foiz (*sic*) que [i]l plaira, sanz prendre ne demander de lui aucun acquit ou péage. Et sembla[ble]ment touz noz autres genz delz quels vous aurez cognossance. Et se aucune choze avez prins de lui, rendez tantost et sanz délay et si chier que vous deubtez encourre en nostre indignation vous gardez deresenavant de faire au contraire, car il nous desplairoit et ne le xerions (*sic*) sofrir, maiz vous en puniriens par telte (*sic*) manière que autres y prandroient exemple. Donné a Olit, le IV⁰ jour de janvier, l'an mil LX et cinq.

Par le Roy,   P. Bourgeois.

CXXXI

Olite, 10 janvier 1366

Au châtelain de Saint-Jean pour la mise en liberté du seigneur de Suhescun inculpé de meurtre.

(Cartulaire de Charles II, p. 181.)

Charles, etc. A nostre amé et féal mes[sire] Michel Sanch[iz], chastelan de nostre chastel de Sant-Johan, salut.

Veu ce que rescript nous avez par voz letres sur le fait de la mort du seignor de la case d'Echeverri de Suescun, pour le soupeçon duquel vous avez fait prendre et tenez prisonier Peremalt, seigneur de Suescun, et ses biens en nostre main, par lequelle vostre rescription il n'appert pas que il en soit culpable, nous vous mandons que, prinse bone cauption du dit seigneur de Suescun d'ester a droit sur le dit fait et soupeçon, vous lui faites eslargissement de corps et de biens. Donné a Olit, le Xe jour de janvier, l'an de grace mil CCC. LX. et cinq.

Par le Roy,   P. Bourgeois.

CXXXII

Olite, 10 janvier 1366

Défense du roi de Navarre aux habitants de Caparroso de lever les droits de barrage *et de* pontage *sur les provisions amenées au château de Cadreita.*

(Cartulaire de Charles II, p. 182.)

CXXXIII

Olite, 12 janvier 1366

Ordre à Jean de Viana, boucher et bourgeois d'Olite, de remettre à l'alcalde et aux jurés de la ville toutes les arbalètes et les flèches qu'il détient.

(Cartulaire de Charles II, p. 187.)

CXXXIV

Pampelune, 13 janvier 1366

Mandement relatif à la mise en état de défense de Saint-Jean-Pied-de-Port.

(Cartulaire de Charles II, p. 191.)

Karlos, etc. A nuestro bien amado chastelan de Sant-Johan et a los otros comissarios por nos ordenados a fortificar la dicha villa de Sant-Johan, salut. Por nos, con grant con-

scillo et et (*sic*) deliberation sea ordenado que ciertas villas
et logares de nuestro regno sean fortificadas et reparadas,
entre las quoales es la villa de Sant-Johan, et primero ante
toda otra obra el burgo de la dicha villa, a los quoales logares
sean dadas ciertas ayudas segund nuestra ordenança ; et
agora, segund avemos entendido, ciertas perrochas de la
dicha villa enpechan la dicha ordenança et que vos otros
sodes favorables a eillos, de manera que la reparation del
dicho burgo non puede ser evançada, de la quoal cosa nos
desplaze et nos tenemos por mal comtempto de vos otros.
Por que, vos mandamos que luego, sin alguna dilation,
fagades reparar et fortificar el dicho burgo, segund mandado
et ordenado es, todos aqueillos que son tenidos contribuyr
et ayudar a la dicha obra et cerrazon constreyngades a contribuyr et ayudar segund nuestras ordenanças. Et aqueillos
que fueren rebeles et desobedientes prengades lures [personas]
et bienes et los destengades en preson ata tanto que de nos
ayades otro mandamiento. Et sobre esto creed a nuestro bien
amado uxer d'armas Sancho Lopiz d'Uriz, d'aqueillo que vos
dira de nuestras partes. Et en ultra ayamos entendido que
algunos, en grand menospreçio et vituperio de nuestras ordenanças, han dicho que la dicha obra non sera fecha nin
scabada segund nuestra dicha ordenança, ante hi avra sacada
aangre, o palavras semblantes ; por esto sabet ayamos cometido
et por tenor de las presentes cometemos al dicho Sancho
Lopiz que se informe et sepa et quoales son aqueillos que
las dichas palavras iujuriosas han dicho et a los que faillara
ser culpantes reste et meta mano sobre eillos et les asigne dia
que que (*sic*) vengan p[er]ssonalment ante nos et los de nuestro consseillo por ordenar d'eillos lo que nos bien visto sera.
Datum en Pomplona, XIII° dia de jenero, anno LX° quinto.

Por el seynor Rey, a vuestra relacion,

Ferrando de Miranda.

CXXXV

Pampelune, 28 janvier 1366

*Nomination du capitaine, « capitan et caudillo », de chacune des
places d'Olite, Corella, Valtierra, Rada et Sangüesa.*

(Cartulaire de Charles II, pp. 210-211.)

CXXXVI

Pampelune, 28 janvier 1366

*Ordre aux châtelains de Saint-Jean et de Valcarlos de ne laisser
passer aucun étranger, parce que les Compagnies approchent.*

(Cartulaire de Charles II, p. 214.)

De part del Rey.

Chastelan de la Vaill-Charles. Nos avemos ovido nuevas
ciertas que las gentes de la grant compayna son ya cerca de
nuestra frontera de Navarra. Si vos mandamos firmement so
pena de la naturaleza que a nos sodes tenido et de ser encorrido de perssona et bienes a nuestra merçe, que, luego vistas
las presentes, toda escusation cessant, vayades perssonalment a goardar el dicho castieillo de la Vall, el quoal vos
tenedes, et aqueill goardedes bien dilligentment de dia et de
noch, et non conssintades venyr enta estas partes ningunas
gentes estranias, en romeria ni otrament, si no que sean
hombres conoscidos et sin sospecha. Et bien goardat que en
esto falta non fagades, so la dicha pena. Datum en Pomplona,
XXVIII° dia de jenero, anno LX° quinto.

Semejable letra fue fecha pora el castelan de Sant-Johan.

CXXXVII

Pampelune, 28 janvier 1366

*Ordre de prendre à Sangüesa et à Cáseda les mesures nécessaires
contre les Compagnies.*

(Cartulaire de Charles II, pp. 214-215.)

De part del Rey.

Don Martin Meriz d'Uriz. Nos avemos [1] ...... vayades perssonalment a las villas villas (*sic*) de Sanguesa et de Casseda,
donde vos con el merino ensemble sodes capitan, et visitada
la villa de Sanguesa con vuestro compaynero ensemble desa

1. L'exposé est le même que dans la lettre précédente.

luego vos con vuestra compayna, por que el merino[1] non entra
en Casseda, vayades al dicho logar et fagades bien goardar la
dicha villa, fiziendo poner de dia gentes en los portales armados qui goarden que ninguna manera de gentes estranias non
entren a la vila de suso, sino que sean mercaderos et gentes
sin sospecha, et de noche fagades bien velar et roldear la
vuestra villa, et fagades luego de fecho retraer las gentes et
provisiones del Raval[2] et villa de yuso a la villa et fortaleza
de suso, et do eillos a menos dayno suyo querran. Luego en-
continent fagades derribar a cada uno las casas que han en el
dicho Raval por que se provechen de la madera et, si no, vos
luego de fecho sin piedat alguna derribedes o quemedes todas
las casas que son en el dicho Raval fuera de la fortaleza et
fagades entrar dentro todas las gentes et provisiones que son
de parte de fuera, et en esto vos goardat que falta no aya ni
tarda alguna pongades, so la pena sobre dicha, et, si no, a vos
nos tornaremos et no a otro. Et mandamos al alcayt, vezinos
et moradores de Casseda que en todo esto que sobre dicho es
fazer et en las cosas pertenescientes a vuestra capitania vos
obedezcan, so pena de ser encorridos de perssonas et bienes a
nuestra merçe. Datum en Pomplona XXVIII° dia de jenero,
anno LX° quinto.

Por el seynor Rey en su conseillo,

Johan de Leoz[3].

<h1 style="text-align:center">CXXXVIII</h1>

Pampelune, 28 janvier 1366

Charles le Mauvais convoque ses vassaux, sur le bruit que les
Compagnies approchent de la frontière de Navarre.

(Cartulaire de Charles II, p. 215.)

De part del Rey.
Machin Bienayas. Nos avemos ovido nuevas ciertas que las

1. En vertu d'un privilège d'immunité dont on trouve en Espagne des
exemples fort anciens, certaines villes étaient soustraites à l'autorité
du *merino*, qui ne pouvait même pas y pénétrer.

2. *Raval*, faubourg; c'est le nom moderne *arrabal*.

3. Le Cartulaire contient, à la page 215, des instructions analogues
pour le capitaine d'Olite.

gentes de la grand compayna son ya cerca de nuestra frontera
de Navarra. Si vos mandamos firmement, so pena de la naturaleza que a nos sodes tenido et de ser encorrido de perssona et bienes a nuestra merçe, que sabado primero venient
o el dia de Sancta-Maria Candelor al mas tardar, toda otra
escusation cessant, vengades a la villa de Olit do nos entendemos ser con las gentes de cavayllo que ante de agora vos ha
seydo por nos mandado tener pareillados pora nuestro servicio,
bien armados et encavalgados por ailli do por nos vos sera
mandado. Et en esto vos goardat que falta alguna non fagades
so la dicha pena. Datum en Pomplona, XXVIII° dia de jenero,
anno LX° quinto.

Semejables letras fueron fechas pora estos que se sieguen:
Monssen Johan Remiriz [1]; Monssen Rodrigo; Monssen Pero
Remiriz Remiro d'Areillano; el seynor d'Assiayn·; el seynnor
d'Agramont; el seynor de Luxa; el seynor de Garro; don
Pere Alvariz; Monssen Martin; el prior de Sant-Johan; el
thesorero; l'arcidiano de la tabla [2]; l'alcalde de Tudela; el
justicia; don Gonçalvo Sanchiz de Mirifuentes; Pero Sanchiz
de Coreilla; don Bertan; don Gil Garcia el joven; don Johan
Meriz de Çuordia; el castelan de Sant-Johan; don Ferrant
Gil d'Assiayn; Remon d'Esparça; Michel de Galdiano; Lope
Ruyz d'Ochogavia; Adam, su hermano; Berradeco de Sant-
Per; Martin d'Artieda; Pedro Ladron; Romeo Periz; Ene-
sorgues; los IIII° sergentes [3].

1. Il s'agit sans doute de Jean Remirez d'Arellano, maréchal de
Charles le Mauvais, ou bien du fils de ce personnage, qui portait le
même nom que son père et à qui le Roi avait donné l'année précédente
six *caberias* de vingt carlins noirs. (Yanguas, *Diccionario*, art. *Remirez*,
t. III, p. 8.)
2. « Don Pero Hoilloqui, arcidiano de la tabla de la eglesia de Santa-
Maria de Pamplona ». (Lettre du 6 février, dont l'analyse est donnée
plus bas.)
3. « Sergents d'armes. Il paraît, dit Yanguas, que l'on appelait de ce
nom les hérauts ou rois d'armes, et aussi les officiers chargés de procéder aux exécutions et de recouvrer les droits et les amendes dus au
roi ». (*Dicc.*, art. *Sargentes de armas*, t. III, p. 322.)

CXXXIX

Olite, 28 janvier 1366

*Aux municipalités d'Olite, de Sangüesa et de Tudela, pour leur
recommander de se mettre à l'abri d'un coup de main.*

(Cartulaire de Charles II, p. 216.)

De part del Rey.
Alcalde, jurados et conceillo de nuestra villa de Olit. Nos
avemos ovido nuevas ciertas que las gentes de la grand
compayna son ya cerca de nuestra frontera de Navarra. Si vos
mandamos firmement, so pena de la naturaleza que a nos
sodes tenidos et de ser encorridos de perssonas et bienes a
nuestra merçe, que la dicha villa fagades goardar de dia, po-
niendo hombres armados a los portales, et goardando que
hombre estranio ninguno non dexedes entrar por ninguna
manera si non fueren mercaderos qui sean gentes sin sospecha, et de noche fagades bien velar et roldar los logares de
dentro et de fuera la dicha villa, en manera que d'eilla nos
podades render bon compto et en esto non fagades falta por
ninguna manera. Datum en Olit, XXVIII° dia de jenero, anno
LX° quinto.
Semejables letras fueron fechas pora la villa de Sanguessa
et pora la villa de Tudela.

CXL

Pampelune, 29 janvier 1366

*Rappel des instructions précédemment données au sujet des me-
sures contre les clercs de Dax et de Bayonne.*

(Cartulaire de Charles II, p. 212.)

Karlos, etc. A nuestro amado castelan et a su logar tenient,
salut. Como nos ante de agora vos oviessemos mandado que,
por razon que los clerigos de los obispados de Ax et de
Bayona qui son en nuestro dicho regno non querian pagar

cada uno aqueillo que deve a nos del subssidio, que todas
las amigas de los dichos clerigos qui son en nuestra jurisdition
prisiessedes et presas toviessedes ata tanto que los dichos clerigos oviessen pagado aqueillo que por el dicho subssidio a
nos son tenidos ; et si los dichos clerigos de que presas
lures amigas querian dar bonos fiadores de pagar ata cierto
dia, las desembargassedes de la prison, et ata que oviessen
pagado lo que cada uno deve defendiessedes que ninguno non
lis fizies vezindad, nin goardasen sus ganados, nin los lexassen
los vezinos pascer en los terminos, nin cajar nin traer leyna,
nin fazer cosa ninguna que bezindat pertenezca. Et vos, en
favor de los dichos o vos sabedes porque, et en grant dayno, el
dicho mandamiento no avedes executado, de que nos desplaz :
por que, condecabo vos mandamos firmement que, luego
vistas las presentes, toda excusation cessant et tirada toda
favor et perentesco, procidades a la execution del dicho primer mandamiento et complezcades aqueill de tal manera
como brieument et sin tarda los dineros devidos por los dichos
clerigos sean cullidos et recaudados. Empero aqueillos que
han pagado o querran graciosament et luego pagar, non es
nuestra entencion que sean constreynidos a las dichas cosas.
Datum en Pomplona, XXIX° dia de jenero, anno LX° quinto.

 Por el Rey,   Johan de Leoz.

CXLI

Olite, 31 janvier 1366

*Charles le Mauvais notifie aux Juifs de son royaume qu'il a
décidé de lever sur eux un emprunt forcé.*

(Cartulaire de Charles II, pp. 213-214.)

Karlos, etc. A todos los Judios et aljamas del dicho regno,
salut. Como nos por la grand nescessitad que a present avemos et por pagar gentes d'armas ayamos menester grandes
finanças de dineros, los quoales asi breument como avemos
mester aver non podriamos si non que por priestamos fuessen
luego cuillidos, et por razon que nos, ocupados de otros
negocios tocantes a nos et al regno, en esto entender non
podemos, avemos avemos (sic) este fecho cometido a Ezmel
d'Ablitas et Juda Levi, a ambos ensemble et a cada uno por

si, a los quoales vos mandamos firmement que creades de todo
aqueillo que de nuestras partes vos dizdean (*sic*), et fagades
sobre aqueillo como buenos et fieles subditos son tenidos
acorrer a su princep et seynor en tiempo de nescessidat, pres-
tando et acorriendo nos por aljamas et singularment cada
uno lo mas que podredes, et esto fiziendo faredes lo que
devedes; los quoales priestamos vos seran por los dichos
Ezmel et Juda o por quoalquiere d'eillos sobre la imposicion
pagados, segund las cedulas que d'eillos recibredes de los
priestamos que avredes fecho. Et do vos otros a esta nescessidat acorrer no nos quisiessedes de priestamo, mandamos et, si
mester es, cometemos a los dichos Ezmel et Juda o a quoalquiere
d'eillos que vos constreyngan fuerment por execution de vos
bienes et preson de perssonas a fazer priestamo tal et tanto
como a eillos bien visto sera. Mandant por tenor de las presentes a todos los merinos, sozmerinos, bailles, prevostes,
justicias, amirates, alcaytes et a quoalesquiere officiales et
subditos nuestros qui esta nuestra carta veran que en todo lo
que sobredicho es fazer et en las otras cosas tocantes a esta
comission los obedezcan, so pena de nuestra merce. Datum
en Olit, postremero dia de jenero, anno LX° quinto.

Por el Rey, vos present,

Johan de Leoz.

CXLII

1ᵉʳ février 1366

*Guillaume de la Haie, fils aîné du sire d'Aroudeville¹, prête
serment comme capitaine du château de Valognes.*

(Tiroir 20, n° 16.)

1. Le *Compte* de Climence permet de suivre Guillaume de la Haie
depuis 1361 : le 1ᵉʳ août de cette année, il fut nommé capitaine de Bar-
fleur, qu'une compagnie anglaise venait d'abandonner (S. Luce, *Hist.
de du Guesclin*, p. 39) ; dès le mois de septembre de cette même année,
Guillaume de la Haie était capitaine de Valognes ; il l'était encore
en 1364, et il fut assiégé dans cette place par les Français qui le pous-
sèrent vivement, puisqu'il dut distribuer à la garnison « un tonnel de
vin de Gascoigne » pour lui rendre des forces ; il assista à la prise de

CXLIII

Olite, 4 février 1366

Ordre de contraindre les gens de Marcilla à se réfugier à Capar-
roso.

(Cartulaire de Charles II, p. 223.)

Karlos, etc. A nuestro bien amado Johan Onexorgues, salut[1].
Come, por la grand nescessidat que a present es, sea por nos
ordenado que las gentes de las aldeas con todos sus biens
vayan a morar a las villas cerradas et fuertes por que ailli
puedan ser defendidos con sus biens, et ayamos ordenado que
todas las gentes et moradores de la villa de Marzieilla, qui es
abierta et sin fortaleza alguna, vengan morar con todos sus
biens a la villa de Caparroso, mandamos vos et por tenor de
las presentes cometemos que, vistas las presentes, vayades
perssonalment a la dicha villa de Marzieilla et constreyngades
fuerment a todos los moradores et habitantes en el dicho
logar que en lures et con todos lures biens vayan a morar a
la dicha villa de Caparroso, segund por nos ordenado es, por
que ailli puedan ser defendidos et salvados. Et si algunos
fueren rebeles et desobedientes non queriendo esto fazer, los
prengades et detengades en prison ata tanto que ayan complido este nuestro mandamiento. Et por las presentes mandamos a las gentes de la dicha villa et a quantos las presentes
letras veran et hodran que vos obedezcan et fagan por vos
en manera que podades complescer este nuestro mandamiento et comission. Datum en Olit, IIII° dia de febrero, anno
LX° quinto.
Por el seynor Rey,

Ferrando de Miranda.

la Rochelle; en 1370, il fut au siège d'Aroudeville et fit la campagne du
Cotentin contre les Anglais.

1. Le 12 février, le roi mande à Jean Senesorgues, son huissier
d'armes, de laisser les habitants de Marcilla se réfugier à Peralta, au
lieu de Caparroso, dont la population les détestait. (*Ibid.*, p. 240.)

CXLIV

Olite, 4 février 1366

*Instructions à Jean de Rouvray, à Martin Meriz d'Uriz et à Martin -
Miguel, touchant leurs compagnies.*

(Cartulaire de Charles II, p. 219.)

De part del Rey.

Monssen Johan de Rovray[1], don Martin Meriz de Uriz, et
vos, Martin Miguel. Nos avemos visto lo que escripto nos
avedes, et sobre las gentes d'armas que nos enbiades por
vuestra carta, la quoal vos enviamos dentro en las presentes,
no ha seydo encara ordenado que gages seran dados a gentes
d'armas et que gages a hombre de pie, et quoales gages seran
dados a los otros, tales seran dados a vuestras compaynas ;
quoanto de las gentes quantas devedes tener, tantas et tales
tenet cada uno de vos como ante de agora vos ha seydo mandado ; empero, en tal manera que, si las dichas vuestras compaynas a otra partida que vos non seriades fuessen mas
nescessarias, acorran et vayan siempre al logar mas nesces-
sario, afin que la nuestra honor et provecho mejor sean
goardados. Et de todas las otras cosas en la dicha vuestra
letra contenidas nos plaze a (*sic*) vos encargamos que con
conseillo del dicho Martin Miguel mientre es y fagades todo
aqueillo que a provecho et honrra nuestra et del regno, segund
que a vuestra discretion bien visto sera, asi como de vos
fiamos. Et por el dicho Martin Meriz mas largament vos sera
fablado de nuestras partes. Datum en Olit, IIII° dia de fevrero,
anno LX° quinto.

CXLV

Olite, 4 février 1366

Ordre à Rodrigue d'Uriz, merino d'Estella, d'avoir à inspecter

---

1. On sait qu'il y eut en Navarre deux gouverneurs français de ce
nom : Renaud et Alphonse de Rouvray. Ce Jean de Rouvray était *merino* de Sangüesa.

immédiatement : San-Vicente, Laguardia, Viana, Losarcos et,
si besoin est, les autres villes en état de soutenir une attaque,
situées au delà de Losarcos. Il doit les munir de murailles, de
tours, de barbacanes et de « cavas », c'est-à-dire, sans doute, de
fossés; enfin y nommer des commissaires chargés des travaux
de la défense. Quant aux villes qui sont dans l'impossibilité
de résister, elles seront évacuées par les habitants, auxquels il
est enjoint, sous peine d'emprisonnement et de confiscation, de
se retirer dans les places voisines avec leurs femmes, leurs
enfants et leurs provisions[1].

(Cartulaire de Charles II, p. 218.)

1. Voici l'indication d'un certain nombre d'actes relatifs aux précautions prises, pendant ce mois de février 1366, contre les Grandes Compagnies que du Guesclin menait au secours d'Henri de Transtamarre :

— Le 4, ordre à l'alcalde et aux jurés de Valtierra d'employer Juifs et Maures à la garde de la place, malgré leurs réclamations.

— Le 5, ordre aux *merinos* des Montagnes de réquisitionner tel nombre de vaches grasses qu'ils jugeront convenable pour l'approvisionnement de Pampelune. (*Cartulaire de Charles II*, p. 284.)

— Même jour, ordre aux commissaires nommés pour fortifier les villes de la *merindad* d'Estella, de relever les murs de Zuñiga, dont une partie était à terre. (*Ibid.*, p. 227.)

— Même jour, ordre au receveur d'Estella de faire travailler au château de Monjardin les laboureurs de la contrée, « a pan d'almut », c'est-à-dire aux frais du Roi. (*Ibid.*, p. 225.)

— Le 6, à Pierre Oilloqui, archidiacre de la mense de Pampelune : nul étranger ne devra porter dans la ville d'armes défendues; les hôteliers préviendront de cette interdiction les voyageurs, sous peine d'être punis comme les contrevenants; les portes seront fermées du soleil couchant au soleil levant; nul inconnu ne sera admis à les franchir. Cette ordonnance doit être lue aux alcaldes et aux jurés, et publiée ensuite. (*Ibid.*, pp. 227-228.)

— Le 7, lettre close adressée d'Olite au receveur de la Rivière pour qu'il ait à laisser couper dans la forêt royale, devant le pont de Tudela, les arbres destinés aux fortifications de la Maurerie de cette ville. (*Ibid.*, p. 268.)

— Le même jour, ordre de fortifier la Juiverie de Pampelune. (*Ibid.*, p. 268.)

— Le 8, Garcias Lopez d'Arbizu est nommé capitaine d'Echarri-Arañaz. (*Ibid.*, pp. 242-243.)

— Le 9, ordre de fortifier San-Adrian. (*Ibid.*, p. 237.)

— Le 10, Remire Sanchez d'Asiain est nommé capitaine de Murillo et de Santa-Cara. (*Ibid.*, p. 242.)

— Le 12, ordre d'envoyer de Viana à Aguilar des maîtres pour la réparation des murs. (*Ibid.*, p. 241.)

— Le 13, ordre de fortifier Cadreita. (*Ibid.*, p. 244.)

— Le même jour, ordre aux habitants de San-Martin de Unx de se re-

CXLVI

Olite, 4 février 1366

Ordre à Mathieu Le Soterel, receveur des revenus du Roi dans la merindad *de la Rivière, de recouvrer les sommes dues par les Juifs de Tudèle,* « para prestar aqueillos a nuestra cara et bien amada compaynera la reyna de Navarra, por fazer su viage. »

(Cartulaire de Charles II, p. 220.)

tirer dans le château et le « cortijo » (l'enceinte), sous peine d'avoir leurs biens confisqués et leur village incendié. (*Ibid.*, p. 245.)

— Le 18, ordre de refaire une tour à Labraza, ville d'ailleurs bien fortifiée. (*Ibid.*, p. 251.)

— Le même jour, nomination de Martin Enriquez comme capitaine de la *merindad* de la Rivière, qui est la première exposée à l'invasion. (*Ibid.*, p. 251.)

— Le même jour, à l'archidiacre de la mense et aux autres commissaires nommés pour fortifier Pampelune : ordre de munir de défenses la porte qui conduit au moulin du prieuré. (*Ibid.*, pp. 252-253.)

— Le 19, Rodrigue d'Uriz est nommé capitaine d'Estella et de Cáseda avec cinq cavaliers et trente fantassins. (*Ibid.*, pp. 269-270.)

— Le 20, ordre de faire travailler aux fortifications de Guergue leurs voisins d'Echagüe, Muru, Oloriz et Unzué. (*Ibid.*, p. 263.)

— Le même jour, ordre de fortifier Estella au plus tôt. (*Ibid.*, p. 256.)

— Le même jour, ordre à Garcias Meriz de Peralta, secrétaire du Roi, de voir la ville de Furnes et d'étudier les réparations à faire aux fortifications. (*Ibid.*, p. 257.)

— Le même jour, ordre de fortifier immédiatement Moureal. (*Ibid.*, pp. 261-262.)

— Le même jour, ordre analogue pour le château de Cadreita, où tous les habitants de la ville devront s'enfermer sous peine de trahison. (*Ibid.*, p. 262.)

— Le 21, Ferran Gil d'Asiain est nommé capitaine de Lumbier, avec dix cavaliers et vingt fantassins : les habitants de la vallée de Longuida devront se retirer dans cette place. (*Ibid.*, pp. 257-258.)

— Le 23, décision au sujet des laboureurs de Milagro, qui doivent travailler au château, mais aux frais du trésor. (*Ibid.*, pp. 272-273.)

— Le même jour, instruction au sujet des habitants des faubourgs Saint-Cernin et Saint-Nicolas de Pampelune, que l'on ne doit plus contraindre, jusqu'à nouvel ordre, à se retirer dans le Bourg. (*Ibid.*, pp. 271-272.)

— Le 24, ordre aux habitants d'Acedo, d'Asarta, de Mendaza et de Desiñena d'entrer à Zuñiga avec leurs biens (*Ibid.*, p. 274); le 15 mars cet ordre fut retiré (pp. 309-310).

— Le même jour, ordre à Sanche Gil d'Azagra, de remettre à

CXLVII

Olite, 6 février 1366

Ordre d'installer le nouveau châtelain de Murillo-el-Fruto.

(Cartulaire de Charles II, p. 227.)

Karlos, etc. A nuestro amado Sancho Miguel de Gallipiençu, portero [1], salut. Como nos ayamos dado la goarda del nuestro castieillo de Muricillo Firito a Martin Periz de Gallipienço, scudero, el quoal dicho castieillo solia tener por nos Gil Lopiz de Sarassa, scudero, mandamos vos firmement que, luego vista esta nuestra carta, vayades perssonalment al dicho logar de Murieillo Frito, et, recebido a vos a vos (*sic*) a nuestra mano el dicho castieillo, la possession d'aqueill dedes et delibredes al dicho Martin Periz et, visto l'inventario viejo, condecabo fagades inventario de nuevo de todas las armas, hostillas et artillerias que faillaredes en el dicho castieillo nuestras, los quoales inventarios viejo et nuevo rendades a nuestra thesoreria por que los nuestros mejor sean goardados. Datum en Olit, VI° dia de febrero, anno LX° quinto.

Por el Rey, presentes sus chanceler et thesorero,

Johan de Leoz.

Sanchez de Caparroso, châtelain de Peralta, les arbalètes et engins, « baillestas et artillerias », qui lui avaient été délivrés pour ce château par Michel Sanchez d'Ursua, maître des arbalétriers. (*Ibid.*, p. 274.)

— Le 26, ordre aux habitants des environs de Peralta de chercher un refuge dans cette localité. (*Ibid.*, p. 279.)

— Le même jour, ordre à Jean de Rovray, *merino* de Sangüesa, d'envoyer à Peña quarante soudoyers, « lanceros et baillesteros ». (*Ibid.*, p. 278.)

— Le même jour, ordre à Michel Lopez de Dicastillo, châtelain de Larraga, et à Garcias Perez, alcalde de cette localité, de fortifier la ville et le château, la ville aux frais de la commune et le château en donnant le pain d'*almud*. (*Ibid.*, pp. 281-282.)

1. « Emploi déjà connu vers 1360. Il paraît qu'il consistait à recouvrer les contributions, les amendes et les créances; les titulaires devaient entretenir un cheval et des armes au service du Roi ». (Yanguas, *Dicc.*, art. *Portero*, t. II.)

CXLVIII

Olite, 7 février 1366

*Ordre au châtelain de Saint-Jean d'envoyer des maîtres ouvriers
pour faire les fossés de Pampelune et de la Maurerie de Tudèle.*

(Cartulaire de Charles II, p. 234.)

De part del Rey.

Chastelan de Sant-Johan. Nos vos mandamos firmement
que, luego vistas las presentes, cessant toda escusation, nos
enviedes seys maestros baraderos, los mejores que en esta
tierra aver podredes, pora fazer las balates o cavas de Pamplona et de la Moreria de Tudela ; et en esto falta alguna no
aya. Datum en Olit, VII⁰ dia de febrero, anno LX° quinto.

Por el conseillo, vos present,   Johan de Leoz.

CXLIX

Olite, 10 février 1366

*Ordre du roi de Navarre de garder la frontière du côté de la
Castille et de réunir dans les places fortes les populations des
campagnes* [1].

(Cartulaire de Charles II, p. 236.)

CL

Olite, 12 février 1366

Défense de sortir de Navarre sans la permission du Roi.

(Cartulaire de Charles II, p. 241.)

Karlos, etc. A nuestro amado merino de tierras de San-

---

1. Charles le Mauvais venait d'apprendre que les gens d'armes de
Castille se rassemblaient. Il s'agissait vraisemblablement de la concen-
tration opérée par Henri de Transtamarre dans les premiers mois
de 1366, pour passer l'Èbre et marcher ensuite sur Calahorra. (Ayala,
cité par Charrière, *Chronique de Bertrand du Guesclin*, t. II, p. 360.)

guesa o a su logar tenient, salut. Nos vos mandamos firmement
et por causa que, luego vistas las presentes, cessant toda escusation, fagades publicament pregonar por todas las villas
et mercados de vuestra merindat que ninguno natural ni
subdito nuestro, de quoalquiere estado et condition sean, non
sean osados de partir del regno en ninguna manera sin licencia nuestra, sino que finquen en la tierra a servicio nuestro
et del regno, so pena de ser traydores et todos sus biens confiscados a nos. Et todos aqueillos qui son ydos ante de agora
fuera del regno retornen a la tierra dentro treinta dias enpues este pregon fecho, so pena de ser encorridos de perssonas et biens en la dicha pena. Et d'este pregon en cada logar
que lo faredes fazer retengades carta publica, et fazet fazer
inquisition qui son aqueillos que son partidos, et nos hend
fazed relation. Datum en Olit, XII° dia de febrero, anno
quinto (*sic*).

    Por el Rey en su conseillo,   Johan de Leoz.

Semejables letras fueron fechas pora los merinos de las
Montaynas, de Esteilla, de la Ribera et castelan de Sant-
Johan.

CLI

Olite, 13 février 1366

Sauf-conduit pour Jean Manart, écuyer du prince de Galles.

(Cartulaire de Charles II, p. 244.)

    Karlos, etc. A todos nuestros officiales et subditos qui esta
nuestra carta veran et oyran, salut. Como Johan Manart,
escudero de nuestro cormano el princep de Quitaine et de
Quitane (*sic*) et de Galas, portador de las presentes, sea ve-
nido en nuestro regno por algunos [negocios ?] del dicho
princep ; por que, vos mandamos et a cada uno de vos que al
dicho escudero acojades en vuestras villas et logares et li fagades posadas, viandas viandas (*sic*) et todo lo que mester
oviere por sus dineros et lo deyssedes andar et morar por el
dicho regno sin embargo nin co[n]trasto alguno. Datum en
Olit, XIII° dia de febrero, anno LX° quinto.

    Por el seynor Rey,   Peralta.

CLII

Olite, 15 février 1366

*Confirmation en faveur des gens de la terre d'Ossès du droit
d'enlever le bois mort des forêts du Roi.*

(Cartulaire de Charles II, pp. 246-247.)

Karlos, etc. A nuestro bien amado don Miguel Sanz
d'Urssua, castellan de Sant-Johan, o a su logar tenient, salut.
Por part de las gentes de la nuestra tierra d'Osses nos es dado
a entender que eillos, de licentia et mandamiento nuestro,
tayllaron et vendieron dozientos robres de nuestros montes,
de los quoales las ramas et los cabos fincan en los dichos
montes et se podreçen aylli ; et como eillos, segunt digan,
ayan de privillegio et constumbre que de los arboles secos et
ramas tailladas sen tayllar arbol de su pie se puedan prove-
char, dando a nos la tercera part del provecho que d'eillos
saldra, la quoal dicha leyna sceca (*sic*) et ramas dizen que vos
non dexades tomar nin levar ; si nos han suplicado que sobre
esto les proveamos de remedio. Por que, vos mandamos que,
si assi es que los dichos suplicantes ayan tal privillegio et
comstumbre como eillos dizen, les dexedes tomar et levar de
la leyna seca et ramas de los dichos montes, respondiendo a
nos de la tercera part et provecho d'eillos, et en ultra reci-
biendo d'eillos fiadores que en caso do las dichas dos partes
de la dicha leynna fues faillada pertenescer a nos, de responder
et pagar aqueillo que seria devido a nos por la dicha causa.
Datum en Olit, XV° dia de febre, anno LX° quinto.

Por el consseillo, vos present, don Martin Periz de Solchaga,
Ferrando de Miranda.

CLIII

Olite, 20 février 1366

*Charles le Mauvais mande à quatre officiers de lever un emprunt
sur toutes les personnes qui ont quelque argent dans les merin-*

*dades de Tudèle et de-la Rivière, et notamment sur les indivi-
dus portés sur un rôle joint à la lettre* [1].

(Cartulaire de Charles II, p. 255.)

CLIV

Olite, 21 février 1366

*Instructions au bayle des Juifs de Pampelune pour assurer aux
Juifs des environs un refuge dans la ville.*

(Cartulaire de·Charles II, p. 265.)

Karlos, etc. A nuestro bien amado Bertholomeo d'Arre,
baylle de los Judios de Pomplona, salut. Por l'odio et mala
voluntat et obras malas que las grandes gentes que passan
en' Espaynna trayen por especial a los Judios, queriendo
goardar de periglo et daynno a los dichos nuestros Judios de
Pomplona, vos mandamos que en caso do tal nescessidat ve-
nies et los dichos Judios quisiessen a la villa de Pomplona
entrar por salvar et defender lures perssonas et biens, los y
dexedes entrar, et requirades de nuestra part a los alcaldes,
jurados de la dicha villa que los recuylgan et dexen entrar en
el dicho logar cada que nescessidat sera. Et por las presentes
mandamos a los dichos alcaldes, jurados et universidat de la
dicha villa de Pomplona que cada que tal nescessidat sera et el
dicho baille o Judios requeriran de entrar a la dicha villa, los
dexen entrar con sus biens et los recuylgan ailli amorable-
ment, en manera que periglo ni dayno en las perssonas et
biens non se les pueda seguecer. Datum en Olit, XXI° dia
de febrero, anno LX° quinto.

Por el Rey, a vuestra relation,

Ferrando de Miranda.

---

1. Une semblable mesure fut prise à l'égard des habitants aisés de
Pampeluue, Estella et Sangüesa. (*Cartul. de Charles II*, p. 256.)

CLV

Olite, 22 février 1366

Ordre au châtelain de Saint-Jean de laisser passer les engins qu'Eustache d'Aubichicourt[1] conduit du côté de la Navarre.

(Cartulaire de Charles II, p. 269.)

Karlos, etc. A nuestro amado castelan de Sant-Johan o su logar tenient, salut. Nuestro amado cormano, messire Eustauçe d'Abuchicort, nos a dado a entender que, por razon del mandamiento que vos avemos fecho que non dexedes passar por la dicha villa ningunas armas, vos tenedes embargada una carga d'artilleria que eill fazia passar ent' aca. Si vos mandamos que la dicha carga d'artilleria desembarguedes et delivredes et aqueilla dexedes passar et venir part d'aca ; car asi lo queremos, non contrastando el dicho mandamiento. Datum en Olit, en XXII° dia de febrero, anno LX° quinto.

Por el Rey,   P. Godeile.

CLVI

Olite, 22 février 1366

Sauf-conduit valable jusqu'à la Pentecôte, pour Geoffroy de Sancerre, écuyer anglais.

(Cartulaire de Charles II, p. 269.)

Charles, etc. A touz ceulx qui ces présentes lettres verront, salut. Savoir faisons que nous avons donné et donnons bon, loyal, sauf, seur conduit et sauve garde jusques a la feste de Penthecoste prouchainement venant a Geffroy de Chanserre, escuier englois, [ayant] en sa compaignie trois compaignons

1. Eustache d'Aubichicourt faisait campagne avec Henri de Transtamarre. (Voy. Froissart, édition Buchon, t. I, p. 504, col. 1 ; édition Luce, § 547, t. VI, p. 188.) Le roi d'Angleterre avait pourtant défendu, le 6 décembre précédent, aux chevaliers ses vassaux de guerroyer contre le roi de Castille. (Voy. Luce, édition de Froissart, t. VI, p. LXXXI, note 1.)

avec leurs varlez, chevaux et bens quelconques, troussez ou
a trousser, en males ou dehors, pour aler, venir, demorer,
se remuer, converser et retorner partout ou il luy plaira par
touz noz villes, forteresses, pors, passages et destroiz, tant
de jour que de nuit. Si donon en mandement a touz nos
subgez, requerons touz autres que ledit Gefroy, acompai-
gnié come dit est, en alent, venant, demorier *(sic)*, se re-
muant, conversant et retornant par nos diz lieux ne destour-
bent ou enpenchent ne seffrent destorber ou enpêcher, en
corps ne en biens, le dit temps durant, en aucune manière.
Donné a Olit, le XXIIe jour de février, l'an de grace mil CCC
LX et cinq,

    Par le Roy,   P. Godeile.

CLVII

Olite, 22 février 1366

Emprunts forcés sur les aljamas *d'Estella (huit cents florins), du
val de Funes (sept cents florins), de Pampelune (quinze cents
florins) et de Viana (mille florins).*

(Cartulaire de Charles II, pp. 267-268.)

CLVIII

Olite, 24 février 1366

*Emprunt forcé de seize cents florins sur les Juifs de Tudèle, qui
sont dispensés de payer leurs dettes jusqu'à ce qu'ils se soient
acquittés envers le trésor royal.*

(Cartulaire de Charles II, p. 273.)

CLIX

Olite, 27 février 1366

Charles le Mauvais convoque ses vassaux.

(Cartulaire de Charles II, p. 282.)

De part del Rey.
Seynor d'Uart. Por nuevas ciertas que avemos ovido, vos

mandamos firmement, so la naturaleza et fielidat que vos sodes tenido et so pena de encorrer nuestra indignation que,
luego vista esta nuestra carta, noch et dia, non cessando, vengades perssonalment con todas las mas compaynas de cavaillo
que aver podredes bien encavalgados et arnesados, por yr en
nuestra compaynnia, do quiere que nos vayamos ; et goardat
bien que falta non fagades, so la dicha pena. Datum en Olit,
XXVII° dia de febrero, anno LX° quinto.

Semejables letras fueron fechas pora don Gil Garcia d'Ianiz
el joven, pora l'obispo de Pomplona, pora Martin Crozat, pora
l'arcidiano de la tabla, pora l'alcalde, jurados et conceillo
d'Esteilla, pora don Ferrant Gil d'Assiayn, pora los alcaldes,
jurados et conceillo del burgo et de la poblation de Pomplona,
pora don Johan Meriz de Çuordia et pora el vizconte de
Vayguerr.

CLX

Olite, 27 février 1366

*Sauf-conduit pour Jean Scalies, « compaignon » de Charles
le Mauvais.*

(Cartulaire de Charles II, p. 282.)

Charles, etc. A touz chastalains, péagiers, gardes de pors
et de passages et tous nos autres officiers en nostre royaume
et a chascun d'eulx ou leurs lieutenants, salut. Savoir vous
faisons que nostre amé et féal chevalier, messire Jehan
Scalies, est a nous nostre compaignon de nostre hostel et
nostre home lige, lequel s'en va ès parties de Normandie :
si vos mandons et a chascun de vous que ycelui, sixiesme de
compaignons a ceval, avec leurs varlez, cevaux, hernois et
bens quelconques, vous laxiez passer et rapasser, alecr, venir,
demourer, se remuer et retornar (*sic*), chascun de vous endroit soy, par vous jurisdictions, pors, passages et destroiz,
franchement et quitement, senz leur faire ne souffrir estre
faite aucun destorbier ou empèchement en aucune manière.
Donné a Olit, le XXVII jour de février, l'an de grace mil
CCC LX et cinq.

 Par le Roy,   P. Godeile [1].

1. Le roi de Navarre continuait à relever les murailles de ses places

CLXI

Olite, 4 mars 1366

*Hommage lige de Jean Karsewal[1], écuyer anglais, à Charles
le Mauvais pour une rente de deux cents livres tournois.*

(Tiroir 20, n° 29. Parchemin ; sceau sur simple queue.)

A tous ceulz qui ces lettres verront, Jehan Karsewal, escuier d'Engleterre, salut. Sachent tuit que, comme très excellent et puissant prince Monseigneur le roy de Navarre, conte
d'Évreux, de sa grace m'ait retenu a lui et donné et donne la
somme de deuz cens livres tournois de retenue, a prendre
chascun an de lui par la main de son trésorier ès parties de
France et de Normandie, je sui devenu son homme et lui ai
fait foy et hommage lige et promis et juré, par ces présentes promet et jure de le servir bien et loialment a tout mon
pooir en toutes ses guerres et afaires envers tous et contre
tons, exceptez le roy d'Engleterre, ses filz et messire Jehan
Chandoz. En tesmoing de ce, je ai seellé ces lettres de mon

et à nommer des capitaines; le 1er mars, il désigna Garcia Lopez
d'Arbizu pour commander à Echarri et il ordonna de fortifier l'église
Saint-Sauveur de Falces. (*Cartulaire de Charles II*, pp. 284 et 285.)

— Le 2, il manda aux gens de Berbinzana d'avoir à se retirer à Larraga. (*Ibid.*, p. 293.)

— Le 3, ordre de fortifier San-Martin. (*Ibid.*, p. 288.)

— Le 4, lettre au capitaine d'Arguedas, Jean de San-Martin, qui
devra contraindre les clercs et les nobles à faire le guet et à prendre
part aux patrouilles de jour et de nuit, ainsi que cela se pratique dans
lés autres villes du royaume. (*Ibid.*, pp. 293-294.)

Il parait que les Juifs opposaient des difficultés aux collecteurs de
l'emprunt : le même jour, 4 mars, il fut enjoint à tous les officiers de
faire payer à chacun d'eux la somme pour laquelle il était inscrit sur
les rôles de répartition dressés par l'aljama. (*Ibid.*, p. 289.)

1. Chef de compagnie au service de la Navarre ; il se trouvait, après
Cocherel, en Bourgogne avec l'infant Louis ; c'est du moins ce que
raconte Froissart, qui l'appelle Carsuelle, et qui le cite parmi les capitaines de l'armée de du Guesclin en Espagne. Il passa du côté de
Pierre le Cruel, lorsque le prince de Galles se déclara contre Henri
de Transtamarre. (Froissart, édition Buchon, p. 485, col. 1, p. 504,
col. 2, et p. 513, col. 2 ; éd. Luce, t. VI, p. xc et p. 211.)

BRUTAILS. *Documents.* 10

seel. Donné a Olit, le IIII° jour de mars, l'an de grace mil
CCC LX V [1].

CLXII

Olite, 5 mars 1366

*Lettres du roi de Navarre Charles II à l'évêque de Dax, pour le
prier de lever les peines encourues par les habitants de Jutsué,
qui avaient payé les dîmes au seigneur de Luxe.*

(Cartulaire de Charles II, p. 297.)

Karlos, etc. Al reverent padre en Dios nuestro caro et buen
amigo l'obispo d'Ax, salut et buena amor. Nos avemos entendido por relation de fidedignas p[er]ssonas que vos, a ins-
tancia del abbat et conviento de los monges de Sant-Johan
de Sordoa, avedes puesto l'interdicho en la villa et parro-
quia de Sant-Pedro de Jussua et avedes escomulgados a
Guillem Arnalt, seynnor de Aguirre, a Arnalt, seynnor d'E-
cheverri, et a Sancho, seynnor du Haut, parroquianos de la
dicha eglesia de Sant-Pedro, naturales de nuestro regno, por
razon que los dichos escomulgados et otros vezinos et parroquianos de la dicha villa de Jussua han pagado las dezimas
del dicho logar de Jussue al seynor de Luxa, al quoal per-
tenesen recebir las dichas dezimas, por donation por nos a eill
fecha del palatio de Trussecaillan ; las quoales dichas diezmas
pertenescian por tiempo al dicho palatio, de tanto tiempo que
memoria de hombres no es en contrario ; las quoales dezimas
et palatio fueron confiscados a nos por causa et empues de la
dicha confiscation nos han seydo rendido et pagadas las dichas
decimas paziblement en cada un ayno, segund que tot siempre
aca, de tanto tiempo aca que memoria de hombres no es en
contrario, solian render al dicho palatio de Trussecaillan et a
los dichos otros palatios d'Aillient-Puertos qui han et lis deven
diezmas son tenidos de render en cada un ayno a nos o a
otro por nos ; et por esto nos par[e]ce que vos contra derecho
et buena razon avedes puesto el dicho interdicho et escomul-

1. Même acte pour Guillaume Londelo, chevalier, Guillaume Bou-
teiller et Normand de Suintfort, tous deux écuyers ; ces trois personnages réservent la ligesse du roi d'Angleterre et de ses fils ; le premier
y ajoute le « conte de Warwich », et le dernier, le comte de Hertword.

gamiento. Si vos rogamos et requirimos que, vistas las presentes, querades revocar el dicho interdit et absolver a los dichos dichos (*sic*) escomulgados nuestros subditos, pues a causa de nos han pagado las dichas diezmas, ante (et empues) de la dicha coufiscation al dicho palatio, et enpues la dicha confiscation a nos et al dicho seynor de Luxa, a causa de nos, el quoal tiene de manifiesto las dichas diezmas et es priesto de complir drecho sobre las dichas diezmas a quoalquiere o a quoalesquiere qui entienden aver drecho en las dichas diezmas ante d'aqueill qui deve. Scripta en Olit, V° dia de março, anno LX° quinto.

Semejable letra fue fecha al abbat del monasterio de Sant-Johan de Sordoa.

CLXIII

Olite, 6 mars 1366

Sauf-conduit délivré par le roi de Navarre Charles II à Thomas de Alberton, écuyer du roi d'Angleterre, qui se rendait en Castille.

(Cartulaire de Charles II, p. 295.)

CLXIV

Tudèle, 8 mars 1366

Lettre relatant le passage de du Guesclin sous les murs de Tudela.

(Tiroir 21, n° 91. Papier.)

Caro et buen amigo. Sabet que avemos delivrado con los Angleses a grant honrra et provecho del seynnor Rey et se passan todos enta Casticylla... Sabet que oy, dia domingo, manayna vino mossen Bertran Claquin a las puertas de Tudela, de que toda gent avia asaz que fazer, et luego que sopo que el seynnor Rey no era en Tudela fue alojar se a Cascant, maguera ante avian tomado otros por fuerça Cascant, Ablitas, Murchant, Montagut et todos los otros logares de la Alvala, salvando Coreylla, los quoales son gastados et estruytos a perpetuo; et por esto, cras, dia lunes, maynana ymos al dicho monssen Bertran et al comte de la Marcha et a otros por fazer los retener ata la venida del seynnor Rey si podemos, mossen Eustaces, Johan Testador et yo con nuestras compaynnas. Et por esto le imbiamos esta letra al seynnor Rey, la coal traye el moço de Peru Ezquerran, que es muyt apresurada ; por que, vos ruego, si nunca avedes a fazer por mi, que ayades un buen mandado que vaya a mas andar dia et noche al dicho seynnor Rey con la dicha letra, car conviene que eill sea en Tudela en este jueves primero vien. Otrossi vos ruego que de mis partes li mandedes a Bertholomeo d'Arre que a Peru Ezquerran lo que er a pagar de su ass... que eill a en eill, car si el Rey lo faylla en Pomplona por mengoa de la dicha ass... podria ser malament represso. Dios sea goarda de vos. Scripta en Tudela, domingo VIII° dia de março [1].

       (*Au revers*) : A. . . . .

             las . . . .

---

1. Cette lettre date de 1366; le 8 mars de cette année était bien un dimanche.

Quel est l'auteur de cette curieuse épitre? Il n'est pas aisé de le dire : dans tous les cas ce ne peut être qu'un Navarrais; le Barthélemy d'Arre dont il parle était, comme on peut le voir par un document du 26 février 1366 donné plus haut, le bayle des Juifs de Pampelune. On connait, d'une façon assez vague, l'itinéraire de du Guesclin en Espagne par le procès du sire d'Aubeterre et du comte de Longueville que M. Luce a signalé dans son édition de Froissart (t. VI, p. LXXXI, note 3). Après Saragosse « allèrent oultre et prinrent II villez, et de la allèrent à Burgez, où ilz entrèrent et orent grant finance. » (Archives Nationales, X¹ᵃ, 1475, f° 176.)

La présence des Compagnies donna lieu à un mouvement de voyageurs assez considérable à travers la Navarre; d'autre part, les mesures prises à la frontière permettent de constater le passage aux ports des Pyrénées d'un certain nombre de pèlerins, sous le déguisement desquels se cachaient sans doute de hardis aventuriers qui venaient tenter la fortune.

— Le 11 mars, un ordre fut expédié d'Ostabat au châtelain de Saint-Jean pour qu'il laissât passer librement Guillaume d'Eutatot, Lopenc de Hadenville et Arnaud Levasal, sujets normands du Roi, qui se rendaient à Saint-Jacques. (*Cartulaire de Charles II*, p. 298.)

— Le 23, un ordre semblable fut donné en faveur de Guilleronet Larmurier et de cinq autres valets du sire d'Aubeterre, que celui-ci faisait venir à Viana, Laguardia ou San-Vicente. (*Ibid.*, pp. 304-305.)

— Le 26, sauf-conduit pour Lambert de Paris, messager du comte de la Marche, « lequel est envoié de nostre dit cousin pour ses besoignes, des parties d'Espaigne ès partie[s] de France, et pour retourner a lui

CLXV

Estella, 1ᵉʳ avril 1366

Mandement de Charles le Mauvais aux commissaires chargés de lever l'emprunt dans la merindad *de Tudela, pour qu'ils n'exigent rien du monastère d'Oliva, pillé par les compagnies.*

(Cartulaire de Charles II, p. 319)

Karlos, etc. A los commissarios por nos ordenados a demandar priestamo en la villa et merindat de Tudela o a quoalquiere d'eillos, salut. Por part del abbat et conviento del monesterio de Sancta-Maria de Oliva nos es dado a entender que vos otros los constreynedes a prestar et fazer priestamo a nos de trenta florines, los quoales, segund dizen, eillos buenament pagar non podrian por la escrution et robo que los de la Grand Compaynna les han fecho en el dicho monesterio et en las granjas et logares pertenescientes al dicho monesterio, de que nos han suplicado que de nuestra buena gracia los mandassemos quitar del dicho priestamo. Nos, en esguard de piedat et d'almosna, et conssiderado la perda et dayno que han recebido, vos mandamos que a los dichos abbat et conviento ni a sus pertenencieres non constreyngades ni constreyner fagades a pagar los dichos trenta florines de priestamo ; car assi lo queremos, de gracia special por estas presentes. Et mandamos que portero ninguno non los execute ni constreynga por la dicha causa; et si rentas nin biens algunos les tienen embargados, aqueillos lis riendan et desembarguen sen otro contradit. Datum en Esteilla, primero de abril, anno LX° sexto.

Por [el] seynor Rey, a vuestra relation et de don Martin Periz de Solchaga,

Ferrando de Mirando.

en Espaigne. » Charles le Mauvais se trouvait à Estella. (*Ibid.,* pp. 306-307.)

— Il y était encore le 28 et le 30 : le 28, il donna un sauf-conduit à Gérard Testedor, écuyer de Louis de Navarre, « lequel doit aler de nostre royalme envers Avignon, pour pour (*sic*) les besoignes de nostre dit frère. » (*Ibid.,* p. 311.)

— Le 30, il délivra un autre sauf-conduit pour Guillaume Lemestre, son ménestrel, lequel allait « ès parties de Gascoigne, de Xantonge, de) Frauce et en diverses autres parties pour nos besoignes. » (*Ibid.,* p. 314.

CLXVI

Estella, 3 avril 1366

Nouvelle convocation par Charles le Mauvais de ses vassaux

(Cartulaire de Charles II, p. 350.)

De part del Rey.

Tenient logar de governador. Nos vos mandamos firmement, so la fielidat et naturaleza que a nos avedes et so pena de nuestra merçe et indignation et de quanto menos podedes fazer enta nos, que jueves empues la fiesta de Quasimodo primera venient, nos imbiedes a la villa d'Esteilla cinquo hombres de cavaillo, los mejores ombres et los mas honestos que aver podredes, bien cavalgados et bien armados, en el mejor apareillament que vos podredes por ser con nos e yr al logar do por nos les sera mandado, et bien asi al dicho dia vengades vos mesmo personalment con los dichos hombres sin falta nin tarça ninguna ; car si en esto fayllesciades nos fariades grant deservitio, el quoal nos pesaria de coraçon. Datum en Esteilla, IIIº dia d'abril, anno LXº sexto.

(Semejables letras fueron fechas pora todos los contenidos en el rolde, segund por ell es contenido.)

CLXVII-CXLVIII ·

8 avril 1366

Sauf-conduits donnés par Charles le Mauvais : le premier à Thomelin, fils Regnaut, écuyer d'Angleterre, « lequel est a nous et de nostre retenue », *et pour neuf hommes à cheval ; le second, à messire Etienne Cosintoune, chevalier anglais,* « lequel est a nous et de nostre hostel », *et pour ses gens.*

(Cartulaire de Charles II, pp. 329 et 333.)

CLXXI-CLXXI

10 avril 1366

*Sauf-conduits donnés par Charles le Mauvais : l'un à Renaud de
Vincin, écuyer; un autre à Relaut Bodin, écuyer breton; enfin
un dernier à Jean de Hous, Yeu de Vaulon et Jean de la Pa-
vintroye, « bretons, lesquelz son vraiz et loïalz pèlerins, enten-
dant aler a St-Jaque de Galliçe, si comme il ont afermé par
serement a noz genz qui nous en ont certifié. »*

(Cartulaire de Charles II, p. 438.)

CLXXII

Estella, 12 avril 1366

*Charles le Mauvais donne décharge au trésorier des sommes
payées par ce dernier à divers chevaliers et écuyers anglais.*

(Tiroir 21, n° 15. Papier ; sceau au revers.)

Karlos, por la gracia de Dios rey de Navarra et conte
d'Evreux, a nuestros bien amados et fielles gentes de nuestros
comptos, salut. Nos vos mandamos que a nuestro bien amado
et fiel thesorero don Garcia Miguel Delcart recibades en
compto et rebatades de sus receptas, sin dificultat nin contra-
dicho alguno, las summas et quantias inffrascriptas que eil de
nuestro mandamiento a eill fecho de boca ha dadas et deli-
vradas a las perssonnas que se siguen, tanto por causa de donos
et retenidas que tienen de nos como por los homenages liges
et sagrament que fecho nos han : primo, a monssen Johan
d'Evreux, cavaillero angles, por la dicha causa seys cientos
florines ; item, a monssen Guillem Loldoloc, cavayllero angles,
por la dicha causa, dozientas libras de karlines prietos ; item,
a Robert de Briquet, escudero angles, por la dicha causa,
dozientas libras de karlines prietos ; item, a Guillem Boteiller,
escudero angles, por la dicha causa, dozientas libras de karlines prietos ; item a Johan Karsseval, escudero angles, por
la dicha causa, dozientas libras de karlines prietos ; item, a
Normaut de Suentfort, escudero angles, por la dicha causa,

dozientas libras de karlines prietos ; item, a Robin d'Ares,
escudero angles, por la dicha razon, dozientas libras de karlines prietos ; item, a moussen Estevan de Cosinton [1], cavaillero
angles, por la dicha causa, mil florines d'oro ; por testimonio
d'esta nuestra carta sicillada de nuestro sieillo et de las cartas
de recognoscimiento de los sobredichos cavailleros et escuderos. Datum en Estcylla, XII° dia de abril, l'ayno de gracia
mil trezientos sissanta et seys.

Por el seynor Rey,　　　　　　　　　　　　Peralta.

Suivent les quittances.

CLXXIII

Estella, 12 avril 1366

*Charles le Mauvais mandate en faveur d'Eustache d'Aubichi-
court une somme de quatre mille cinq cents florins, à lui due
pour la pension qui lui était servie en retour de son hommage
lige.*

(Tiroir 21, n° 25. Papier ; sceau au revers.)

CLXXIV

Estella, 12 avril 1366

*Instructions adressées par le roi de Navarre au merino des Mon-
tagnes, à la suite des incursions des Guipuzcoans : il doit faire
entrer les gens de la campagne dans les villes fortes, notamment à Echarri, et résister aux envahisseurs.*

(Cartulaire de Charles II, p. 347.)

---

1. Froissart cite, parmi les chefs de compagnies qui suivirent du
Guesclin en Espagne, Robert Briquet, Jean Cresuelle, Batillier (édition
Luce, § 547, t. VI, p. 189) et parmi ceux qui accompagnaient le
duc de Lancastre à l'avant-garde de l'armée du prince de Galles, en février 1367, « messires Robers Brikès, Jehans Cresuelle,... le Bou-
tillier ». (*Ibid.*, § 562, t. VII, p. 8.) Robert Briquet fut fait chevalier par
Chandos à Victoria. (*Ibid.*, § 569, t. VII, p. 19.) Etienne de Cosinton
était l'un des maréchaux de l'armée. (*Ibid.*, § 570, p. 19.)

CLXXV

Estella, 14 avril 1366

Charles le Mauvais demande d'urgence deux cents bêtes de somme,
« azemillas bonas », avec leurs bâts, leurs courroies, etc.

(Cartulaire de Charles II, pp. 352-353.)

CLXXVI

Estella, 16 avril 1366

Nouvelle convocation adressée par le roi de Navarre à
ses vassaux.

(Cartulaire de Charles II, p. 367.)

Don Gonçalvo Sanchiz. Como nos ante de agora vos oviessemos mandado que pora oy jueves, XVII° dia de abril, fues-
sedes con nos con ciertas gentes bien encavalgados et arnessados, et venidos non seades non seades (*sic*), de que nos
desplaz fuerment, et agora condecabo vos mandamos firmement
so lo fiellidat et naturaleza que a nos sodes tenido et so pena
de encorrer nuestra indignation, que, luego vistas las presentes, cessant toda escusation, de dia et de noch bengades
a nos con todas las compaynas de cavayllo que tenedes, bien
arnessados et encavalgados, et en esto falta alguna non fagades, so la dicha pena. Datum en Esteilla, XVI° dia de abril.

Semejables letras fueron fechas pora estos que se sieguen :
por don Ferrant Gil d'Assiayn ; pora 'l merino de Sanguesa ; pora don Johan Meriz de Çuordia ; l'arcidiano de la
tabla ; Johan d'Eslava, vezino de Tudela ; Pero Sanchiz de
Coreilla ; Martin Dias de Dicastieillo, escudero ; Pero Ladron,
cavayllero ; Johan de Sant-Martin, cavaillero ; don Sancho
Gil d'Açagra, cavaillero ; l'alcalde et justicia de Tudela ; Pedro
d'Ayeussa et Pero Caritat ; el thesorero ; don Romeo Periz
d'Açagra ; el castellan de Sant-Johan ; l'obbispo de Pomplona ;
Remiro d'Areillano [1].

1. Il paraît que cette lettre ne suffit pas, car Charles le Mauvais
adressait encore, le 23 avril, un appel pressant à son fidèle maréchal,
Jean Remirez d'Areillano. (*Ibid.*, p. 378.)

CLXXVII

Estella, 19 avril 1366

*Autorisation accordée par Charles II à Gautier Beael, chevalier
anglais,* « lequel est bien weillant de nous et de nostre royalme
et de nostre hostel, » *de circuler en Navarre avec onze cavaliers.*

(Cartulaire de Charles II, p. 375.)

CLXXVIII

Estella, 24 avril 1366

*Sur la plainte des gens d'Aroniz, Charles le Mauvais déefnd de
priver ses sujets de leurs bétes de somme.*

(Cartulaire de Charles II, p. 387.)

CLXXIX

24 avril 1366

*Charles le Mauvais ordonne d'user de ménagements dans la levée
du subside à Saint-Jean-Pied-de-Port.*

(Cartulaire de Charles II, p. 387.)

Karlos, etc. A los comissarios por nos ordenados a cuillir
l'ajutorio a nos otorgado en la villa de Sant-Johan de Pie
del Puerto, et al recebidor nuestro del dicho logar, o a quoalquiere d'eillos, salut. A la humil suplication et requesta de
los jurados et universidat de la dicha villa de Sant-Johan,
los quoales nos han suplicado que, esgoardada lur pobreza
et las otras cargas que eillos han, les quisiessemos fazer alguna gracia por que del dicho ajutorio fuessen relevados, nos
a lur suplication inclinado, vos mandamos que aqueillo que
buenament podredes aver et cuillir a present en la dicha
villa cuillgades justa la tenor et forma de vuestras comis-
siones et del residuo sobr[e] plus los sofrezcades quanto a present ; pero en tal manera que todo sea cuillido et la postre-

mera paga fecha pora el primero dia de jullio primero venient,
sen otro maor alargamento. Datum en Esteilla, XXIIII° dia
d'abril, anno LX° VI°.

Por el seynor Rey, a relation de don Martin Miguel et de
don Martin Periz,

Ferrando de Miranda.

CLXXX

Pampelune, 17 septembre 1366

*Charles le Mauvais mande à ses conseillers, l'évêque d'Avranche
et l'abbé de Cherbourg, de faire payer par les receveurs du
Cotentin, à son « très chier et féal cousin, » Eustache d'Aubichicourt, les deux mille six cents francs d'or qui lui sont dus.*

(Tiroir 21, n° 48. Parchemin ; le sceau a disparu.)

CLXXXI

Libourne, 23 septembre 1366

*Expédition du traité[1] conclu entre les rois de Castille et de Na-
varre. La Navarre est ouverte aux troupes du prince de Galles,
qui va rétablir sur son trône Pierre le Cruel ; en retour,
celui-ci abandonne à Charles le Mauvais ses droits sur le Gui-
puzcoa, Tolosa, Victoria, Mondragon, Oyarzun, Fontarabie,
province d'Alava, Calahorra, Logroño, etc.*

(Tiroir 25, n° 69. Sceau de plomb sur lacs de soie jaune et rouge.)

CLXXXII

Saint-Émilion, 27 septembre 1366

*A la suite du traité précédent, le prince de Galles promet que ses
troupes s'abstiendront de tout pillage en traversant la Navarre,
qu'elles ne prendront ville, château, bourg ni place et qu'elles
ne construiront pas de forteresses.*

(Tiroir 25, n° 71. Parchemin ; grand sceau sur double queue.)

---

1. Froissart a longuement exposé les préliminaires de ce traité.
(Ed. Luce, §§ 549 et suiv., t. VI, pp. 193 et suiv.) On peut voir sur
cet acte, dont le texte a été publié par Rymer. Yanguas. *Dicc.*, art.
Reyes, t. III, p. 110 et Lafuente, *Hist. gen. de España*, t. VII, p. 278.

CLXXXIII

Saint-Émilion, 27 septembre 1366

*Edouard reconnaît avoir reçu comme otages les trois filles de
Pierre de Castille, la femme et les enfants « de don frère Martin
Lopiz, meistre de l'ordre de la chavalerie d'Alcantara » et « de
Mathey Ferrandos, chavallier du privé seel dudit roy Pedro »,
en garantie de l'exécution du traité intervenu entre Pierre, roi
de Castille, et Charles, roi de Navarre, contre « le conte Henri,
occupeour des royaumes et terres » dudit roi de Castille.*

(Tiroir 25, nº 72. Parchemin; grand sceau sur double queue.)

CLXXXIV

Tudèle, 20 juin 1367

*Remise par Charles le Mauvais aux bourgeois de la Bastide-
Clairence d'une somme de trente florins due par ladite bastide
sur le subside fourni par les villes.*

(Tiroir 23, nº 24. Vidimus du 15 juin 1368, très maltraité.)

CLXXXV

Tudèle, 9 août 1367

*Quittance du sire de Mussidan au roi de Navarre pour une somme
de mille florins.*

(Cartulaire II, p. 106.)

[S]achent touz que nous, Raymond de Montaut, chevalier,
sire de Mussidan [1], confessons avoir eu et receu de nostre
très redoubté seigneur le roy de Navarre, sur et en rebate-
ment de ce qui nous puet estre deu pour cause de nostre retenue a lui, la somme de six cens sexante et six livres qui
valent, a XIII solz florin, mil florins, de laquelle somme de

---

1. Ce baron était entré en Espagne dans l'arrière-garde de l'armée
du prince de Galles. (Froissart, édition Buchon, t. I, p. 524, col. 2; éd.
Luce, § 564, t. VII, p. 9.)

VI° LXVI livres pour la dite cause nous nos tenons pour bien paiez. En testimoing de ce nouus avo[n]s fait metre nostre seel a cel présentes, données a Tudèle, le IX° jour d'aoust, l'an mil CCC LX set.

CLXXXVI

Août 1367

Supplique des gens de la terre de Cise, qui sont ruinés et dans l'impossibilité de payer le subside.

(Tiroir 25, nᵒ 116. Papier.)

A la Real Magestat.

Los vuestros humills subditos, fijosdalgo et infançones de vuestras tierras de Cisa.... [1] suplicando signifficamos, seynor, como vuestro comissario, Per Bernat de la ... [2], por vertut de vuestro mandamiento et comission de pagar por cada fuego el mo[ntant de un doblen florin] et medio ; et, alto seynor, en como por vuestro mandamiento nos seamos en-çarrados en vuestra [villa de Sant]-Johan et ayamos en vuestra dicha villa nuestros cuerpos, mugeres, creaturas, robas et todo lo que [avemos por] vivir en este mundo, et agora vuestro comissario aya ymbiado vuestro portero, Johan de Luexa, et eyll, por mandamiento del dicho Per Bernat, nos aya restado nuestros bienes, a cada uno en su ospet, lo que avemos en vuestra dicha villa, que a ninguno no nos dechen trayer quosa del mundo ata que nos ayamos complido al dicho vuestro comissario de los dichos doblen florin et medio ; et, seynor, en como nos seamos d'un ayno enta aqua por tres vezes estruydos et deseredados : primerament, coando las Compaynias venieron de Casticylla, et enpues quando el princeb se fue enta Castieylla nos fueron estruydos nues-tros bienes, casas, panes, maçanedos et ganados todos ; et agora, muyt alto seynor, comdecabo nos ayan gastados, es-truydos nuestros bienes, casas quemadas, nuestros miios, nuestros maçanedos, nuestros fenos et todo lo que ave-nos en este mundo, en manera que pora siempre et ja-mas somos caydos en gran pobreza ; et, seynor, como nos

---

1. 2. Ces lacunes proviennent de l'état du parchemin, qui est très maltraité.

seamos pobres et non podientes et egayno no ayamos cu-
gida de pan, nin de vino, nin de pazto de que puedamos vivir,
que de vuestra buena gracia vos deynedes fazer mandar al
vuestro dicho comissario que nos relacxe nuestros biens, en
manera que nos no ayamos ha yr vivir fuera de vuestro regno
por mengoa d'esto; et, seynor, merce.

*Au verso : Ordre du Roi de surseoir à l'exécution des débi-
teurs, donné à Saint-Jean le 31 août 1367.*

CLXXXVII

1367

Extrait du compte du bayle de la Bastide-Clairence.

(Tiroir 9, n° 112. Cahier parchemin, in-quarto, 15 feuillets.)

Anno Domini M° CCC° LX° septimo.
Comptos de Navar de Saut, aperat Munioytz, baylle de la
bastida de Clarença.
— Recebio diners de las rentas de la terra.
Dels fius dels arpentz que los habitantz de la dicha bastide
deven a la seynora Reyna cascun an, es assaber per cascun
arpent XX diners tourneses petidz a pagar en la festa de sant
Thomas apostolh. *(Suit le détail).*

Summa partium : LVI l., XV s., III d. obol.

*Injunctum est bayllivo ut tributet vel censset omnes terras
vacantes et faciat commodum Regine*[1].
— Recebio diners :
Dels fius de las plazas, cazalocs e fornatges a pagar per la
festa de Todz Santz, es assaber per cascuna plaça VI diners
de tournes petidz et per cascun cazaloc II diners tournes et
per fornatge cascun habitant VI diners tournes petidz :

Summa partium : X l. II s.

— Recebio diners :
Dels fius dels cazals per la festa de senta Maria Magdalena,
es assaber per cascun cazal VIII diners tournes petidz :

____

1. Les passages en italique reproduisent les observations mises en
marge par les auditeurs des Comptes.

Summa partium : CI s., XI d. obol.

— De agreres que solen pagar per cascun arpent I diner tournes petid.

Summa de la recepta de dineros de las rientas de la terra de la dicha bastida d'este ayno : LXXI l., XIX s. III d.

— Dels clams et dels cotetz traytz per los habitantz de la dicta bastida, es assaber de cascuna clamor II solz tournes petitz.....

De tributo dels diitz clams et dous cotetz treytz tributatz per Ferran Enriquitz, baylle de la Bastida per temps, a Petri Santz, seynnor de Satartz, per aquet an, cent solz.

Summa per se.

— De las ventes de las possessions en la dicta bastida feytes per los habitantz e vezins de la dicta bastida, es a saber per cascun solt I diner ; item d'entrades et afibament de terres.

Sciatur precium cujuslibet venditionis, cuy et per quem, et fiat quod fieri debeat.

Summa partium : VIII l., II d.

Summa de tota la recepta de dineros de la dicha bastida d'este ayno : XXC IIII l., XIX s., V d.

— Expensos dineros.

Al dicho baylle por su salario d'este ayno por goardar la dicha bastida, del primero dia de jenero anno XL° sexto ata el primero dia de jenero anno XL° septimo, por ayno LX sueldos.

Summa per se.

Ita debet XXIIII l., XIX s., V d.

Auditus fuit iste compotus Pampilone, XVIᵃ die aprilis, presents magistro G. Margot, tenente locum thesaurarii, et Navarrum de Saut, bayllivum predictum, anno Domini M° CCC° LX° octavo.

Memoria quod oneretur dictus bayllivus de XXXIII libris VI denariis solutis Ferrando Henrricii, pro tempore quo fuit bayllivus dicte bastide pro salario suo, eo quod dictus Ferrandus capit super thesoro in compoto suo terre d'Ultra-Portus hujus anni factum cum receptore.

Mandatur illis de villa quod non solvant isti quousque satis-fecerit thesoro de dicta summa.

CLXXXVIII

Sangüesa, 9 janvier 1368

Le roi de Navarre renouvelle à Pierre-Bernard del Aster [1], bour-
geois de Saint-Jean, commissaire nommé pour lever le double
florin et demi, « doblen florin et medio, » en la terre d'Outre-
Ports, l'ordre de payer aux habitants de Saint-Jean les quatre
cent quarante-huit livres quatre sous deux deniers, qui leur
sont dus pour provisions fournies à la maison du Roi, et de pro-
céder dans cette ville au recouvrement du subside.

Tiroir 25, n° 77. Papier ; sceau au verso.)

CLXXXIX

Sangüesa, 11 janvier 1368

Nouvelle lettre au même receveur pour lui ordonner de ne lever,
jusqu'à nouvel avis, dans la terre de Cise, que trois cent cin-
quante florins.

(Tiroir 25, n° 77. Papier; sceau au revers.)

CXC

Sangüesa, 10 février 1368

Le roi de Navarre, annulant une décision de la Chambre des
Comptes, ordonne à son trésorier, Garcias Michel Delcart, de
rembourser à Lope Ochoa, capitaine de Caparroso, diverses
sommes dépensées pour le service de Sa Majesté, notamment
quarante livres treize sous et trois deniers, à l'occasion de la
captivité d'Olivier de Mauny.

(Tiroir 25, n° 81. Papier ; sceau au revers.)

...... Lope Ochoa, alcayt de nuestro castieyllo de Caparroso,

---

1. Pierre Bernard d'Aster avait été nommé receveur par lettre du
Roi donnée à Pampelune, le 11 juin 1366. (Tiroir 25, n° 66.)

nos ovies suplicado que eyll, por nuestro mandamiento fecho
a eill de boca, re.......... a Mossen Oliver Claquin [1] por
espaçio de tres messes et treze dias, al quoal avia proveydo
de comer et bever et de lo que necesario ly era, [et a cau]sa
d'eyll avia tenido mas de compaynas et fecho maores expén-
sas de lo que fazer non devia, et assi bien aver dado al
dicho mosen Oliver dos doblas et a dos compaynons que
continuadament lo goardavan tres kafices de trigo, segunt que
por las partidas de las expenssas dadas por eyll parezcia, *etc.*

CXCI

Angoulême, 21 mars 1368

*Sauf-conduit octroyé par le prince de Galles à Charles
le Mauvais.*

(Tiroir 22. n° 19. Grand sceau de cire jaune sur simple queue.)

Edward, ainsné filz du roi d'Angleterre, prince d'Aquitaine
et de Gales, duc de Cornaille, comte de Cestre, seigneur de
Biscaie et de Castre d'Ordials, a touz ceuls qui ces lettres
verront, savoir faisons que très honoré et puissant seigneur,
nostre très chier et amé cousin le roi de Navarre est a passer
par nostre dit principauté d'Aquitaine et aler oultre, la ou il
lui plaira ; si nous mandons a touz noz sénéchaus, officiers
et ministres et a touz les autres justiciers et subjectz de nostre
dicte principauté d'Aquitaine, requérons touz noz autres
amis, aliez et bien wueillans que nostre dit cousin le Roi et en
sa compaignie jusques a nombre de cinq cens homes de cheval, armez ou désarmez, avec leurs valez, chevaux, mulez,
monteures, sommiers, harnois et biens quieuxconques, laissent
passer, repasser, aler, retorner, demorer et séjorner sauve-
ment et seurement par touz noz terres, juridictions et sei-

---

1. Bertrand du Guesclin avait un frère, appelé Olivier, qui était le
second fils de Robert du Guesclin et de Jeanne de Malemains. (*Hist.
généal. de plusieurs maisons illustres de Bretagne*, par frère Augustin
de Paz, p. 416, cité par M. S. Luce, *Hist. de du Guesclin*, pp. 114-115,
note.) Il semble qu'il s'agit ici, non pas du frère, mais bien du cousin de
Bertrand, Olivier de Mauny, qui fut emprisonné par ordre de Charles
le Mauvais.

gneuries et les leurs en nostre dit principauté et ailleurs ou lui plaira, sanz leur faire ne seuffrir estre fait ne [a] aucun d'eulx destorbier ou empeschement en corps ne en biens en aucune manère. Et en espécial comandons a touz noz séneschaux susdiz et a chescun d'eulx qui sur ce seront requis que nostre dit cousin dès son entrée de nostre dit principauté en alant, demorant et séjornant, le conduisent et compaignent tant et si avant come a lui plaira. Ces présentes durans en leur vertu jusques a la feste saint Andrieu prochaine venant. Donné a Engolesme le XXI° jour de mars, l'an mil CCC sexante et sept. [1]

B. Cant.   Frégant.

CXCII

Logroño, 29 mai 1368

Récompense accordée par Charles le Mauvais au sire de Luxe, qui a le premier planté la bannière de Navarre à Logroño [2].

(Tiroir 23, n° 14. Vidimé par le garde du sceau royal, à Pampelune, le 2 mars 1369. Parchemin; sceau sur cordelettes. — Analysé dans Yanguas, *Dicc.*, art. *Luxa*, t. II, p. 296.)

Karlos por la gracia de Dios rey de Navarra, conte d'Evreux, a todos quantos las presentes letras veran et oyran, salut. Fazemos saber a todos los presentes et a los qui sont por venir que nos, esgoardando los buenos et agradables servicios que el noble et nuestro bien amado et fiel cambarlenc don Arnalt Lup, seynnor de Lucxa, nos a fey, faze de cada dia et por special a present en la entrada de nuestra villa de Logroynno, la quoal nos avemos conquista, en la coal entrada

---

1. Cette pièce est datée suivant le style anglais et doit être reportée à l'année 1368 : en effet, en 1367, le prince de Galles passa les ports, le 20 février, pour aller au secours de Pierre le Cruel ; la bataille de Najera eut lieu le 3 avril et le prince resta en Espagne jusqu'après la Saint-Jean. (S. Luce, éd. de Froissart, t. VII, p. xvii, note 5, et p. 46 ; pp. xxii-xxiii, et pp. 56 et 59.)

2. Au mois de janvier 1367, Charles le Mauvais et Henri de Transtamarre avaient conclu un traité d'alliance : Charles avait juré sur une hostie consacrée de ne pas livrer passage au prince de Galles ; Henri lui avait cédé Logroño. (Voy. Lafuente, *Hist. gen. de España*, t. VII, p. 279, et S. Luce, édition de Froissart, t. VI, p. lxxxix.) En 1368, les habi-

et conquista el dicho seynnor de Luxa puso primero nuestra
banera et tomo la possession de la villa et de la puent et de
las fortalezas d'aqueilla, et por esto, queriendo dar exemplo
ad aqueillos qui lealment nos sierrven, et que esto sea a perpetua memoria, de gracia special et auctoridat real et de
nuestra cierta sciencia avemos dado et otorgado, damos et
otorgamos por las presentes al dicho seynnor de Lucxa et a
todos aqueillos qui empues eill heredaran et seran seynnores
de Lucxa, cient et veynt libras de karlines prietos o d'a-
queilla moneda qui por tiempo correra en nuestro regno, de
dono et renta perpetua sobre las rentas et emolumentos de la
puent de la dicha villa de Logroynno..:.... Datum en nuestra
villa de Logroynno, XXIX° dia de mayo, l'ayno de gracia mil
trezientos sixanta et ocho.

Por el seynnor Rey, present don Martiniz d'Uriz, don
Miguel Sanchiz d'Urrssua et don Johan Ruyz d'Ayvarr, cavailleros,   Peralta.

CXCIII

Pampelune, 2 décembre 1368

*Charles le Mauvais enjoint de payer à Bernin de Badefol, écuyer
d'écurie du Roi, quarante livres carlins.*

(Tiroir 25, n° 93.)

CXCIV

·1368

*Réclamation des gens d'Arberoue, Baigorry et Ossès, au sujet
de la levée du subside.*

(Tiroir 25, n° 79. Papier; pas de sceau.)

A la Real Magestat

Los vuestros humilles servidores, los vezinos et moradores
de la tierra d'Arberoa, de Bayguerr, Osses, que son hultra

tants de cette ville, qui tenaient le parti de Pierre le Cruel, effrayés de
l'approche de son frère, se livrèrent au Navarrais. (Lafuente, *op. cit.*,
p. 299.)

Puertos, con toda reverencia humilment suplican et demues-
tran que por razon de los doblen florin et medio de ayuda
que el vuestro regno vos fizo por fuego fue tacxado a las
dichas terras con la Bastida de Clarença ensemble pagar
cierta quantia et, aqueilla compartida, fue tacxado a la dicha bastida pagar cierta quantia, de la quoal per vuestra
gracia et merce fiziestes gracia de cient florines pora l' çar-
ramiento de la dicha villa de la Bastida de Clarença; et
agora, podero seynor, Pere Bernart, nuestro recebidor
de los dichos florines, costreine a las dichas terras d'Arberoa, de Bayguerr et de Osses a pagar et contribuir los
dichos cient florines que vos de gracia fiziestes a la dicha
villa de la Bastida; de que, seynnor, nos tenemos por agreviados que la su carga oviessemos a levar; por que, con
toda reverencia suplicando vos pidimos merce que sobre
esto querades proveeir de devido remedio en tal manera
que, si vuestra merçe es que la dicha gracia vala pora l' çar-
ramiento de la dicha villa, vala en ora buena et los de las
dichas terras non los ayamos a pagar, o al casso que la dicha
gracia queriedes que assi sea, nos solos non ayamos a pagar,
mas todos los de la terra d'Ayllent-Puertos, como fue la primera tacxacion a toda la terra, et non querades que mas
seamos perjudicados que los otros; et tener vos lo hemos en
gracia et merçe et serviredes a Dios, qui aya en su goarda
por salut por luengos tiempos, amen [1].

CXCV

Olite, 1ᵉʳ février 1369

*Le roi de Navarre assigne sur la « pecha » d'Aoiz à Bernin de
Badefol [2], huissier d'armes, les émoluments de sa charge.*

(Tiroir 25, nᵒ 87. Vidimus donné à Olite, par Jean Meriz, notaire,
le 27 février 1369.)

1. Le 17 février, le Roi donna, de Sangüesa, des instructions pour
qu'on ne levât point ces cent livres. (Tiroir 25, nᵒ 79.)
2. Bernin de Badefol paraît avoir cumulé les charges d'écuyer d'écurie et d'huissier d'armes; il prend du moins tantôt l'un, tantôt l'autre
de ces deux titres, ainsi qu'on peut le voir dans le *Compte* de Climence.

CXCVI

Borja, 4 février 1369

*Charte d'hommage lige de du Guesclin à Charles le Mauvais
pour le château de Tinchebrai et une rente de deux mille livres.*

(Tiroir 23, n° 8. Sceau de cire rouge, pendant sur fils de soie verte
aux armes des du Guesclin, l'aigle éployée, et à la bande brochant
sur le tout; l'écu est enfermé dans un trilobe. Cartulaire I, p. 293-4
et Cartulaire II, p. 105 ; le commencement de la copie était sur un
cahier et la fin sur un autre ; les deux cahiers ont été reliés par erreur
dans deux registres différents. — Analysé dans Yanguas (*Dicc.*, art.
Reyes, t. III, p. 113) et dans Moret, t. IV, p. 156. Yanguas ayant donné
une cote inexacte (38 au lieu de 8), je n'ai retrouvé l'original qu'après
avoir copié le document sur les cartulaires ; pressé par le temps, je
me suis contenté de relever les principales variantes, que j'ai fait
passer dans le texte pour le rendre plus facilement compréhensible.)

[B]ertran de Guesclin, duc de Trestamara [1], conte de
Longueville, a tous celx qui ces présentes letres verrent, salut. Comme mon très redebuté seynneur le roy de Navarra,
de sa pura et aggréable [2] volenté, nous ait [3] donné deux mille
livres de rente par an avec le chastel de Trinchebray [4], selon
ce que plus a plein est contenu es letres que nos en avons
de lui sur ce, savoir faisons que dudit chastel et deux mille
livres de rente desus diz, nous, noz successeurs [5] devons [6]
faire foi et homage lige et estre homme lige dudit rey de Navarre et de ses hoirs successours et [7] lui servir et ober comme

1. Variantes du Cartulaire : *Transtamara.*
2. *agradable.*
3. *m'ait.*
4. *Trinchobrin.* — *Tinchebrai.* Le traité de Brétigny avait stipulé
l'évacuation de Tinchebrai (S. Luce, *Hist. de du Guesclin*, p. 416); mais
cette place n'en était pas moins, en 1364 et durant les années suivantes,
commandée par des capitaines aux gages de la Navarre. Du Guesclin ne
paraît pas en avoir pris possession, car en septembre 1369, messire
Riflart tenait, au nom de Charles le Mauvais, le château de Tinchebrai,
dont la garnison était encore soldée par le roi de Navarre le 1er novembre de l'année suivante. (*Compte* de Climence, *passim.*) Au lieu de
Tinchebray Moret a lu : Rocabrun et Critohobun (t. I, p. 156.)
5. *successores.*
6. *de nous.*
7. *en lui.*

seigneur lige et einssi l'avons promis et promettons de le servir
envers tous [1] et contre touz de tout nostre povoir, excepté le
roy de France, mon seigneur, ses [2] frères, le roy Enrric de
Castelle, le duc de Bretaigne et le duc de Aurliens. Touttefois,
ou cas que ledit rey Enrrique ne voulsit faire raizon audit roy
de Navarre des terres que il deit avoir qui furent de ses prédécesseurs roys [3] de Navarre, et lui voulsist faire guerre
ou dommaige [4], sur ce cas nous ne serons tenuz ne ne feronz
ayde aucuns audit roy Enrric contre ledit roy de Navarre, ne
ne ferons mal nin domage pour nous ne pour nóus gens ne
par [5] nostre conseill aut dit roy de Navarre, asses horrs ne a
ses subgez. Et se il avenoit que ledit roy de Navarre eust
guerre aut dit roy de France, mon seigneur, ce que Dieux ne
voullie, nous prometons et nous obligans que, durant ledite
guerre, dudit chastel et rente, que nous tenons dudit roy de
Navarre, nous ne ferons guerre, mal ne dommaige [6] aucun ne
ne sofrirons estre fait en aucune manère a nostre povoir. Autresi prometons et nous obligons en bone foy que tant que
nous demourons en en (sic) Espaigne nous ne ferons ne con-
sentirons estre fait mal ne dommage ne injure aut dit roy de
Navarre, pour nous ne par autres. Et se nul lui vouloit [7] faire,
le contresterons de tout nostre povoir, ne ne entrerons en dit
royame de Navarre, d'alée [8] ne de retournée [9], ne n'y [10] ferons
entrer ne demorer [11] de noz genz ne d'autres contra le volenté
dudit roy de Navarre pour li fare guerre. Et se il avenoit, ce
que Dieux ne veullie, que entre ledit roy de Navarre et ledit
roy Enrric eust guerre et nous feussions tenuz d'ayder audit
roy Enrric contre ledit roy de Navarre, nous prométons et
nous obligons que avant que nous nous armons ne que nous
ne noz genz comenciens a faire guerre aut dit roy de Navarre
pour ledit roy Enrric, de rendre audit roy de Navarre de fait

1. *envers et.*
2. *sos frères.*
3. *prédécesseurs do roys.*
4. *et dommage.*
5. *nin par.*
6. *nin domage.*
7. *vouluit.*
8. *aler.*
9. *retourner.*
10. *ne nin.*
11. *ni demorer.*

entièrement[1] et enssa puissance lesdiz chastel et rente que
nous tenons de lui et en oultre[2] faire délivrer et conter
realment et de fait les quinze mil florins que ledit roy de Navarre nous a donez en pur don une fois, lesquieux nous
confessons et coignossons avoir euz et retenuz de lui par ces
présentes. Et semblablement nous promètons et nous obligons
de procurer et pourchasser aut dit roy de Navarre et a son
royaume tout le profit et honneur que nous procurrons[3] et
destourberons et empescharons de tout nostre povoir tout
déshonnèur[4] et dommage dudit roy et son royame, de sos horrs
et successeurs[5] et par spécial que nulles compaynnes ne en-
trent en son dit royame, terres[6] et segnieries. Autresi, comme
au temps passé, entre le roy de Navarre et mon très redoubté
seigneur et nous ait eu[7] aucuns tractemens, pour lesquelx
ledit roy nous fist donation du chastel de Gavray[8], et autres
promesses et obligacions d'argens et d'autres choses et sur ce
nous ait baillé aucunes letres seellées de son[9] seel, nous prometons de rendre audit roy de Navarre lesdictes lettres et
toutes autres lettres de obligations qui soient faictes jusques
au jour d'ui par lui, de quelque nature et condition que il
soient[10], le plus tost que nous procurrons et voulons que ycelles
d'ores en avant soient nulles et de nulle valleur et que jamez
par vertu [des] dictes letres nous ne autre pour nous ne
puissions faire accion ne demande audit roy de Navarre ne a
ses hers. Nous accomplissons les chosses desus dites et re

1. *entièrerement.*
2. *oultre.*
3. *prócurons.*
4. *déshonour.*
5. *successors.*
6. *terrees.*
7. *ait en.*
8. *Gavray.* Charles le Mauvais tenait du chef de sa mère le château
de Gavray, qui passait pour inexpugnable. — Ayala raconte que le roi
de Navarre avait promis Gavray et 3,000 francs d'or de rente à Olivier
de Mauny, pour se faire enlever par ce dernier, qui le fit effectivement
prisonnier. (S. Luce, éd. de Froissart, t. VII, p. viii, note.) On voit que
Gavray avait été donné à du Guesclin et non à Olivier de Mauny.;
l'erreur est d'ailleurs légère : les deux cousins devaient être de conni-
vence dans ces « tractemens » dont Charles le Mauvais tenait si fort à
faire disparaître les preuves.
9. Le reste du document se trouve dans le cartulaire II.
10. *ill soient.*

nonsons expressément a toutes lesdites lettres et obligations
et a tout altres querelles, accions et demandes que jusques a
la data de ces présentes nous povons avoir en a nous puent
appartenir pour les causes desus [1] dictes et pour aultres quelconques. Et pour ce que les choses dite et chascune d'icelles
soient plus fermes et stables, nous avons juré sur la crux [2] et
saintes Évangiles touchées par nous manualment de tenir,
goarder, de tenir bien et loyalment sanz fraude ne engain
totes les choses desos dites et chascune d'icelles [3] ; et en
cultre, nous obligons et promitons sur firme stipullacion, a
vous, notaire dejus script, aynssi comme a publique et au-
tentique personne, sur la obligation de tous noz bienes, de
tenir, acomplir et exécuter toutes les choses dessusdites et
chascune d'icelles. Et en tesmoignage, nous avons fait metre
nostre seel a ces présentes et requis au notaire dejus script
qu'il mist son sign a ces présentes pour greigneur confirmation. Datum en nostre ville de Bourge [4] le IIII [e] jour de feurrer,
l'an de grace mil CCC LX VIII [5]. Toutefoix, quelque chose
qui scripte soit desus, nostre entencion n'est pas que condition ne convenances desos dites soient en riens contes le roy
de France, monsseigneur, sa magesta réal, messeigne[ur]s ses
frères, ne les autres seigneurs et conditions per nous exceptés
plus a playn. Donné come dessus. Acta fuerunt hec [in] villa
qua supra, die quoarta febroarii, anno a Nativitate Domini
M° CCC° LXIX°. Presentibus nobilibus viris, dominis Alano
de la Visaya, Olivero de Mauni, Mauricio de Trezeguidi,
Reynaldo de Creleves, Gerardo de Rayssa, et Johanne de
Beumont, militibus, testibus ad premissa vocatis specialiter
et rogatis.

Et ego, Luppus Garsie de Monterregali, clericus Pampi-

1. *desos.*

2. *cruz.*

3. *chascune et d'icelles.*

4. *Borja.* Cette ville avait été donnée à du Guesclin par Pierre
d'Aragon, le 9 février 1366. (Zurita, t. II, f° 341 v°.) Bertrand la confia
à son cousin Olivier de Mauny ; c'est là que ce dernier tint enfermé le
roi de Navarre. (*Ibid.*, f° 347.) Les Bretons gardèrent le château lorsque du Guesclin et son cousin furent prisonniers. (*Ibid.*, f° 349.)

5. La vraie date est février 1369, nouveau style : en février 1368,
Bertrand du Guesclin guerroyait en Languedoc. (Luce, édition de
Froissart, t. VII, p. xxv, note 3.) En février 1369, au contraire, Bertrand était en Navarre ; la bataille de Montiel fut livrée le 14 mars de
cette année. (Zurita, t. II, f° 354 r°.)

lonensis diocesis, publicus auctoritate appostolica notarius, qui premissis omnibus et singulis, dum sic agerentur et fierent, una cum prenominatis testibus presens fui et, ad requisitionem prefati domini Bertrandi, in presenti littera me suscripsi et signum meum una cum appensione sigilli predicti domini Bertrandi apposui consuetum, requisitus, in testimonium premissorum.

CXCVII

Borja, 4 février 1369

Hommage lige d'Olivier de Mauny au roi de Navarre.

(Cartulaire II, pp. 106-8.)

[O]livier de Mauny[1], chevalier, a touz ceulz qui ces lettres verront, salut. Comme mon très redoubté seigneur le roy de Navarre, par vertu de certain traictié fait entre lui, monseigneur Bertran du Guesclin et moy, mon dit seigneur m'ait donné un chastel et mil livres de terre lesqueles il me doit faire asseoir en et sur ses terres de France et de Normendie au plus prez du chastel que faire se pourra, selon ce que plus a plain est contenu es lettres que j'en ay de lui sur ce, savoir vous feiz que dudit chastel et desdites mil livres de terre, moi et mes hoirs et successeurs devons faire foy et hommage lige et estre homme lige dudit roy de Navarre et de ses hoirs et successeurs, et de le servir et obéir comme seigneur lige

1. Olivier de Mauny était le cousin à la mode de Bretagne de Bertrand du Guesclin. M. Luce présume que c'est à lui que Bertrand emprunta un cheval et des armes pour ce fameux tournoi de Rennes où se révéla si brillamment la valeur du futur connétable. (*Hist. de du Guesclin*, p. 27, note.) Olivier devint l'inséparable compagnon de son cousin; « moult s'entraimaient et firent jusques à la mort », dit Froissart. En 1367, comme le prince de Galles commençait la campagne contre Henri de Transtamarre, Charles le Mauvais fut enlevé par Olivier de Mauny, pendant qu'il chevauchait d'une ville à l'autre; on supposa que le roi de Navarre s'était fait emprisonner afin d'éviter de prendre ouvertement parti pour Pierre le Cruel. (Froissart, éd. Luce, § 567, t. VII, pp. 13-14.) Lorsqu'après la bataille de Navarrete, Charles n'eut plus de ménagements à garder, il recouvra la liberté et emprisonna à son tour de Mauny. (Lafuente, *Hist. gen. de España*, t. VII, pp. 280 et 286.)

envers touz et contre touz roys, princeps et autres, de quelque estat que il soient, et inssy l'avons promis et prometons,
exepté contre le roy de France et ses frères et le duc de Bretaigne et le duc d'Orliens. Et comme, en temps passé, entre
mon dit seigneur le roy de Navarre et moy ait eus aucu[n]s
tractemens [1], pour lesquelx ledit roy de Navarre me fist donation de certaines rentes et villes et autres promesses et obligations d'argent et d'autres choses, et sur ce m'ait baillé ou
fait baillier aucunes lettres seellées de son seel, je promet
et me oblige par ces présentes de rendre audit roy de Navarre ou asses genz lesdites lettres et toutes autres lettres de
obligations qui soient faites jusques au jour d'uy par lui, de
quelque manière et condition que il soient, le plus tost que je
pourré ; et veul que icelles d'ores en avant soient nulles et
de nulle valleur, et que jamez par vertu desdites lettres moy
ne autre pour moy ne poussions faire action ne demande aucune audit roy de Navarre ne a ses hoirs et successeurs. En
moy accomplissant les choses desus dites et dès maintenant
renonse expressément a toutes lesdites letres et obligations
et a toutes autres actions et demandes que jusques au jour de
la date de ces présentes je puis avoir ou a moy puent appartenir pour les causes desus dites et pour autres quelconques.
Et pour ce que les choses dessus dites et chascune d'icelles
soient plus fermes et estables j'ay juré sur la crux et saintes
Évvangiles, tochez par moy manuelment, de tenir, garder et
accomplir bien et loyalment sanz fraude ne engaing toutès les
choses dessus dites et chascune d'icelles. Et en oultre me
oblige et promes sur firme stipullation a vous, notaire dejus
script, einsin comme a publique et auctentique personne, sur
l'obligation de tous mes biens, de tenir, accomplir et exécuter
toutes les chosses desus dites et chascune d'icelles. En tesmoing de ce j'ay mis mon seel a ces présentes et requis au
notaire dejus escript qu'il mist son sign a ces présentes a
gregneur confirmation. Donné en Bourge, le IIII⁰ jour de
février, l'an mil CCC LX VIII. Interlineare : le duc d'Oliens.
Donné comme dessus. Presentibus nobilibus viris dominis
Bosono de La Chesa, Johanne de Yrel, Eustacio de Manin,
testibus ad premissa vocatis specialiter et rogatis.
    Et ego, Luppus Garsie de Monteregali, clericus Pampilo-

1. Ce passage pourrait bien se référer à l'accord secret dont parle
Ayala et qui avait pour objet l'enlèvement du roi de Navarre.

nensis diocesis, auctoritate appostolica publicus notarius, qui premissis omnibus et singulis, dun sic fiere[n]t et agerentur, una cum prenominatis testibus presens et ad requisitionem dicti domini Oliverii in presenti littera me subscripsi signumque meum una cum appensione sigilli dicti domini Oliverii apposui consuetum, requisitus, in testimonium premissorum. Constat mihi notario de aditione VIe linee, a capite computando, ubi legitur « et de duc d'Orliens », quod non vitio sed errore dimissum fuit.

Item se fizieron basaillos et ommes liges del seynnor rey don Karlos, los cavaylleros et escuderos dejuso escriptos et prometieron lur fe e lealdat de servir al dicho seynnor de todo lur poder en sus guerras et afferes contra todas personas, salvo que algunos exceptan los reales de Anglaterra, segun puede parescer por lures letras escriptas en pargamino et sieilladas en pendient de lures sieillos :

Primo, Hanesorgues,
Item, mes. Estienne de Cosintonn, cavallero,
Item, Helies, dit Petit-Machin ;
Item, mons. Menduc de Pausader, cavaillero ;
Item, messire Eustace ;
Item, Renalt de Buicin, escudero ;
Item, messire Johan Estoques, cavaillero [1] ;
Item, messire Guilelmo Londello, cavaillero angles ;
Item, el seynnor d'Aubeterrre, cavaillero ;
Item, monssen Guillem de la Haye, cavaillero, qui tiene el castillo de Ballon[gnes] ;
Item, Normand de Suinfordi, angles ;
Item, Johan Karseval, angles ;
Item, Guillem Boteiller ;
Item, Robert Briquet ;
Item, Robin Dares.

---

1. Jean Stoke, capitaine de Saint-Sauveur en 1365, commandait encore cette place en 1365 ; divers actes donnés par M. Delisle dans son *Histoire de Saint-Sauveur* (pp. 122, 152, 161-162, 164, etc.) et le *Compte* de Climence font mention de ce personnage, qui fut lieutenant de Chandos.

CXCVIII

Pampelune, 11 septembre 1369

*Reçu, donné par le trésorier de Navarre, de trois cents florins
d'or empruntés pour racheter les joyaux de la Reine, engagés
par du Guesclin.*

(Tiroir 25, n° 42. Papier; petit sceau au revers.)

Seppan todos que yo Garcia Sanchiz de Hulvilcieta, thesorero de Navarra, otorgo aver ovido et recebido de Salomon
d'Ablitas, judio de Thudela, comissario mayor a recebir la
imposicion al seynnor Rey devida en la merindat de la Ribera
et villa de Tudella por mano de monssen Johan de Tilleul [1],
los quoales eill expendio et recebio por mi por quitar las
joyas de la seynnora Reynna qui seyan engajadas en la villa
de Çaragoça por monssen Bertran de Claquin [2], la summa de
trezientos florines d'oro del cuynno d'Aragon. En testimonio
d'esto pongo mi signet en las presentes, Datum en Pamplona, XI° dia de septiembre, anno Domini M° CCC° LX° IX°;
los quoales son del mes de jullio postremerament passado.
Datum anno et die quibus supra.

CXCIX

Rouen, 30 novembre 1371

*Charles le Mauvais reconnaît avoir donné au chapitre d'Évreux,
à l'occasion de sa délivrance, une rente de dix livres pour la
célébration de la fête de saint Léonard.*

(Cartulaire II, pp. 234-235.)

[C]harles, par la grace de Dieu roy de Navarre et conte
d'Évreus, savoir faisons a touz présenz et avenir nous estre

---

1. Jean du Tilleul était « mestre de chambre aux deniers de Madame
la Royne »; il apparaît plusieurs fois en cette qualité dans les *Comptes*
de Climence.

2. Le 16 octobre, Jean Crozat, le doyen de Tudèle, délivra à Salomon
d'Ablitas un reçu pour une somme de vingt-huit mille florius prêtés
dans le même but. (Tiroir, 25, n° 42.) Les joyaux de la reine de Navarre

recordanz que ja pieça quant nos fumes venuz en nostre ville
d'Evreux, après nostre joyouse délivrance, et pour et celle [1],
nous, en l'oneur de Dieu Nostre Seigneur, de Nostre Dame
sainte Marie et de monseigneur saint Lienart, ordennames
et donnames de vraie et entière dévotion et de nostre certaine
sciencie a noz bien amez doyen et chapitre de l'église
d'Évreus, pour faire double a perpétuité le service de saint
Lienart ou jour de sa feste en la dicta église, dix livres de
rente annuele a touz jourz, de laquelle il n'orent onques lettres
de nous, et pour ce non [2] ont aucun paiement, si come nous
avons entendu. Et encore par ces présentes nous leur donnons, octroions et confermons, se mestier est, ladite rente, a
prendre et recevoir chascun an a touz jourz sus nos revenues
de nostre compté d'Évreux, mandanz a nostre trésorier, a
nostre receveur d'Évreus qui sont a present o qui pour le
temps avenir seront, et a chascun d'eulx a qui il appartenra
que les dix livres de rente desus diz paient ou facent paier
. . . . faut perpétuelment chascun an d'ores en
avant ausdiz doyen et chapitre. . . . . tumé, et par
reportant lettres de recongnoissance desdiz doyen et chapitre
aveque . . . . copie une foiz soubz seel auttentique.
Nous voulons et mandons ce que paié . . . . aloué ès
comptes de nostre trésorier, dudit receveur ou de celui d'eulx
a qui il appartenra. . . . . de ses receptes par noz amez
et féalx genz de noz comptes sanz aucun contradit. . . . .
soit ferme et estable a tanz jours [3] ou temps avenir, nous avons
fait metre nostre seel. . . . . présent. Donné a Rouen,
le derrenier jour de novembre, l'an de grace mil troicenz
soi[xan]te et onze.
     Par le Roy,   P. E. Bourgeois.

avaient déjà été engagés, on se le rappelle, à la suite d'un traité avec
le sire d'Albret; ils avaient été également donnés en nantissement à
deux marchands italiens. (*Comptes* de Climeuce, p. 322.)

1. Corrigez : *ycelle.*
2. Corr. : *n'en ont.*
3. Corr. : *touz jours.*

CC

Pampelune, 18 mars 1381

Hommage lige de Jean de Béarn, capitaine de Lourdes, au roi de Navarre pour une rente héréditaire de six cents livres de carlins noirs, à prendre à Murillo el Fruto, conformément à la donation faite par Charles le Mauvais trois jours auparavant; Jean de Béarn réserve la ligesse du roi d'Angleterre.

(Tiroir, 42, n° 25. Sceau rouge pendant sur double queue et portant une cigogne (?), et dans un coin un écu écartelé de Foix et de Béarn. Cartulaire II, pp. 108-109.)

CCI

Pampelune, 25 avril 1384

Jean de Béarn, ayant reçu le jour même la terre d'Arberoue et le château de Roquefort, en échange de Murillo el Fruto, déclare qu'il renoncera à cette donation lorsqu'on l'aura mis en possession des moulins de Saint-Jean-Pied-de-Port, actuellement aux mains du sire de Gramont.

(Cartulaire II, pp. 110-111.)

CCII

Pampelune, 26 avril (?) 1384 [1]

Jean de Béarn fait hommage lige pour Roquefort, « avec la mérinté ou balliage » d'Arberoue, où il se réserve de mettre, au nom du Roi, tel merino qu'il lui plaira.

(Tiroir 48, n° 31. Vélin; sceau sur double queue, à peu près semblable à celui du document n° CC. Cartulaire II, pp. 109-110.)

1. La charte est datée du 26 mars 1384 : ce doit être une erreur, car il y est fait mention d'une donation du 25 avril 1384, qui est aussi citée, avec la même date, dans la pièce précédemment analysée.

TABLE ALPHABÉTIQUE

DES NOMS DE PERSONNES ET DE LIEUX ET DES MATIÈRES

N.-B. — Les noms de lieux et de personnes sont en capitales. Les chiffres romains renvoient aux pages de l'introduction ; les chiffres arabes, aux pages du texte.

BRUTAILS. — *Documents.*

12

(?), 22 fév. 1362, 84 et 85 n. 1 ; Olite, 12 mai 1362, 85 ; Estella, 26 mai 1362, 86 ; Sangüesa, 30 juil. 1362, 86 ; Sangüesa, juil. 1362, 87 ; Estella, 2 déc. 1362, 88 ; Uncastillo, fin août 1363, 88 ; Pampelune, 18 nov. 1363, 89 ; 91 n. 1 ; Pampelune, 7 juin 1364, 92 ; 94 n. ; La Bastide-Clairence, 18 juil. 1364, 96 ; Pampelune, 24 juil. 1364, 97 ; Pampelune, 28 juil. 1364, 93 ; Pampelune, 20 août 1364, 97 ; Pampelune, 21 août 1864, 97 ; 98 ; 99 ; Pamp., 27 janv. 1365, 100 ; Pamp., 26 février 1365 (?), 100 ; 28 février 1365, 106 ; 103 n. ; Pamp., 28 mars 1365, 104 ; Pamp., mars 1365, 105 ; 105 n. 2 ; Lerin, 5 juin 1365, 81 n. 1 ; Pamp., 22 septembre 1365, 107 ; 108 ; Pamp., 9 nov. 1365, 108 ; Pamp., 10 nov. 1365, 109 ; Pamp., 11 nov. 1365, 109 ; 110 n.; 110 ; Pamp., 20 nov. 1365, 111 ; Pamp., 21 nov. 1365, 112 ; Pamp., 26 nov. 1365, 113 ; Pamp., 28 nov. 1365, 114 et 115 ; Pamp., 29 nov. 1865, 115 ; Pamp., 30 nov. 1365, 115 ; Pamp., 5 déc. 1365, 117 ; Olite, 18 déc. 1365, 118 ; Olite, 19 déc. 1365, 118 ; Tudela, 26 déc. 1365, 118 ; Tudela, 31 déc. 1365, 120 ; Olite, 4 janv. 1366, 122 ; Olite, 5 janv. 1366, 122 ; Olite, 8 janv. 1366, 123 ; Olite, 9 janv. 1366, 122 n. et 124 ; Olite, 10 janv. 1366, 124 et 125 ; Olite, 12 janv. 1366, 125 ; Pamp., 13 janv. 1366, 125 ; Pamp., 18 janv. 1366, 122 n.; Pamp., 24 janv. 1366, 122 n.; Pamp., 26 janv. 1366, 122 n.; Pamp., 27 janv. 1366, 123 n.; Pamp., 28 janv. 1366, 127, 127 et 128 : Olite (?), 28 janv. 1366, 130 ; Pamp., 29 janv. 1366, 130 ; Olite, 31 janv. 1366, 131 ; Olite, 4 fév. 1366, 133, 134, 134, 136 et 135 n.; Olite, 5 février 1366, 135 n.; Olite, 6 février 1366, 135 n. et 137 ; Olite, 7 fév. 1366, 135 n. et 138 ; Olite, 8 et 9 fév. 1366, 135 n.; Olite, 10 fév. 1366, 135 n. et 138 ; Olite, 12 fév. 1366, 135 n. et 138 ; Olite, 13 fév. 1366, 135 n. et 139 ; Olite, 15 fév. 1366, 140 ; Olite, 18 fév. 1366, 136 n.; Olite, 19 fév. 1366, 136 n.; Olite, 20 fév. 1366, 136 n. et 140 ; Olite, 21 fév. 1366, 136 n. et 141 ; Olite, 23 fév. 1366, 136 n.; Olite, 24 fév. 1366, 136 n. et 143 ; 137 n.; Olite, 27 fév. 1366, 143 et 144 ; Olite, 1er mars 1366, 145 n.; Olite, 3 mars 1366, 145 n.; Olite, 4 mars 1366, 145 et 145 n.; Olite, 5 mars 1366, 146 ; Olite, 6 mars 1366, 147 ; Ostabat, 11 mars 1366, 148 n.; Estella, 26 mars 1366, 148 n.; Estella, 28 mars 1366, 149 n.; Estella, 80 mars 1366, 149 ; Estella, 1er avril 1366, 149 ; Estella, 3 avril 1366, 150 ; Estella, 8 avril 1366, 150 ; Estella, 10 avril 1366, 151 ; Estella, 12 avril 1366, 151, 152 et 152 ; Estella, 14 avril 1366, 153 ; Estella, 16 avril 1366, 153 ; Estella, 19 avril 1366, 154 ; Estella, 24 avril 1366, 154 et 154 ; Pampelune, 11 juin 1366, 160 n.; Pamp., 17 sept. 1366, 155 ; Tudela, 20 juin 1367, 156 ; Tudela, 9 août 1367, 156 ; Saint-Jean-Pied-de-Port, 31 août 1367, 158 ; Sangüesa, 9 janv. 1368, 160 ; Sangüesa, 11 janv. 1368, 160 ; Sangüesa, 10 fév. 1368, 160 ; 161 ; 162 n. 2 ; Logroño, 29 mai 1368, 162 ; Pampelune, 2 déc. 1368, 163 ; Olite,

Chartres. — Imprimerie DURAND, rue Fulbert.

KAWCZYNSKI (M.). Essai comparatif sur l'origine et l'histoire des rythmes. In-8°. 5 fr.
LOTH (J.). Chrestomathie bretonne (armoricain, gallois, cornique), première partie. Breton-Armoricain. Gr. in-8°. 10 fr.
MÉMOIRES de la Société de linguistique de Paris. Tomes I à VI et VII, 1er fascicule. 150 fr.
MEYER (P.). Documents manuscrits de l'ancienne littérature de la France, conservés dans les bibliothèques de la Grande-Bretagne. Première partie. Londres (Musée britannique), Durham, Édimbourg, Glascow, Oxford (Bodléienne). 1 vol. in-8°. 6 fr.
MOREL-FATIO (A). La Comedia espagnole du XVIIe siècle. Cours de langues et littératures de l'Europe méridionale au Collège de France. Leçon d'ouverture. In-8°. 1 fr. 50
MYSTÈRE (le) de la Passion d'Arnoul Greban, publié d'après les mss. de Paris, avec une introduction et un glossaire par G. Paris et G. Raynaud, 1 fort vol. Gr. in-8° à 2 col. 12 fr.
PARIS (G). Étude sur le rôle de l'accent latin dans la langue française. In-8°. 1 fr.
— Dissertation critique sur le poëme latin du Ligurinus attribué à Gunther. In-8°. 2 fr.
— Les contes orientaux dans la littérature française du moyen âge. In-8°. 1 fr.
— Grammaire historique de la langue française. Cours professé à la Sorbonne en 1868. Leçon d'ouverture. 1 fr.
— Les Chants populaires de Piémont. In-4°. 2 fr. 50
PARMENTIER (L.). Les substantifs et les adjectifs en ΕΣ dans la langue d'Homère et d'Hésiode. Gr. in-8°. 5 fr.
RECUEIL d'anciens textes bas-latins, provençaux et français, accompagnés de deux glossaires et publiés par P. Meyer. 1re partie : bas-latin, provençal. Gr. in-8°. 6 fr.
— 2e partie : vieux français. Gr. in-8°. 6 fr.
SCHELER (A.). Dictionnaire d'Étymologie française d'après les résultats de la science moderne. 3e édit. revue et augmentée. In-4°. 18 fr.
SCHWOB (M.) et GUIEYSSE (G.). Étude sur l'argot français. Gr. in-8. 1 fr. 50
VIE (la) de saint Alexis, poème du XIe siècle. Texte critique par G. Paris. Petit in-8. 1 fr. 50

REVUE CELTIQUE fondée par M. H. Gaidoz et publiée sous la direction de M. H. d'Arbois de Jubainville, membre de l'Institut, avec le concours de MM. J. Loth, E. Ernault et de plusieurs savants des Îles Britanniques et du Continent. — Prix d'abonnement : Paris, 20 fr.; départements et Union postale, 22 fr.; édition sur papier de Hollande : Paris, 40 fr.; départements et Union postale, 44 fr.

REVUE DE PHILOLOGIE FRANÇAISE ET PROVENÇALE (ancienne Revue des patois). Recueil trimestriel publié par L. Clédat. — Prix d'abonnement : France, 15 fr.; Union postale, 17 fr.

ROMANIA, recueil trimestriel consacré à l'étude des langues et des littératures romanes, publié par MM. Paul Meyer et Gaston Paris. — Prix d'abonnement : Paris, 20 fr.; départements et Union postale, 22 fr.

LE MOYEN ÂGE, Bulletin mensuel d'histoire et de philologie, dirigé par MM. A. Marignan et M. Wilmotte. — Prix d'abonnement : France, 8 fr.; Étranger (Union postale), 9 fr.

Aucune livraison de ces recueils n'est vendue séparément.

Chartres. — Imprimerie Durand.

www.ingramcontent.com/pod-product-compliance
Ingram Content Group UK Ltd.
Pitfield, Milton Keynes, MK11 3LW, UK
UKHW022332090726
13658UKWH00001B/232